中外女性领导力研究丛书

既/又：精英女性网络平台呈现的媒介逻辑

仇筠茜 黄雅兰 著

中国传媒大学出版社
·北京·

总 序

吴启迪

本套丛书系教育部哲学社会科学研究重大攻关项目“高等教育大众化与媒介融合时代菁英女性培养与领导力提升研究”(项目号:15JZDW002)的成果。

20世纪90年代以来,国际社会呼吁性别议题和性别关切应该纳入社会发展主流,借此改变人类文明进程。1995年在北京举行的联合国第四届世界妇女大会上明确提出“社会性别主流化”的行动纲领。这一行动纲领具有长期的指导意义,是引领人类性别文明的“亚历山大灯塔”。“社会性别主流化”意味着:在社会实践或研究领域洞悉性别问题,作为原因、作为交织影响或作为结果;在法规政策制定和实施中确立性别支持框架,作为顶层设计、作为微观透视或作为合法性论证;在媒体呈现报道里规避性别污名化或复制性别歧视偏见,作为议程设置、作为新闻人价值立场或作为普遍的职业操守。社会性别主流化自然亟待全社会的努力,但是从吁求到行动,及至落地生根,都离不开菁英女性作为先行者的探索和开拓,作为“光源”的引导和辐射。菁英女性的培养和领导力提升,是性别平等事业新历史节点的关键所在。

高等教育大众化及至普及化时代,女性在各行各业的领导力呈现,成为性别平等的新表征。自2006年起，世界经济论坛每年发布《全球性别差距报告》，从经济机会、政治赋权、教育成就、健康和生存四个维度对全球不同国家的性别差距状况进行衡量。根据世界经济论坛最新发布的报告(2020)，教育成就以及健康和生存两个子指数分别为96%和97%，基本实现了性别平等；经济机会、政治赋权两项指数分别为58%和25%，这说明女性经济参与与机会不充分，政治参与严重不足。历史地看，经济与政治指数仍然是历史进步和积极干预的结果，同时醒目的数据也让世人更直观地了解并审视“性别差距”，严肃对待并改变造成性别差距的政策、环境和无形的惯习。

性别差距未被纳入视野，甚或性别平等尚未成为议题的漫长历史阶段，我们可以称之为领导力的性别缺失时代，不言自明，这时领导力等于男性领导力，概念内涵上领导力意味着单一性别即男性的领导本质和特征；这时无论是领导力的经验采撷还是理论探讨，都受制于单调而畸形的性别光谱。本套丛书既从理论上探索女性领导力的实质内涵和本质特征，发掘女性和领导力相遇的丰富思想空间，也关注菁英女性实践所焕发、闪烁的新领导力精神、新领导力文化，同时关切媒介环境变迁中女性活跃的生活世界、“她时代”的新气象和女性面临的新问题。此外还特别关注女性领导力生成机制和社会支持网络。研究表明，在侧重性别培养的教育机构中，性别赋权取得了更显著的成就，其思想火种也更可能随之传播出去，而女性继续教育亟待持续规划和系统政策支持。

性别问题在世界不同地方、不同领域呈现出各自的急迫和重点，有的在为性别机会均等努力，在漫长的学制中教育机会均等也呈现出差异图景；有的或重心落在性别平等在不同领域的差异上，如聚焦女性参政情况、学术领域的隐性性别歧视等；比较一致和普遍的关切是在整个职业生涯中女性发展有形的掣肘和无形的障碍，这方面的政策缺位格外突出。研究还关注国际组织的女性发展政策、欧洲女性参政的光谱，中国传媒领域菁英女性领导力、教育领域中女大学生的成长等问题。伴随新科技塑造的媒介环境，女性日常生活变迁和积极表现是世人瞩目的议题，因而也被纳入丛书研究的视野。

本套丛书围绕菁英女性培养和女性领导力提升展开，但是需要申明的是，性别意识不仅仅是女性教育或女性领导力培养需要特别关注的。隐含或隐藏的性别偏见、性别歧视对两性都造成了困扰和伤害，即使是在充满男性优势地位的世界里，真正的性别及其人格担当并没有建立起来。男性、男孩的教育也应该贯穿于整个学制中，而现实往往是既缺乏女性教育，又缺少男性教育。教育是要构造未来世界的，性别意识、性别议题应该首先与教育制度、教育文化相融合。基于性别的自我理解、同情理解、相互理解之愿景和实践，将引领我们走向新世界和新文明。

目 录

绪论 崛起的"她"力量与扩张的赛博空间 ······ 001

第一章 看与被看：信息传播技术中的女性 ······ 011
第一节 性别与传播研究：理论版图与脉络 ······ 011
第二节 性别资本、名人政治与媒介 ······ 029
第三节 技术可供性视角下的社交媒体平台 ······ 046
本章小结 ······ 055

第二章 研究设计与研究方法 ······ 057
第一节 内容分析法 ······ 057
第二节 案例分析法 ······ 088
第三节 批评性话语分析 ······ 089

第三章 女性化资本还是竞争化资本：各领域精英女性社交媒体形象及其特征 ······ 092
第一节 弱化女性化资本 ······ 093
第二节 强化竞争化资本 ······ 103
第三节 第三性别议题策略 ······ 112
本章小结 ······ 129

第四章　专业性还是知名度：精英女性社交媒体呈现中的“名人政治” …… 132
第一节　名人政治、性别与印象管理 …… 133
第二节　弱化的“名人政治”和“标准化”的女性领袖 …… 139
第三节　“非硬核”女性政治领袖的“名人政治” …… 149
第四节　案例分析:美国前国务卿希拉里·克林顿的社交媒体自我呈现 …… 152
本章小结 …… 164

第五章　售卖性感还是隐藏身体：精英女性的视觉性别表演 …… 166
第一节　图像转向背景下的女性公众人物的视觉形象 …… 167
第二节　精英女性社交媒体头像中的性别气质光谱 …… 174
第三节　精英女性的交往形象建构 …… 178
第四节　案例分析:脸书首席运营官桑德伯格的自我呈现 …… 183
本章小结 …… 198

第六章　情感表演还是理性铺垫：精英女性如何面对情感化公众 …… 200
第一节　精英女性的“两极化”情感表演 …… 202
第二节　情感的场域展览:愤怒的“公我”,快乐的“私我” …… 206
第三节　即刻与陪伴:智利总统米歇尔·巴舍莱的情感呈现策略 …… 215
本章小结 …… 231

结语：平台媒介可供性的“既/又”逻辑 …… 233

附　录 …… 253
附录一　精英女性在脸书上的自我呈现(主页)编码表 …… 253
附录二　精英女性在脸书上的自我呈现(帖子)编码表 …… 256
附录三　编码细则(编码说明) …… 261
附录四　精英女性及其脸书主页列表 …… 276

绪论 崛起的“她”力量与扩张的赛博空间

2020年5月25日，美国明尼阿波利斯市一名白人警察暴力执法，导致非洲裔男子乔治·弗洛伊德死亡，该事件随即在全美引发了反对种族主义的抗议热潮；29日，美国总统特朗普就该事件连发三条推特，其中一条因包含煽动暴力的内容而被推特公司标注，同时引发了美国公众的强烈不满。美国流行歌手泰勒·斯威夫特(Taylor Swift)在推特上直接呛声特朗普：“在整个总统任期内，你都在煽动白人至上主义和种族主义的火焰，你还有胆量在威胁使用暴力之前假装道德至上吗？‘当抢劫开始时，枪击就开始’??? 我们将在11月投票选举时让你出局。@realdonaldtrump(特朗普的推特账号)”。这并非泰勒·斯威夫特第一次就音乐之外的事务发声。2018年10月7日，一直言明不就政治议题表态的泰勒·斯威夫特在图片社交平台Instagram上发布长文，表态支持田纳西州民主党参议员候选人菲尔·布里德森(Phil Bredesen)和众议员候选人吉姆·库珀(Jim Cooper)，同时明确批评同州的共和党参选人玛莎·布莱克本(Marsha Blackburn)，并且呼吁年轻选民积极参与中期选举，踊跃投票。

近年来，类似泰勒·斯威夫特这样的女性公众人物就政治事务在社交平台上发言并引起社会广泛关注的现象并不少见。2017 年 10 月,美国女演员艾丽莎·米兰诺(Alyssa Milan)就频繁发生的针对女性的性侵事件在推特上发文:“如果所有被性骚扰或侵犯过的女性都能发一条‘我也是’(#MeToo)的状态,那人们或许能认识到这个问题的重要性。”接着,伴随各个领域的女性知名人物使用#MeToo 这一标签讲述自己的故事,一场反性侵/性骚扰的社会运动通过线上和线下的方式在全球扩散开来。

在我国,类似的情况也在发生。著名科学家颜宁在微博上以“娱乐博主”身份自居,她常常为女性的权益而积极发声,但她也曾在微博上坦言,“把自己暴露在公共场所从某种程度上看是一种牺牲,因为我的事业完全不需要科研成果、教学水平以外的任何名头来加持”。然而由于她在成长历程中也不断被“榜样的力量”所激励,因此她说道:“我会每年有几次出现在公共活动中,也在微博尽量展示自己真实的一面。并且,我会故意凸显我的傲娇与暴躁,因为女性在个别时候就是需要一些震慑力!”当前,越来越多的女性政治家、女性企业家、女性科学家、女性运动员、女性明星等也都在积极地使用社交媒体,表达对公共事务的关注以及自身的立场和态度。

当前,女性在各个行业崭露头角,政治、经济、教育等领域的性别差距正在不断缩小。在上述事件中,不难观察到一些振奋人心的现象和趋势:这些在各行各业拔得头筹的女性公众人物不满足于将自己封闭在特定领域,也不再被动地等待大众媒体刻画和塑造自己的公共形象,而是主动踏入社交媒体,呈现自我、表达自我甚至重新定义自我。随着互联网的普及,线上线下世界的界限逐渐模糊,特别是在后新冠疫情时代,由社交媒体等构建的赛博空间日益扩张,在网络教学、远程办公和弹性工作制逐渐常态化的情况下,女性公众人物在赛博空间中的发声也扮演着越来越重要的角色。那么,这些崛起中的精英女性如何使用社交媒体在扩张的赛博空间中进行自我呈现和观点表达?这对传统的性别文化和流行的女性形象造成了怎样的影响?不同国家和不同行业的精英女性在使用社交媒体方面有着怎样的异同？又会受到哪些不同方面的限制？另外，随着中国经济的发展和开放程度的提高，各行各业的女性精英在社交媒体平台中进行自我展现和对外传播将成为重要趋势和新常态，她们有什么需要注意和借鉴的地方？这些是我们将在下文重点作答的内容。

一、崛起中的她力量

自 2006 年起，世界经济论坛(World Economic Forum)每年都会发布全球性别差距指数以及基于该指数的《全球性别差距报告》(*Global Gender Gap Report*)，从经济参与与机会、教育成就、健康与生存以及政治赋权四个维度对全球不同国家的性别差距状况进行衡量。根据 2020 年发布的报告，当前的总体性别差距指数是 69%，即全球女性和男性之间还有 31%的差距，其中，教育成就以及健康与生存两个子指数分别为 96%和 97%，基本实现了性别平等；然而，政治赋权以及经济参与与机会两项指数仅分别为 25%和 58%，这表明女性在经济参与与机会方面的表现仅为男性的一半，而在政治参与方面，女性的可见度和权力更是远远落后于男性(图 0-1)。

尽管目前全球性别平等的状况不够理想，但相较于 2006 年的数据，还是能够观察到性别差距正在逐步缩小，特别是政治赋权和经济参与与机会两项指数，分别在过去 14 年中提高了 10%和 8%。世界经济论坛预计，根据过去 14 年各国性别平等发展的速度预计，真正实现性别平等还需要 99.5 年的时间。在缩小性别差距方面，2020 年《性别差距报告》指出，“模范效应”(role model effect)在实现性别平等方面有着重要的作用，特别是随着获得政治赋权的女性人数增加，在劳动市场上处于管理层和决策层的女性也会有相应的增加。①

---

① World Economic Forum. Mind the 100 Year Gap[EB/OL].(2019-12-17)[2019-12-19]. https://www.weforum.org/reports/gender-gap-2020-report-100-years-pay-equality.

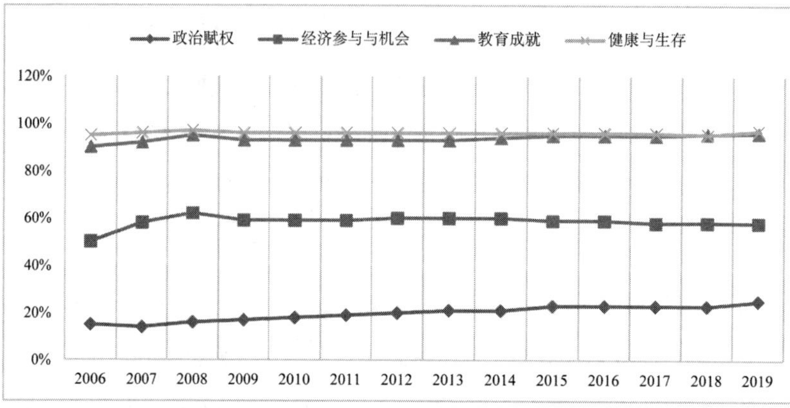

图 0-1　2006—2019 年全球性别差距指数

在这一背景下,在各个领域拔得头筹的精英女性的力量不可小觑。在政治领域,越来越多的女性政治家走向前台,特别是其中一些女性成为国家元首,如德国总理默克尔、欧洲委员会主席冯德莱恩、英国前首相特蕾莎·梅、波兰前总理贝娅塔·席多等,均在国际政治舞台上大放异彩;在经济领域,不少大型经纪机构和跨国公司开始出现女性高层管理者,如国际货币基金组织(IMF)前总裁克里斯塔利娜·格奥尔基耶娃、脸书首席运营官雪莉·桑德伯格、通用汽车首席执行官玛丽·巴拉等;在科学研究领域,女性科学家也正逐渐走入公众的视野,人工智能科学家李飞飞、药学家屠呦呦、助力完成首张黑洞照片的卡蒂·博曼等也在用自己的才智改变着我们生活的世界;而在女性本来就不落下风的文化娱乐领域,女性明星更是积极改变着被凝视的被动位置,以不同的文化艺术形式表达着自己的诉求,诸如脱口秀主持人奥普拉·温弗瑞、艾伦·狄珍妮以及流行音乐歌手泰勒·斯威夫特、碧昂斯·吉赛尔·诺斯等都曾积极地推动性别以及种族平权运动。

精英女性的崛起迫使大众媒体和公众不得不重新审视女性在当今社会中的重要角色。例如,在《时代》周刊 2018 年评选的全球 100 位影响力人物名单中有 45 名女性,数量居历届榜单之首;2020 年,《时代》周刊更是推出了"100 位影响力女性人物榜"(100 Women of The Year),我国科学家屠呦呦入选。福布斯从 2004 年起推出了"100 位世界影响力女性"的榜单,评选商业、科技、金融、媒体和娱乐、政治和政策以及慈善等 6 个领域的杰出女性,截至 2020 年,德国总理默克尔已经连续 9 年蝉联榜首。国际咨询公司德勤也关注到了精英女性的崛起,发布了《2020 全球性别影响力报告》,激励更多女性发挥影响、改变世界[①];专注于女性企业家的职业社群正在形成,该社群试图通过汇聚不同行业的女性力量而打造"她经济"生态。[②] "她力量"成为当前政治、经济、科教、文化等领域不可忽视的一股重要力量。

与精英女性的持续崛起相对应的是,大众媒体和公众往往会对女性公众人物特别是女性政治领导人进行刻薄的评价和指责。例如,美国《华盛顿邮报》记者尚卡尔·韦丹塔姆(Shankar Vedantam)曾经系统整理了网民对第一批世界级女性政治领袖的贬义称呼,例如,"英国的玛格丽特·撒切尔被称作'母鸡阿提拉'(Attila the Hen)。以色列第一位女总理果尔达·梅厄(Golda Meir)被叫作'内阁中唯一的男人'(the only man in the Cabinet)。美国总统理查德·尼克松总统称印度第一位女总理英迪拉·甘地为'老巫婆'(the old witch)。德国现任总理安哥拉·默克尔则被戏称为'德国铁娘子'(The Iron Frau)。"[③]与这些刻板印象化的称呼和呈现不同,发展中的社交媒体平台给了精英女性们表达和重新定义自我的机会。

---

① 对话德勤蒋颖:抛开"女性"定语,解读领导者的角色[EB/OL].(2020-03-11)[2020-05-10].https://www2.deloitte.com/cn/zh/pages/about-deloitte/articles/interpret-the-role-of-leader-aside-from-the-identity-of-a-female.html.

② 非营利组织 ATHENA(https://www.athenainternational.org/)、睿问 ShePower(https://www.shepowerchina.com/)。

③ VEDANTAM S. "Nicer sex" image at play in politics[EB/OL].(2007-11-13)[2020-05-10]. https://www.chicagotribune.com/news/ct-xpm-2007-11-13-0711120690-story.html.

二、作为新兴生存空间的社交媒体

新兴的信息与传播技术(Information and Communication Technologies, ICTs)正在重新形塑人类的社会生活,近年来移动互联网和移动终端的快速发展及其无界性、流动性、伴随性等特征正改变着人们自我表达和社交的形态,形成新的生存空间。根据《第45次中国互联网络发展状况统计报告》,截至2020年3月,我国网民规模为9.04亿,互联网普及率达64.5%,其中手机网民规模为8.97亿,网民中使用手机上网的比例为99.3%,仍处于持续增加的趋势;从性别比重上看,我国女性网民占比48.1%,略低于女性在整体人口中的比重(48.9%),仍有进一步扩大的空间。[①]

相比传统的大众媒体,网络媒体——特别是新兴的平台型社交媒体——增强了女性自我呈现、观点表达和身份建构方面的自主性与主动性。在大众传播时代,媒体通过选择事实和影像,再现了等级性的社会文化对女性的性别偏见,使性别角色的刻板印象长期存在。许多研究表明,大众传媒没有同等地对待男性和女性。对男性,大众传媒更重视他们的政治和经济权利,以及社会地位;对女性,大众则更关注其样貌、身材等生理特征,喜欢将女性形塑成"贤妻良母""生育工具""红颜祸水""被看者"等刻板印象。

传统的女性传者——包括女记者、女主持、女导演、女作家等群体的信息生产者和传播者——在从事信息的生产时也往往遭受编辑部文化、社会规范等掣肘。与整体的社会分工类似,女记者一般分布于儿童、教育、消费、家庭等软新闻领域,硬新闻领域(如经济、政法、体育等)则由男性主导。刘利群根据调查总结了媒体职业女性的特征:从属与服从的地位特征、软性与低层的专业特征、失语与无语的话语特征以及弱势与游离的关系特征。换言之,传统女性

---

① 第45次中国互联网络发展状况统计报告[EB/OL].(2020-04-27)[2020-05-10].http://www.cac.gov.cn/2020-04/27/c_1589535470378587.htm.

传者在传统媒介舞台上处于相对边缘、非中间的地位，且话语权较弱，多充当配角角色。

互联网技术的迅猛发展使得新媒介场景逐渐取代传统媒体，成为女性传者的主要舞台，也催生了新型女性传者的出现。数字传播技术赋予了女性以表达自我和建构自我的主导权，即实现了媒体赋权。网络空间的开放、自由、虚拟和去中心化特征对网民自我构建起着催化作用。个人页面、关注的朋友以及个人页面所配的音乐和图片等都彰显了网民的个人品位，各类论坛和网络社区更是观点交锋的重要空间。对于网民而言，“网络之旅”就是一个自我表露(self-disclosure)、自我建构和自我确认的过程。

20 世纪 60 年代以来，自我表露成为社会科学研究的焦点。“自我表露”即“使自己露出来，向他人展示自己以使他人看清自己的行为”[①]；其操作化定义为：个人传播给他人的任何有关自己的信息，包括描述性信息和评价性信息。[②] 社交媒体或社会化网络服务(social network services)是当今社会中最重要的自我表达和维护人际关系的技术平台，全世界范围内，最有影响力的社交媒体包括创建于 2004 年的脸书、其下属的图片分享平台照片墙(Instagram)以及创建于 2006 年的推特网。2020 年第一季度，脸书的月活跃用户数超过 26 亿，照片墙的月活跃用户数超过了 10 亿，[③]推特的月活跃用户则达到了 3.3 亿。[④] 在这些社交平台上，用户通过文字、表情包、图片、短视频以及与其他用户的互动进行积极的自我表露和呈现。公众人物尤其热衷于通

---

① JOURARD S M, LASAKOW P. Some factors in self-disclosure[J]. Journal of abnormal and social psychology,1958:91-98.

② COZBY P C. Self-disclosure: a literature review[J]. Psychological bulletin, 1973,79(2):73-91.

③ CLEMENT J. Number of monthly active Facebook users worldwide as of 1st quarter 2020[EB/OL]. (2020-04-29)[2020-05-11]. https://www.statista.com/statistics/264810/number-of-monthly-active-Facebook-users-worldwide/.

④ Omnicore(2020). Twitter by the numbers: stats, demographics & fun facts[EB/OL]. (2020-04-18)[2020-05-11]. https://www.omnicoreagency.com/twitter-statistics/.

过这种自我表露和呈现来建构自身形象,一改以往被动地被大众媒体报道和描绘的状况。

对于长期以来被大众媒体以刻板印象的方式扭曲报道的女性而言,社交媒体更是为其重新确立自己的公共形象以及与公众互动提供了新的机遇,也为改变社会性别关系和性别文化提供了可能。

三、本书的章节结构

本书的目标受众有三类:第一类是像作者一样的当代普通公民,透过本书梳理的全球精英女性自我呈现的这扇小窗,可以让你更加了解我们所生存的媒介环境和全球政治生态;第二类是对性别研究和媒介研究感兴趣的学者,本书将为您提供交叉性视角下中上层女性的媒介使用和自我呈现状况;第三类是来自企业和政府的从事国际传播、对外宣传等工作的决策者和执行者,您可以以本书所做的系统数据分析为依据,结合国家战略定位和核心价值观念,打造既具有中国特色,又能与国际平台文化接轨的传播体系。

本书的基本内容如下:

第一章将对本研究涉及的性别与传播研究、名人政治、视觉文化、情感转向、技术可供性等核心研究领域、理论和概念进行简要梳理。

第二章将对本研究的设计思路以及具体的数据获取、编码、分析等信息进行详细介绍。

第三章将基于本研究所遴选的精英女性的社交媒体自我呈现数据,对其社交媒体形象概况进行分析,特别是对其在女性气质和竞争化资本方面的呈现进行比较,并且以娱乐、体育、政治等领域的精英女性为例对其自我呈现的特征进行具体分析。

第四章从"名人政治"的理论框架出发,通过内容分析和批判话语分析,对精英女性在社交媒体平台上个人特质、专业技能以及拟社会互动方面的呈现进行分析，并且以美国前国务卿希拉里·克林顿为案例，比较大众媒体对其的报道方式和希拉里在社交媒体中的自我呈现方式，以此管窥社交媒体对女性公众人物的赋能。

第五章在视觉文化的视域下，对精英女性通过头像、日常发布的照片和视频进行的性别表演进行分析，透过女性的身体形象、其所处的空间特征和交往特征探究在图像转向的社会文化背景下精英女性在“售卖性感”和“隐藏身体”的社交媒体使用之间的视觉策略。最后，本章以脸书首席运营官雪莉·桑德伯格为案例，对其运用图像进行自我呈现的具体方式及其中暗含的自由主义女性主义做批判性分析。

第六章对精英女性在社交媒体表达中的“情感表演”加以分析，即分析在不同的场域中，情感是如何被呈现和表演的以及这种情感表演背后的性别文化和政治意涵。并且，以智利总统米歇尔·巴舍莱的社交媒体使用为例，分析其如何将拟人化互动的情感展演逐渐调适成为能够呼吁情感，使受众参与到议题的解读中来。

此外，各章中都会从技术可行性的角度出发，建立从自我呈现、技术可供性到传播效果的模型，并重点考察技术多样性的调节作用。在此基础之上，本书提出精英女性自我呈现——特别是如何增强传播的连接力和黏合力——的策略和建议。

四、致谢

本书得以最终与读者见面，离不开诸多人的协力相助。两位作者在此由衷地表达感谢：

本书是教育部哲学社会科学研究重大委托项目《高等教育大众化与媒介融合时代精英女性培养与领导力提升研究》(项目编号：15JZDW002)的子课题，感谢课题主持人刘继南教授的信任和关怀。世界大学女校长论坛举办的数次学术活动,也给予了本研究以学术的灵感与滋养。负责协调统筹此项目的阮婕好老师在过去四年的支持、关心与敦促,是这个研究得以推进最为直接的动力。

在书稿写作的过程中,两位作者的家人给予了我们最为无私的关心与力所能及的帮助。作者仇筠茜的父亲与母亲帮忙照料新生儿,书稿截稿之际,她已经三岁了。在研究期间,大量的日常家务也都由其先生承担。作者黄雅兰的先生在繁忙的医务工作之余,也为本研究的顺利开展提供了充分的理解与支持。我们感恩家人的关爱与支持。

本书的基础编码工作主要由中国传媒大学新闻学院研究生朱毓春(现于复旦大学攻读博士学位),以及媒体市场调查与分析的四位本科生完成,她们是:周琳(现于清华大学攻读硕士)、孙可昕(现于美国纽约大学攻读硕士)、陈家欣和黄婧怡。

本书的写作由仇筠茜、黄雅兰共同完成。其中,仇筠茜承担了研究设计与数据分析工作,并撰写了研究书稿的第二、三、六章及结语。黄雅兰撰写了书稿的第四章和第五章;绪论和第一章由两位作者共同完成。我们在写作中多次沟通讨论、相互修改润色,因此,上述分工并不绝对。由于认识或水平有限,行文中若有疏漏之处,由两位作者文责自负。

第一章　看与被看:信息传播技术中的女性

对于精英女性在社交媒体上自我呈现的研究是在“性别与传播”这一研究领域中展开的。在过往的研究中,关于媒体中女性的刻板印象、女性媒介和女性媒介从业者的考察与分析对于本研究的开展有着重要的参考价值。同时,在当前媒介化社会中发展起来的“名人政治”现象和“图像转向”的文化生态,也影响着精英女性在社交媒体上自我呈现的现状。除社会文化因素的影响外,信息与传播技术本身的特征——特别是平台型媒介的出现和杂糅媒介体系的形成,也在女性的自我呈现和其最终产生的传播效果之间起到了中介调节作用。

第一节　性别与传播研究:理论版图与脉络

性别与传播研究最早发端于欧美20世纪60年代兴起的第二波女权运动。1978年,美国社会学家盖依·塔奇曼(Gaye Tuchman)等编著了《壁炉与家庭:媒介中的妇女形象》(*Hearth and Home*:*Image of Women in the Mass Media*)一书,第一次集中地就媒介与妇女形象问题进行了深入而广泛的研究,标志着“性别与传播”研究领域的正式产生。我国最早关于“女性与传播”问题的讨论出现于1988年,上海文论杂志社、上海电视二台等联合举办了“大众传播中的女性形象座谈会”;1995年在北京举行的第四届世界妇女大会正式将性别与传播研究带入学者和公众的视野。当年,《新闻与传播研究》杂志共刊载了9篇关于性别与媒介的文章,此后,性别与传播领域的论文、著作、研讨会和研究中心等不断涌现,该研究领域的可见度大大提升。

通过对1995年至2014年间中国重要新闻传播期刊和女性研究期刊上该领域的184篇论文和107篇硕博学位论文进行内容分析和文本细读,我们梳理了20年来中国性别与传播研究的研究议题和研究方法发展趋势:从议题看,研究所涉及的媒体从电视、期刊等传统媒体逐渐扩展到手机、互联网等新兴媒体,所关注的对象从笼统的女性群体细化到不同职业、地区和民族的女性;从研究方法看,尽管方法更加多元和融合,但采用规范的定量和定性方法的科学研究比重较低。① 在这两个方面,本研究都有所创新,一是在研究议题上,我们不但将对技术的考察推进到最为前沿的“平台型媒体”和算法技术等现象上,还借鉴了技术哲学的经典理论对实证资料展开解释论证;二是在研究方法上,本书以规范的内容分析方法为主、辅助以话语分析及多案例比较分析开展研究。

一、性别与传播研究的主要议题

凡·祖伦将女性主义媒介研究的议题分为三类:女性的媒介刻板形象和形象的社会化、意识形态批评和色情研究;②陈阳认为性别与传播研究主要包括媒介生产、媒介内容和媒介接收三大部分;③卜卫在对中国大陆媒介与性别

① 黄雅兰.中国语境下的性别与传播研究(1995—2014)[J].新闻春秋,2017(10):10-18.

② VAN ZOONEN. Feminist Media Studies[M]. Thousand Oaks: SAGE Publication, 1994.

③ 陈阳.性别与传播[J].国际新闻界,2001(1):59-64.

研究的回顾中,特别提出增加"行动者"作为分析框架,行动者指"力图通过行动来改善传播以适应妇女运动或性别平等活动的发展的个人和组织"①。综合以上观点和对研究文献的具体观察,本文将当前国内性别与传播研究区分为以下议题:大众媒介中的女性形象、女性媒介/媒体的经验探讨、传播者分析、受众分析、行动者分析、理论探讨和梳理、新闻教育与政策法规研究等。

(一)大众媒介中的女性形象

大众媒介中的女性形象是最受关注的研究议题。20 世纪 90 年代,我国的媒介内容研究大多将女性看作同质化的群体,对媒介中的女性形象展开泛论,如对中国电视广告中的女性形象、电视传播中的女性形象②以及女性在主流报刊中的呈现等③进行研究,此类论文的普遍结论是:首先,女性的媒介呈现频率远低于男性;其次,女性的媒介形象是对传统刻板印象的强化,强调女性气质和女性的附属地位。与此同时,也有学者提出,电视中的女性形象及其价值观念与行为模式在日趋多元化、复杂化。④

21 世纪以来,研究者逐渐发现不同媒介中女性形象的多样性和异质性。

首先,研究者关注的媒体从传统的电视、报纸、杂志拓展到网络博客⑤、流行音乐⑥、电话热线⑦等;在对媒介内容进行研究时,研究者也更加注重对媒体

① 卜卫.中国大陆媒介与性别/妇女研究回顾与分析(1995—2005)[J].新闻与传播研究,2006(4):78-90.

② 陆晔.中国电视传播中的女性形象研究[J].新闻大学,1997(2):32-36.

③ 首都女新闻工作者协会.全国主要报纸有关女性报道的内容分析报告[J].新闻与传播研究,1995(2):35;冯媛.女性在新闻中的存在:关于八家主导报纸新闻版新闻的研究报告[J].浙江学刊,1998(2):81-85.

④ 陆晔.中国电视传播中的女性形象研究[J].新闻大学,1997(2):32-36.

⑤ 吴信训,李晓梅.社会性别视角下博客中的女性表达和自我建构[J].新闻记者,2007(10):14-17;叶红.博客性别身份的自我呈现与女性刻板形象:以搜狐博客为研究对象[J].现代传播,2009(1):167-168;刘立红.她博客中女性媒介形象研究:以知名女性博客内容为研究对象[D].兰州:兰州大学,2009:36.

⑥ 朱方,柯惠新.解析中国大陆流行音乐中的性别角色[J].现代传播,2013(10):77-82.

⑦ 褚悦闻.向陌生人说"心里话":都市妇女的热线电话研究[J].新闻大学,2011(1):117-125.

类型和内容的细分。例如,在对于期刊的研究中,研究者分别观察了女性期刊、[①]新闻类期刊[②]等;在对电视剧中的性别形象进行考察时,则将电视剧分为青春偶像剧[③]、家族剧[④]、后宫剧[⑤]、军旅题材电视剧[⑥]等。另外,近些年以女性或两性话题为主的节目大受欢迎,如电视真人秀《非诚勿扰》[⑦]和电视剧《甄嬛传》[⑧]等也成为研究者关注的对象。

其次,研究对象从同一的女性群体转变为更加多元的女性个体。例如,以职业作为区分,研究者对媒介中的知识女性[⑨]、女博士[⑩]、女航天员[⑪]、女科技工作者[⑫]、农村女性[⑬]、女性农民工[⑭]等进行研究;此外,还有研究者将目光转向不同地区和民族的女性形象,如对蒙古族女性[⑮]、新疆维吾尔族女性[⑯]的媒

---

① 赵智.我国女性期刊中的女性形象研究:以《家庭》和《女友》为例[D].济南:山东大学,2009:47-51.

② 韦娜.我国新闻周刊中的女性形象研究:以《三联生活周刊》《vista 看天下》《中国新闻周刊》为例[D].兰州:西北大学,2011:23.

③ 杜雅婷.中国青春偶像剧中的性别政治[D].温州:温州大学,2014:78.

④ 李珊.大陆家族剧女性形象建构研究[D].杭州:浙江师范大学,2010:13-15;王丹.香港家族剧女性形象探析[D].长春:东北师范大学,2012:21-25.

⑤ 董小博.后宫题材电视剧的大众传播学解析[D].郑州大学,2013:40-42.

⑥ 杨洪涛.新世纪军旅题材电视剧的女性叙事[J].现代传播,2014(6):71-74.

⑦ 李解.《非诚勿扰》中女性形象的呈现与受众解读研究[D].重庆:西南政法大学,2012:78-80;严怡宁.国内婚恋节目的女性形象研究:以《非诚勿扰》为例[D].上海:上海外国语大学,2013:9-12.

⑧ 孙玮.华服背后的困境和生命突围:以《甄嬛传》为例的后宫剧中的女性形象分析[D].成都:西南交通大学,2014:30.

⑨ 张立环.屏幕婚姻中的知识女性形象[J].现代传播,2010(12):155-156.

⑩ 王娜.女博士网络媒介形象分析与实证研究[D].南京:南京大学,2012:72.

⑪ 谭琳,齐鸣宇.媒体呈现:女航天员的性别角色[J].现代传播,2013(2):147-148.

⑫ 唐毓商.女性科技工作者的媒介形象[D].北京:中国青年政治学院,2013:50-53.

⑬ 李艳丹.新闻媒介中农村女性形象刻板研究:以《中国妇女报》(2005—2009)为例[D].南宁:广西师范学院,2010:25-28.

⑭ 吴小君,刘小霞.中国女性农民工在海外当代纪录电影中的呈现与表达[J].新闻与传播研究,2013(7):66-80.

⑮ 梁书婷.《内蒙古妇女》杂志的蒙古族女性形象建构分析[D].北京:北京印刷学院,2014:63-64.

⑯ 赛来西·阿不都拉,王琴琴.媒体责任与维吾尔族妇女性别角色规范的重构[J].当代传播,2010(4):71-73.

介形象进行研究。此类研究探索了不同的权力结构对于性别的形塑，指出在公共领域的各个方面都存在着对于女性的歪曲呈现和对性别刻板形象的强化。这类研究呈现出“交叉性”(intersectionality)的特征。“交叉性”是当前西方性别研究中的一个重要概念，最早由金伯利·克兰肖(Kimberle Crenshaw)用来描述性别、族裔和阶级等因素如何相互作用、共同形塑黑人女性的就业体验，[①]目前被性别研究和族裔研究等学科广泛采纳，用以审视性别/性向、种族/族裔和阶级等社会类别在制造社会不平等方面的相互作用。尽管已经有研究者开始考察职业、阶层、民族和性别的相互作用问题，但尚无学者有意识地将“交叉性”路径应用于性别与传播研究中。

最后，研究者还向历史溯源，审视近代以来不同时期媒介对于女性形象和性别议题的呈现。例如，考察清末《大公报》对于女性戒缠足议题的报道[②]、早期妇女报刊对新女性身份的建构[③]、民国女记者的媒介形象[④]、延安《解放日报》中的妇女形象[⑤]、“十七年”期间《光明日报》《中国妇女》等报刊中的女性形象等。[⑥] 此外，还有历时类研究，如对《中国妇女》杂志 60 年来的封面人物形象进行考察，以审视国家意识形态控制下女性形象的改变。[⑦]

(二)女性媒介研究

自 1995 年世界妇妇大会召开以来，我国的女性媒介发展迅猛，为性别与

---

① CRENSHAW K. Mapping the margins: intersectionality, identity politics, and violence against women of color[J]..Stanford law review, 1991,43(6):1241-1299.

② 林绪武.清末的媒体与女性的戒缠足：以《大公报》白话文宣传为中心[J].妇女研究论丛，2007(1):43-48.

③ 张丽萍.试论早期妇女报刊对新女性身份的建构[J].新闻大学，2009(2):63-67.

④ 冯剑侠.无冕皇后还是交际花：民国女记者的媒介形象与自我认同[J].妇女研究论丛，2012(6):59-64.

⑤ 唐海江，唐雨晴.延安《解放日报》妇女形象建构的文化分析[J].国际新闻界，2009(12):115-119.

⑥ 杜宇.十七年《光明日报》女性媒介形象研究[D].重庆：西南大学，2014:102；蒲子涵.十七年《中国妇女》杂志封面女性媒介形象研究[D].重庆：西南大学，2012:89.

⑦ 王蕾.从“女劳模”到“女明星”：从《中国妇女》60 年封面人物看国家意识形态控制下媒体女性形象变迁及国家话语转变[J].新闻记者，2011(12):87-92.

传播研究提供了丰富的经验素材。其中，女性杂志是研究者最为关注的媒体，除了早期由妇联主办的《中国妇女》《家庭》《知音》等期刊外，由跨国传媒集团投资合办的《Elle 世界时装之苑》《瑞丽》等时尚类期刊也开始在读者中流行。陈红梅认为，尽管女性期刊数量增加，但它们并没有建立起真正独立的女性意识，其叙事还是以男性眼光为基准的自我审视与规训。[①] 此外，新型时尚期刊深受消费主义和商业文化的影响，其建构时尚文化，引领物质消费生活方式，[②]表现出“视觉化、商品化、同质化”等特点。

20 世纪 90 年代以来，女性电视节目也开始走进普通观众和学者的视野。1994 年 7 月，北京电视台推出了最早的女性节目《今日女性》；同年 12 月，《半边天》在中央电视台播出，成为我国最有影响力的女性节目；1998 年以来，四川电视台妇女儿童频道、长沙电视台女性频道相继建立；2003 年，广西卫视将自身定位为女性特色的综合频道。对于这些新建立的女性电视频道，有学者以四川妇女儿童频道为例，对我国女性电视频道和栏目的定位变迁进行考察，还有学者对女性电视节目的整体发展做出考察。[③] 其普遍结论为，女性频道存在品质不高、同质化严重、专业化程度低等问题，特别是“女性节目”的概念不清晰，一些节目不但没有凸显女性独立意识、推进两性平等，反而强化传统性别观念。

在互联网时代，女性网站、门户网站中的女性频道以及女性博客是新涌现出的女性媒介。有学者将我国的女性网站划分为官方类、学术研究类和商业类女性网站三大类，[④]其中官方女性网站以中国妇女网、中国妇联新闻网等为代表；如女声网、两性视野、中国妇女研究网等为学术研究类网站，此类网站以展示社会性别学术成果为主，不以盈利为主要目标；商业类女性网站是三类网

① 陈红梅.女性期刊中女性意识的出场批判与在场建构[J].当代传播，2012(2)：43-46.

② 张婷婷.全球传播下的女性期刊文化[J].现代传播，2006(2)：137-140.

③ 刘丹凌，刘涛.中国女性电视节目发展探微[J].当代传播，2006(5)：81-83.

④ 马湘凌.社会性别视角下中国女性网站研究[D].重庆：重庆工商大学，2014：18-20.

站中点击率最高也是最受研究者关注的网站，其内容主要涉及服饰、美容、家居、情感等方面。研究者多认为其中充斥着商品广告信息，消费主题出现频率高，[①]从其内容设置到整体倡导的价值理念，都渗透着“俗劣的财富等级意识”[②]，诱导女性进行炫耀性消费，反映了女性网站对当代女性精神需求的忽视以及女性网站内容制作者社会性别意识的缺失。[③]

总的来看，研究者对于我国女性媒介、媒体，特别是商业类女性网站的价值立场和性别意识主要持批判态度。此外，研究者对女性媒介的发展提出建设性意见，宋素红建立了女性媒介可持续发展能力的要素维、空间维和时间维的模型，指出女性媒介要做到可持续发展，就要增强女性意识、通过读者调查挖掘女性阅读需求、通过提高策划水平完善媒介形象以及建构责任女性媒介文化。[④]

（三）女性媒介从业者研究

女性媒体从业者是性别与传播研究关注的另一重要领域。1995 年，杨瑞明考察了全球范围女性新闻工作者的发展史及其所需才能。[⑤] 同年，社科院与全国记者协会共同对我国女新闻工作者展开调查，并于 1996 年发表了《中国女新闻工作者的现状和发展》一文，认为我国女新闻工作者享有与男新闻工作者同工同酬的权利，在工作自主性和获得社会支持方面满意度较高；研究也指出女性遭遇玻璃天花板、自强意识和工作能力还有待提高等问题。[⑥] 此后，再没有全国性的对女性新闻工作者的调查研究。但上海市新闻工作者协会和《新闻记者》杂志在 2001 年和 2013 年分别对在上海新闻机构工作的女性进行

① 荀洁.女性“一间自己的屋子”：以社会性别理论考察网站中的女性频道[J].新闻与传播研究，2004(2)：47-51.
② 王音洁.女性网站漫议[J].现代传播，2001(6)：134-135.
③ 宋素红.消费主义视野下的女性网[J].新闻与传播研究，2007(4)：61-66.
④ 宋素红.女性媒介可持续发展能力初探[J].国际新闻界，2009(7)：104-108.
⑤ 杨瑞明.女性电视新闻工作者成才探析[J].新闻大学，1995(2)：57-59.
⑥ 陈崇山，卜卫.中国女新闻工作者的现状与发展[J].妇女研究论丛，1996(3)：14-18.

了调查，这两次研究不仅关注女性的职业表现，而且对其职业认知和态度进行测量。两次研究对比发现：10 年间，女性新闻从业者的数量和所占比例均呈上升趋势，自我能力评价更加正面；女性的职业障碍越来越多地来自家庭生活、婚姻感情等方面；在传媒行业的整体格局发生重大变化之际，女性新闻工作者的职业自豪感下降，倦怠感上升。①

除了上述大规模调查，学者们还把目光转向了某些特定领域或职位的杰出女性新闻工作者，例如战争报道、体育报道等传统的男性主导领域中的女记者，②总结其职业优势和工作经验。但是，此类研究通常遵循"描述＋总结"的模式，缺乏对女性职业行为中的权力结构展开深层反思，有些研究还存在着性别本质论的问题，简单地将女性的优势归结于"冲动、亲和力、柔韧等女性特质"③。

（四）女性媒介使用研究

自 1982 年北京受众调查起，每次大规模受众调查都关注了女性受众的情况，但在这里，性别只是一个基本变量，调查并没有格外关注女性受众的认知、态度和行为，也没有采用社会性别的视角，因而并不属于性别与传播研究。最早自觉采纳社会性别意识研究我国女性受众的是宋小卫，他通过分析 1982—1994 年的多项受众调查数据，认为不同性别的受众在媒介接触上确实有差异，而这种差异可能是由非性别因素——如女性的整体文化程度、妇女的闲暇时间所引发的；④黄蓉芳观察到了新闻受众中女性缺席的现象，并指出这是由

① 贾亦凡."半边天"名副其实乎：上海市女新闻工作者现状抽样调查报告[J].新闻记者，2011(11)：16-21；上海市新闻工作者协会女记者工作委员会.2013 年上海市女性新闻工作者调查报告[J].新闻记者，2014(3)：35-42.

② 林林，张玉川.女性报道者的角色嬗变：从凤凰卫视伊拉克战争报道谈起[J].现代传播，2003(3)：25-26；罗婕.足球女记者成为另类风景[J].当代传播，2002(1)：82-84.

③ 胡蕾.试论女性新闻从业者的职场崛起及现实困境[D].武汉：华中师范大学，2006：30-40.

④ 宋小卫.谈谈我国受众媒介接触与使用中的性别差异[J].新闻与传播研究，1995(2)：36-40.

新闻文本、生产部门和传统文化中的女性缺席共同造成的。[①]

为数不多的关于女性媒介使用者的实证研究大多来自在校研究生的学位论文，其中既有对传统媒体受众的关注，如对体育新闻的女性受众的研究、[②]女大学生的时尚杂志接触和形体认知的研究等，[③]也有对手机、互联网等新媒体的用户进行的研究，如大学生网络使用的性别差异、[④]湘西少数民族地区女性的互联网使用行为等。[⑤] 这些研究大多以社会性别为视角探索女性媒介使用现象背后的深层原因。特别是曹晋对于上海家政钟点工的手机使用分析，采用民族志的方法来认知和阐释女性农民工应用新型信息传播技术来适应都市生活和家政劳动以及异地履行母职的行为，对传播技术和家务劳动市场化重塑农村妇女的经济地位和社会性别的方式进行探析。曹晋对手机这种传播技术的解放力量持较为悲观的态度，她认为，上海家政钟点工与手机使用的关系，与拉娜·蕾寇所关注的妇女使用电话的情况相比，并没有太多的不同，“妇女可以利用电话的即时性与互动性穿越时空参与工作实践并维系家庭情感，对传播技术和电话产业都有创造性价值，但农村妇女并不能跨越自身的社会地位和性别身份，无论农村妇女如何使用手机，她们都不能超越由城乡、地区、技术与经济的支配性力量重叠交织的生活世界，只能继续以牺牲家庭前景的漂流来获取基本的生活资源”。[⑥]

---

① 黄蓉芳.我国新闻受众中的女性缺席[J].新闻与传播研究，2000(3):29-35.

② 董任春.体育新闻视野中的女性受众研究[D].重庆：西南政法大学，2010:57-60.

③ 唐丽燕.大众媒介与女性身体意象：基于女大学生时尚杂志接触与体形认知的研究[D].上海：上海交通大学，2009:83.

④ 朱默.大学生网络使用意向影响因素的性别差异研究[D].兰州：西北师范大学，2013:101-103.

⑤ 杨文朴.使用与满足视角下湘西少数民族地区女性互联网传播行为研究[D].北京：北京邮电大学，2014:63-65.

⑥ 曹晋.传播技术与社会性别：以流移上海的家政钟点女工的手机使用分析为例[J].新闻与传播研究，2009(1):71-78.

（五）性别与传播研究中的议题和方法的缺失

二十多年来，我国的性别与传播研究在议题上已有较大拓展，具有较强的现实关怀，但是，现有研究也存在着一些较明显的问题：研究问题的重复率高，例如，对女性期刊和广告中的女性形象等问题进行反复研究，且并未在其研究路径和结论上取得创新，缺少对具有本土特征的性别问题的研究；研究视野有拓展的空间，目前较缺少具有全球视野的、对于跨文化以及跨国家和地区的大界面研究。上文提到的近年来西方性别研究中经常使用到的“交叉性”研究视角，还需要在我国的研究实践中进一步推广和深化。此外，当前研究对技术与性别之间关系的理解稍显刻板，女性要么被当作被动的、消极的、被大众媒体建构的客体，要么被当作信息与传播技术主动的使用者，而未观察到在当前的媒介环境下，特别是在由社交媒体构成的赛博空间中，女性同时作为观看者和被看者的双重身份，以及她们在冲破性别刻板印象和表演传统性别角色之间的彷徨与踟蹰。由此，就不得不提及技术与性别之间复杂而微妙的关系。

二、束缚还是解放？有关科技与性别的讨论

总体而言，女性主义研究者对性别和科技关系的批判经历了三个发展阶段：第一个阶段，在 20 世纪 70 至 80 年代，学者悲观地认为科技本身带有浓重的父权色彩，会压抑和阻碍女性的解放及发展，这也是造成女性从属地位的一个重要原因；第二个阶段是 20 世纪 90 年代，这一阶段对于技术的极其乐观的态度是对前一阶段悲观态度的修正，以哈拉维为代表的女性主义者对科技解放女性、促进更平等的性别关系的潜力大唱赞歌，但在上述两个阶段，学者们不同程度地走入了性别本质论和技术决定论的误区；进入 21 世纪以来，在前两个阶段的基础上，同时受到建构主义和后现代主义思潮的影响，学者们开始以一种更加平和的态度看待性别与技术的关系，他们既看到了技术受到现存社会关系（包括性别关系）的影响，又看到了技术对于强化和改善性别关系的

作用,以及技术产品的使用者对技术的能动的解读。

(一)第一阶段:技术与父权的天然联系

自20世纪60年代以来,性别和技术的关系逐渐成为女性主义学者关注的焦点。从最初对于女性在科技机构和职业中有限的参与和代表性的不满,到后来转向对技术本身所带有的父权特征的批判,不同流派的女性主义理论——生态女性主义、自由女性主义、激进女性主义、社会主义女性主义就技术与性别之间的关系进行着激烈的辩论和融合。在这一阶段,研究者围绕“科学中的女性问题”和“性别视角下的技术恐惧论”展开研究。

女性主义科技哲学家桑德拉·哈丁(Sandra Harding)对于女性主义科技研究的发展历程有过一个经典的论述,她认为女性主义的科技批判从一开始质询“科学中的女性问题(woman question in science)”,逐渐转向更加激进地追问“女性主义中的科学问题(science question in feminism)”。[①]

最初,女性在科技领域内有限的参与引发了学者对于性别和科技关系的研究兴趣。发现和彰显女性在不同科技领域的贡献是女性主义研究者的一条重要路径。早期的女性主义者试图通过书写一系列伟大的女性科学家的人生传记、展现女性在科技发展中所做出的努力,来修正主流的科学历史的叙事[②]。此外,学者们还重新审视了工业革命以来的西方技术发展历史,并且发现,单是在工业革命时代,女性就发明或参与发明了多种重要机器,如轧棉机、缝纫机、小型电动机等,此类被遗忘的发现多见于专利材料,但由于当时女性的财产权受到很大限制,很多女性的技术发明是以其丈夫的名字进行登记的,因而此类研究对于女性的科技成就有不少遗漏。[③]

---

① HARDING S. The science question in feminism[M]. New York: Cornell University Press,1986:39-40.

② SAYRE A. Rosalind franklin and DNA[M]. W.W. Norton & Company,1975:18.

③ AMRAM. The innovative women[J]. New scientist,1984(6):321;PURSELL C.Women inventors in America[J]. Technology and culture,1981,22(3): 545-549.

随即,女性主义研究者的研究路径逐渐从对于杰出女性的关注转向女性在科技领域的一般参与。不少研究发现,女性进入科技机构的路径存在结构性障碍,例如招聘中的性别歧视,以及针对男性和女性的不同社会化的教育方式使得女性从一开始就远离了数学和科学。① 在这一阶段,研究者很少质疑科学技术本身,认为科学是一种开放的、不带有偏见的、客观的知识,科技领域的性别短板可以通过不同的社会化过程和更加公平的社会政策得以修正。

自由主义女性主义所倡导的机会平等政策在一定程度上促进了女性的参与,但并未在整体上改变女性在科技领域的弱势地位,因此有女性主义者指出,自由主义女性主义观点将问题的症结设定为女性本身,而并不去质询科技本身及相关机构是否以及如何能够被重新塑造得更加适合女性。

2.技术恐惧论(technophobia):作为性别压迫的科技

由上述对自由主义女性主义观点的批判开始,到了20世纪80年代,研究者开始将目光投向科技本身,发现整个西方科学都被父权偏见所塑造:在15—17世纪的欧洲,自然科学研究采用暴力和厌女(misogynous)的方式进行表述,并且对后来自然科学中的性别隐喻产生了深远影响②;18和19世纪发展起来的生物医学也采用了类似饱含性别偏见的隐喻来描述自然和科学的关系,如将"自然像女性一样等着阳刚的科学来揭去面纱、脱下衣服来发现"③,在这种比喻中,科学被比作由男性象征的积极的行动主体,而自然则是像女性一般的被动客体。特别是生物医学方面的研究在强化男女性别差异和塑造更

① ROSSITER M. Women scientists in America[M]. Baltimore: Johns Hopkins Press, 1982:378;KELLEr E. Reflections on gender and science[M]. New Heaven: Yale University Press,1985:462-464.

② MERCHANT C. The death of nature: women, ecology and the scientific revolution[M]. New York: Harper and Row,1983:213-216.

③ JORDANOVE L J. Natural facts: a historical perspective on science and sexuality[M]// MACCORMACK,STRATHERN. Nature, culture and gender. Cambridge: Cambridge University Press,1980:107-110.

加弱势的女性形象方面扮演着重要的作用。科技所带有的男性面孔,不仅仅是因为这一领域和职业被男性所主导,更因为它被许多带有男性气质的符号、隐喻和价值所渗透,这些价值和特征是和女性价值相悖的,女性如果要选择进入科技领域和掌握这套带有男性气质的科技话语,往往意味着要放弃自己的女性气质和女性身份。

然而对于这种将女性和自然相联系从而强调柔弱、被控制等女性特质的说法,在 20 世纪 80 年代被生态女性主义(eco-feminism)所接受。他们认为,由于女性有着作为母亲的天职,因此她们对于保证生命的延续有着自觉的责任,而她们所具备的养育和关怀的天性正能够让她们承担起这种责任。因为有了这种与自然更密切的联系,女性在环保和平运动中通常有更多的参与。[①]相反,由于男性不具备生育的能力,他们对于人类和其他自然生命通常缺少必要的敬畏之情,因此会带来战争和生态灾难。

除了生态女性主义的观点,20 世纪六七十年代开始的激进政治运动引起了关于科学的使用和滥用问题的讨论。学者们采纳马克思主义的理论工具,对科学的阶级属性和它与资本主义生产方式的关联进行审视。这种政治经济学的科学批判认为现代科学的诞生和发展都与资本主义社会的需求紧密相关,特别是在当代社会,科学与国家政权和工业体系的联系愈发密切,这将科学变为一种控制工具。“中性的科学”的立场被逐渐抛弃,科学被认为是被主导的社会关系所塑造的知识。在这一认识转变中,托马斯 · 库恩的《科学革命的结构》一书扮演着重要的角色,该书认为科学知识就像其他知识一样,会广泛地被它所处在的社会所影响,科学研究也不再简单地被理解为对于真相的发现。

沿着马克思主义的分析路径,研究者认为:技术的革新来自阶级冲突,资本主义的劳动分工在一定程度上导致了性别在社会角色和职能上的进一步分

① GRIFFIN S. Reclaim the Earth:Women Speak out for Life on Earth[M]. London: The Women's Press,1983:39-41.

化。工业革命所带来的一个最显著的变化就在于公共领域和私人领域的分离,手工业生产从家庭空间搬入了工厂,这带来的性别分化最终导致了男性对于技术的控制①。此外,男性手工业者为了保护自己的地位而拒绝女性进入那些需要一定技术的行业,这也对后来女性被排除于科技领域之外造成了影响。② 社会主义女性主义的科技批判虽然抛弃了本质主义,从历史的变动中理解女性和技术的关系,但它一味悲观地强调技术对于女性的负面表征和影响,忽视了女性本身的能动性和主体性,低估了科技被重塑,以使其服务于女性解放和性别和谐的潜力。也正是这些问题催生了20世纪90年代以来新一代女性主义学者对于女性和科技,特别是信息与传播技术的思考。

(二)第二阶段:作为女性解放工具的亲技术论

20世纪90年代以来,女性主义学者对于技术赋权女性和改变性别关系的态度越来越积极。尽管包括互联网和移动电话等传播技术的早期采纳者也以男性为主,但近年来新技术采用率中的性别差异正在缩小,此类技术也使得个人身份认同、信息传播方式以及社会和政治活动的发生模式产生了重大变化。基于此,一些学者认为信息传播技术将有力促进女性赋权和推动性别关系的转变,因为网络的扩张性、易接入性和去中心化的特质将有助于打破传统信息传播体系中的性别差异。③

多纳·哈拉维在其著作中对科学和技术表达了积极的态度,其著作也对之后关于技术和女性关系的探讨产生了深远的影响。对于那种宁愿回到神话般的、无污染的自然状态也不接受科学技术的观点,哈拉维进行了尖锐的批

① WAJCMAN J. Feminism confronts technology[M]. Penn State University Press, 1991:21.

② COCKBURN C. Brothers: male dominance and technological change[M]. London: Pluto Press,1983:106-108; MILDMAN R. Gender at work: the dynamics of job segregation during World War II[M]. Urbana: University of Illinois Press,1987:45-49.

③ VAN ZOONEN L. Gendering the internet: claims, controversies and cultures[J]. European journal of communication, 2002,17(1):5-23;WAJCMAN J. TechnoFeminism[M]. Cambridge, MA: Polity,2004:37-40.

判。她指出,科学技术具有创造新的意义、新的社会实体和新世界的巨大潜力,她表明宁愿做一个赛博格(cyborg)——有机体和机器的混合物——也不愿做生态女权主义者口中的“女神”。[①] 在这种“亲技术论”(technophilia)看来,基因工程、生殖技术和虚拟现实等技术都将从根本上对传统的性别身份造成挑战,从而有助于女性的解放。

信息与传播技术更是被认为蕴含着解放女性的力量。20 世纪 90 年代,一些学者提出了“赛博女性主义”(cyberfeminism),认为互联网将成为女性和其他被压迫群体的媒介[②]:网络空间的虚拟性和匿名性意味着现实生活中物理的性别差异的终结,数字技术将使得人和机器、男性和女性的边界趋于模糊,用户能够自由且自主地选择和采纳其他身份[③]。因此,尽管工业技术会有父权制的特征,但是基于人脑而非肉体、基于网络而非等级的数字技术则预示着女性和机器之间新的关系。赛博女性主义的第二个主要观点认为,互联网所倡导的社群、共识、沟通等精神正是女性所擅长的,传统的女性气质正是网络技术的核心[④],女性在早期博客、论坛等虚拟空间的大放异彩似乎证明了女性比男性更适合生活于数字时代。

以赛博女性主义为代表的“亲技术论”对科技表现出极大的热忱,然而这种不加批判的积极态度也将后现代主义女性主义的观点推向了技术决定论而

---

① HARAWAY D. A manifesto for cyborgs: science, technology and socialist feminism in the 1980's[J]. Socialist review, 1985, 80(15): 65-108; HARAWAY D. Modest_Witness @ Second_Millennium: FemaleMan_Meets_Oncomouse[M]. New York: Routledge, 1997:22-26.

② SPENDER D. Nattering on the net. Women, power and cyberspace[M]. North Melbourne: Spinifex Press, 1995:98-100; GREEN E, ADAM A. Editorial comment[J]. Information, communication & society, 1999, 2(4): v-vii; BALKA E. Where have all the feminist technology critics gone? [EB/OL]. (2020-03-10) [1999-06-06]. http://www.loka.org/alerts/loka_alert_6.6.htm.

③ TURKLE S. Life on the screen: identity in the age of the internet[M]. New York: Simon and Schuster, 1995:73-75.

④ CASSELL J, JENKINS H. From barbie to mortal kombat: gender and computer games [M]. MIT press, 2000:67-70.

被一些学者批判。以赛博女性主义为例,学者对这一观点的批判主要包括以下方面:首先,并非所有人都可以进入赛博空间,无法接入网络的贫困阶层就会被排除在赋权之外;其次,即使进入了赛博空间的女性获得了部分选择接受、生产内容的权力,女性也可以通过对这些新兴媒体技术的消费建构更加混合的、跨性别甚至超越性别的身份,但这并不必然带来公共领域中更加平等的性别话语。用户生产的内容(user-generated content)并不比大众媒体生产的内容更具有颠覆性和解放性,因为赛博空间依然存在于根深蒂固的性别歧视的社会背景中。①

20世纪90年代以来产生的这种"亲技术论"对于先前完全消极的科技批判是一种修正,但也出现了矫枉过正的问题。在此基础上出现的"相互建构"(co-constructivist)路径是对这两种态度的中和,避免了过于消极或积极地看待技术和性别之间的关系。

(三)第三阶段:结合女性主义与科技哲学的"相互建构路径"

在持"相互建构"观点的学者看来,科技和女性之间存在着一种更为流动及灵活的关系,将科技——特别是信息传播技术——同时看作性别关系的原因和结果。②

他们认为,技术革新是被其所在的社会环境塑造的,机器制造物不再被看作分离于社会之外的东西,而是被看作将社会凝聚一体的社会织物的一部分。科技则是一种结合了器物、人类、组织、文化和知识的混合品。就性别和科技的关系而言,社会既有的性别关系已经物化进各种科学技术之中,

---

① PAASONEN S. Revisiting cyberfeminism[J]. Communications, 2011(36): 335-352.

② OUDSHOORN N, ROMMES E, STIENSTRA M. Configuring the user as everybody: gender and cultures of design in information and communication technologies[J]. Science, technology & human values, 2004, 29(1): 30-64; WAJCMAN J. From women and technology to gendered technoscience[J]. Information, communication and society, 2007, 10(3): 287-298.

同时科技也会强化或改变现有的性别化身份和话语。在传统的科技研究中,设计者和使用者的区分、生产和消费的区分是其中的重要概念,科技产品的研发、设计和生产往往被赋予更重要的地位。女性主义科技研究者则试图解构这样一种差异,她们更加强调科技发展不同阶段之间的相互联系,因而科技产品设计阶段的性别化会影响产品整个生产、消费和使用的过程。① 而这样一种将设计、生产、营销、购买和消费融为一体的科技研究路径,使得研究者能够更加重视社会和文化因素的重要性,而非单一地关注技术本身的影响。例如,在现在的科技革新过程中,女性在科技共同体中的边缘地位事实上已经影响了各种科技产品的设计、技术内容和使用状况,②但这些产品的性别化并不会随着产品设计和生产过程的结束而结束,有时科技产品也会产生意想不到的结果和可能性。比如,信息与传播技术给女性带来的赋权、侮辱、恐吓等多重影响。此外,20 世纪 90 年代以来对性别的理解也发生了一定的变化,性别越来越被看作"表演"(performance)③,是变动中的社会关系的产物,在集体和个人的经验和认识中产生。上述对于科技和性别更加全面的认识,使得新的研究路径能够避免出现性别本质主义和技术决定论的问题。

此外,这种建构论影响下的性别和科技观深受后现代主义的影响,更多地将社会的多样性和异质性纳入考虑。例如,瓦杰卡曼(Wajcman, J.,2007)认为,女性也可能发挥能动性,对这些男性设计的科技产品产生不同的解码,但她们对科技产品产生出新的解读能力也取决于她们所处的更广阔的经济和社

---

① COCKBURN C, ORMROD S. Gender and technology in the making[M]. London: Sage, 1993:55-59.

② LIE M. He, she and IT revisited: new perspectives on gender in the information society, gyldendal akademisk[M]. Oslo,2003; LERMAN N E, OLDENZIEL R, MOHUN A P. Gender and technology: a reader[M].Baltimore, MD:Johns Hopkins University Press, 2003:95-98.

③ BUTLER J. Gender trouble[M]. New York: Routledge,2002:87-90.

会环境,如地域、国族、阶级、种族、族裔、性向、所处的时代都会对女性对科技产品的解读产生影响。① 在以往的科技研究甚至女性主义研究中,这种全球化的视角往往被忽视或边缘化了,研究者的目光大多聚焦于西欧和北美的状况,而忽视了亚非拉美等地区女性和技术的互动状况。而当今社会所经历的全球化正作为一种社会思潮和实践,全方位地影响着全世界政治、经济和文化的发展,这一趋势也重新定义了性别与科技研究的主题和内容。例如,有学者开始关注印度尼西亚乡村接生婆的手机使用对其工作及主体身份认同的影响②,以及在美国的女性韩国移民如何利用在线社群重建其移民和女性身份③等。

(四)本书的研究立场与路径

对于性别和科技关系的探讨,归根结底是对科技中基于性别的权力与等级的反思和批判。在当代社会,尽管有越来越多的女性开始使用新媒介,使用率中性别差异正在缩小,但是女性在信息传播技术工业体系中的参与并没有发生太大的改变,性别间的权力势差仍然存在,从更广阔的全球视角出发,基于种族、族裔、国别和经济发展程度的差异则更加明显。网罗进更加多样的女性的体验和声音、对不同维度上的性别权力关系进行批判,将是未来性别与技术批判的重点。

本书对精英女性在社交媒体平台上的自我呈现进行研究,采纳建构主义的路径,以实证研究数据和"交叉性"的理论对这一问题进行描述与回答。本

---

① WAJCMAN J. From women and technology to gendered technoscience[J]. Information, communication and society, 2007,10(3):287-298.

② CHILB A, CHEN V H. Midwives with mobiles: a dialectical perspective on gender arising from technology introduction in rural Indonesia[J]. New media & society,2011,13(3):486-501.

③ LEE E. Formation of a talking space and gender discourses in digital diaspora space: case of a female Korean im/migrants online community in the USA[J]. Asian journal of communication, 2013,23(5):472-488.

书的研究视角和路径可以归纳为以下两个方面。

第一，关于“交叉性”的理解与应用。研究尽量避免早期“性别与技术”研究中走向极端的对技术的悲观态度和技术决定论立场，同时考虑到更广阔的社会语境和历史语境，在研究设计上特别地对世界精英女性的种族族裔进行统计与分析。与此同时，从技术的维度出发，本书将“传播技术可供性”作为另一个重要的变量，考察其与种族族裔、性别角色等因素的交叉作用，其与自我呈现传播效果之间的关系，以及这种关系的发生机制。这是在性别与传播技术研究道路上的一次创新性尝试。

第二，我们采纳的既不是技术决定论的视角，又并非对以互联网为代表的新兴信息传播技术的完全乐观主义的态度，而是 21 世纪以来被学术界更加普遍认可的建构主义的研究道路。本书在女性主义理论、科技哲学理论和传播理论的跨学科视角下，分析精英女性对新兴信息传播技术的主动使用、进行自我呈现的内容及技术手段。这里呈现出来的形象、情感表达仅仅是表层，还需要将之置于更为广阔的平台型媒介的“技术可供性”以及媒介化社会的性别结构与身份认同等更加宏观和动态的语境中加以分析与阐释。以这一目标为标靶，显然一次截面性的内容分析与资料收集是不够的，因此我们还采取了二手数据分析、多案例比较分析的方法，对实证资料加以解读。

第二节 性别资本、名人政治与媒介

精英女性可以被理解为具有较高的领导力、社会地位、曝光度、经济或政治资本的女性，她们的公共形象在“女性”和“领导”的双重身份中充满了张力，甚至会导致不和谐。比如，有人提出“像领导一样思考，就是像男人一样思考”

(Think Manager—Think Male Paradigm)的模型①;也有研究发现,当女性处于“领导者”这一具有男性气质的地位的时候,不论能力表现如何,总会面临更多的挑战。② 近几十年来出现的“明星化”或“名人化”(celebrification)现象则在某种程度上为精英女性纾解这一困境带来了某种可能性。在名人政治这一趋势中,政治、经济、文化、体育等各个领域的拔尖人物除了凭借其在各自领域的专业技能获得公众的关注外,个体言行中所展现出的个性、风格和态度也成为媒体报道和公众关注的焦点,形成明星光环。这一现象与影像增殖的景观社会现状、图像转向的文化趋势以及日益强调情感的后真相景观都有密切的联系,而女性作为一直以来各种图像的中心和情感的载体,在这种媒介环境和文化氛围中的“名人化”趋势就更为凸显。

社交媒体平台为用户呈现自我、表达个性和风格提供了重要平台,在某种程度上助推了“名人化”的普遍发展,也为女性建构和表达领导力提供了新的可能性。因此,本书对于精英女性在社交媒体平台上自我呈现的研究需要在性别资本与女性领导力风格、名人政治、视觉文化以及情感表演等理论框架下进行。

一、性别资本与女性领导力风格

领导力风格指的是领导者表现出来的相对稳定的领导方式。③ 在 20 世纪 90 年代,大多数针对领导力风格的研究将“任务导向型风格”(task-oriented style)和“人际关系导向型风格”(interpersonally oriented style)进行区分。大规模的定量研究调查发现,领导力风格是受到性别影响的,具有一定程度的性

① KOENIG A M, EAGLY A H, MITCHELL A A, RISTIKARI T. Are leader stereotypes masculine? A meta-analysis of three research paradigms [J]. Psychological bulletin, 2011,137(4):616-642.

② EAGLY A H, CARLI L L. Through the labyrinth: the truth about how women become leaders[M]. Boston, MA: Harvard Business School Press,2007:132-135.

③ 安东纳斯基. 领导力的本质[M]. 柏学翥,译. 上海:上海人民出版社,2007:37.

别差异:女性的领导力风格更多地以人际关系为导向,更为民主;男性的领导力风格则更多地以任务为主导,更加专断。数据显示,有 92%的女性都倾向于采取民主型或者参与型的领导力风格。① 在 20 世纪后 20 年,相关研究进一步发展,在伯恩斯提出的"变革型领导者"理论驱动下,"领导力风格"又加入了一种类型,强调以未来而非现在为导向的领导力风格,激励追随者忠于组织并能够创造性地做出贡献,以增强组织的能量。伊格雷等人的多元分析显示,女性领导者较之于男性领导者,表现出更强的变革性;男性领导比女性领导更关注员工未完成工作、未达到预期目标的情况。② 而从具体的领导力风格(leadership style)来看,女性更倾向于使用"调和型策略"(accommodative),这对雇员的表现和目标达成有促进作用。在面临竞争性活动时,男性倾向于使用"开发型策略"(exploitive),用该策略来获得比较优势,而女性更倾向于使用"调和型策略"来达成联合、获取支持,从而谋取竞争中的比较优势。另外,文化环境也会对男性领导力和女性领导力产生影响。例如,绝大部分的文化中,女性领导力多表现出被动、依赖的特质,而男性领导力则多表现出主导、进取的特质。③

不同于早期区分男性和女性不同领导力风格特征的做法,李普曼-布鲁门(Lipman-Blumen)提出了"联结性领导力"(connective leadership)的概念,它结合了以传统美国男性为代表的、以强大自我为中心的领导力与更适合一个相互依赖的、符合世界的传统女性角色的领导力类型,强调将他人的任务和个人驱动力与领导者自己的任务和驱动力联系起来。④ 爱丽丝 · 伊格雷(Alice

---

① EAGLY A H, MAKHIJANI M G, KLONSKY B G. Gender and the evaluation of leaders: a meta-analysis[J]. Psychological bulletin, 1992,111(1):3.

② 安东纳斯基. 领导力的本质[M]. 柏学翥,译. 上海:上海人民出版社,2007:42-45.

③ CHAPMAN J B. Comparison of male and female leadership styles[J]. Academy of management journal, 1975,18(3):645-650.

④ LIPMAN-BLUMEN J. Connective leadership: female leadership styles in the 21st-century workplace[J]. Sociological perspectives, 1992,35(1):183-203.

Eagly) 基于前人的研究区分了变革型(transformational)、事务型(transactional)和放任型(laissez-faire)三种领导力类型,并发展出多因素领导力问卷(multifactor leadership questionnaire,MLQ)。①

基于上述 MLQ 领导力量表和其他有关女性领导力的学术研究,我们发展出适用于本书相关研究的女性领导力分析维度,包括变革型领导力、事务型领导力和参与型领导力三个维度(如表 1-1)。

除了从组织学和管理学的角度考量精英女性的领导力,性别身份也是影响其领导力表达和展演的重要方面。哈帕茨(Huppatz,2009)将性别资本细分为女性资本和女性化资本。女性资本(female capital)是指拥有女性身体而取得性别优势;女性化资本(feminine capital)指经由社会化过程而习得女性化禀性(feminine disposition)或一套技巧,但也可能只是因为拥有女性身体而被视为女人。② 尽管女性因性征化的身体(sexed biological bodies)而拥有女性资本,但她们未必会采用女性化资本,特别是在职场上,多数女性可能会放弃女性化资本,强化男性化特质。这是因为男性化资本(masculine capital)在公共领域能被转换为象征资本,让她们的行动受到肯定;相反,女性化资本则易受限制或贬低其行动的意义。③

① EAGLY A H. Female leadership advantage and disadvantage: resolving the contradictions[J]. Psychology of women quarterly, 2007,31(1):1-12.

② HHPPATZ K. Reworking bourdieu's "capital": feminine and female capitals in the field of paid caring work[J]. Sociology, 2009,43(1):45-66.

③ MCCALL L. Does gender fit? Bourdieu, feminism, and conceptions of social order[J]. Theory and society, 1992,21(6):837-867.

表 1-1 本书采用的领导力维度

变革型领导力(transformative leadership)		
	1.	强调未来的发展,而不是描述现状。
	2.	提出解决问题的新思路。
	3.	讲述价值观、目标、愿景等。
	4.	变革型领导力的其他表现。
事务型领导力(transactional leadership)		
	1.	强调结果、效率。
	2.	关注下属是否达到考核标准。
	3.	对完成目标的下属给予奖励或鼓励。
	4.	事务型领导力的其他表现。
参与型领导力 (participatory leadership)		
	1.	强调人际关系。
	2.	采用调和策略来解决矛盾。
	3.	强调自己属于某群体的一员,不突出自己领导者的身份地位。
	4.	参与型领导力的其他表现。

本书以“性别资本”考察精英女性在社交媒体上的自我呈现,不仅因为性别资本的概念及其操作化与本研究对象的生理性别特征具有较强的适配性,还因她们并非仅仅是女性,而且是具有影响力的、进行领导力展演的女性,其身份地位的特殊性决定了她们在广义上的政治影响需要纳入批判性考量。

本书认为,对精英女性自我的呈现包括两个方面:女性性别特质资本及竞争型领导力资本,我们对其在社交媒体平台上的自我呈现的编码和分析也将从这两个相应的维度来切入。

第一个编码和分析维度是女性性别特质资本。在男性主导的社会中,女性/女性文化资本的象征价值较低,其使用价值也较为有限,无法成为能够颠覆权力的策略性工具(strategic tool),只能让女性以战术性(tactical)方式来操控限制(manipulate constraints)。① 尤其在非女性化的场域(non-feminine fields)中,男性/男性化资本具有象征合法性(symbolically legitimated)。虽说性别资本并非本质性,却仍联结着身体,导致女性一旦进入该场域,即需要面对女性形体(即女性资本)的限制,她们可能有意识或无意识地挪用性别资本(包括女性化和男性化资本)为其累积更多其他形式的资本,以进行象征抗争(symbolic struggles),巩固其在场域中的位置。

由于社会性别以二元、对立且非对称的形式展开:男性特质被建构成权威的阳刚性,女性特质则表现为缺乏男性特质的阴柔性,如此的象征暴力施加在个人身上,让人误以为男性特质/女性特质是自然禀性。②例如,在男性主宰的新闻编辑室内,有的女性选择隐藏女性特质,以男性为前辈,加入了硬性新闻的报道行列;有的女性则利用女性特质去开发软性议题或负责副刊和后勤工作。③

在社会化的过程中,个体的身心同时受到外在结构的教化和熏陶,不论是想法、感觉,或是肢体动作、行事风格、品味偏好等,都在显露其所属的阶级特性。④ 性别也是如此,男性被教化为果敢、主动、领导、理性、独立,女性则应爱美、被动、顺从、感性、合作。

在具体的操作化方面,精英女性的"女性化性别资本"呈现可以从文本、图片和视频方面加以操作化测量,包括对其衣着特征(如配饰、色系、发型等)、女性化动作(低头、弯腰、回避直视目光等)等方面进行测量与分析,具体见第二

---

① HUPPATZ K, GOODWIN S. Masculinised job, feminised jobs men's "gender capital" experiences: understanding occupational segregation in Australia[J]. Journal of sociology, 2013,49(2-3):291-308.

② POWELL A, SANG K. Everyday experiences of sexism in male-dominated professions: A Bourdieusian perspective[J]. Sociology, 2015,49(5):919-936.

③ LOFGREN-NILSSON M. "Thinkings" and "doings" of gender: gendering processes in Swedish television news production[J]. Journalism practice, 2009:1-16.

④ BOURDIEU P. A social critique of the judgement of taste[M]. Traducido del francés por R. Nice. Londres, Routledge,1986,37(3):453.

章第三节中核心概念测量章节。

对精英女性自我呈现的第二个编码和分析维度是精英女性在自我呈现中对“竞争型领导力资本”进行的展演。总体而言，已有的研究对女性在新闻职场中采用的性别策略，可以归纳为以下三种：第一种是“竞争策略”，精英女性拒绝其女性特质，以男性特质作为专业的象征，并采取男性的行事风格。为了和男性一较长短，妇女也努力累积资本，包括专业教育、人脉及关系。迪杰弗-皮埃尔(Djerf-Pierre，2005) 发现，资深女编辑为了平衡其性别所带来的负面资本，比男性更依赖社会资本，比如对前辈或良师的关系的维护，从而提升自我的竞争型资本积累。① 第二种性别策略是“善用女性特质”，表现为女性肯定自身的女性特质，认为细心、敏锐或善于沟通等特点让她们更适合从事新闻工作；有些妇女也利用女性特质作为资本，专注在人情趣味、软性议题上，或扩展新的报道类型，例如消费环保议题 。② 第三种是“做出女性主义的反应”，表现为受到性别平权观念的影响，有些妇女发展出性别意识，主动反抗主宰她们的男性观点，并致力于呈现另类声音与意义。③

基于上述研究，本书将考虑精英女性在社交媒体平台上对竞争型领导力资本的自我呈现。具体而言，精英女性强调其经济能力、专业能力等在视觉表达方面，通过居于领导力地位的画面正中央、图片采取仰拍视角拍摄衣着以中性色系和裤装为主等突出其领导力。通过“男性气质”与男性社会资本呈现相一致的方式，来凸显自己在社交媒体自我呈现中与“精英”“领导力”等形象相一致的元素。该概念的具体操作化设计见第二章第四节对核心概念的测量设计。

---

① DJERF-PIERRE M. Lonely at the top: gendered media elites in Sweden[J]. Journalism, 2005, 6(3): 265-290.

② DJERF-PIERRE M. The gender of journalism: the structure and logic of the field in the twentieth century[J]. Nordicom review, 2007: 28.

③ SADAM E. Empowerment and community planning: theory and practice of people-focused social solutions[M]. Tel Aviv, IL: Hakibbutz, 1997: 78-80.

在社交媒体时代，精英女性的自我呈现究竟如何在女性性别资本和竞争型领导力资本之间做出协调并加以展演，本书第三章将对此进行详尽的考察。

二、媒介化社会中的"名人政治"

本雅明认为，名人现象的产生是工业文化和商品文化发展的结果。最初，在商业化的助长下，厂商用营销手法赋予商品一种神秘特质，赋予"名声"(fame)——一种流行、新奇和消费的需求特质。名人不但形塑一种神秘形象，创造人们对名人和其社会关系的好奇，这种形象还和社会关系的营造与媒介文化工业追求流行、新奇和消费的需求相互呼应。①

名人效应对 20 世纪的美国产生了巨大的影响，一些具有象征意义的文化符号，如卓别林、梦露、施瓦辛格等名人不仅成为演艺娱乐明星，还在社会生活的各方面扮演了重要的角色。大众媒体的发展更是加剧了政治与娱乐的交叉。② 政治名人(celebrity politician)是名人政治(celebrity politics)的一个重要代表和产物，蒂莫西 · C. 韦斯克(Timothy C. Weiskel)这样解释政治名人的诞生：起初，娱乐圈里的明星被邀请成为总统候选人的竞选助手，政客们企图通过他们的名气为自己赢得足够的关注度。然而，看到了"名气"对于政治选举的重要性后，一些娱乐明星开始跨入政坛，一些政客也开始用娱乐的手法包装自己，③即通过媒体曝光塑造个人特质和政治风格，从而吸引公众的注意。例如，美国总统罗斯福早年的照片就为他带来了名人效应，照片中，罗斯

---

① BENJAMIN W. The arcades project[M].EILAND H, MCLAUGHLIN K, trans. Cambridge, MA: Harvard University Press, 1999:214-216.

② MARSH D, HART P T, TINDALL K. Celebrity politics: the politics of the late modernity? [J]. Political studies review, 2010, 8(3):322-340.

③ WEISKEL T C. From sidekick to sideshow—celebrity, entertainment, and the politics of distraction: why Americans are "sleepwalking toward the end of the earth"[J]. American behavioral scientist, 2005, 49(3):393-409.

福坐在农庄的石头上,手握来复枪,流露出坚毅而亲民的气质。① 大卫·玛氏(David Marsh)等人认为,名人政治已经是当今政治世界不可避免的趋势,与后现代的公共领域的建构密切相关,②而这种名人化也会对未来的民主和治理方式造成巨大的影响。③ 另有学者认为,名人连同消费主义和犬儒主义(或者政治冷漠)共同重塑了政治表征和公民身份的领域,淡化了意识形态和党派效忠的传统形式,强调了审美和风格等方面的重要性。④

在传统的性别文化中,男性和女性分别与公共领域和私人领域相对应;而名人政治的一大特征在于流行化(popularization)和个人化(personalization),即私人领域的个人议题与公共领域的政治议题出现交融,这种趋势似乎意味着:作为传统私人领域代表的女性能够在政治领域获得更大的优势与声音。在媒体对职业女性的报道中,往往过分强调相貌、形体、衣着等与传统的女性气质相关的私领域的个人属性,即"浅薄化"(trivialization),⑤这恰好与名人政治的个人化不谋而合。那么,是否名人政治的趋势有助于女性政治家走向政治领域的前台和高位呢?性别研究和政治学领域的学者发现,名人政治产生了双重性别化的影响,对于女性而言是机遇与挑战并存。

一般认为,包括文化领域、商业领域、政治领域在内的女性名人的大众媒

---

① CORNER J. Mediated persona and political culture: dimensions of structure and process [J]. European journal of cultural studies, 2000, 3(3): 386-402.

② MARSH D, HART P T, TINDALL K. Celebrity politics: the politics of the late modernity? [J]. Political studies review, 2010, 8(3): 322-340.

③ STREET J. Do celebrity politics and celebrity politicians matter? [J]. The British journal of politics & international relations, 2012, 14(3): 346-356.

④ CORNER J, PELS D. Media and the restyling of politics: consumerism, celebrity, cynicism[M]. London: Sage, 2003: 7.

⑤ LIND R A, SALO C. The framing of feminists and feminism in news and public affairs programs in US electronic media[J]. Journal of communication, 2002, 52(1): 211-228; PONTEROTTO D. Trivializing the female body: a cross-cultural analysis of the representation of women in sports journalism[J]. Journal of international women's studies, 2002, 15(2): 94-111.

体再现通常可以被还原为四种流行的女性气质迷思:神秘的或危险的、关怀的或照料的、与性相关的以及作为一种身体实践的。① 然而,学者通过研究芬兰第一位女总统塔里亚·哈洛宁(Tarja Halonen)和德国首位女总理安吉拉·默克尔的媒介现象发现,公众和大众媒体会持续不断地对女性政治领导者的外形、个人风格以及家庭生活保持关注和发表评论,但女性领导者本人却在自己能够掌控的形象管理的空间内尽可能不提及个人性格和家庭生活。基于此,研究者范·祖伦(Lisbet van Zoonen)认为,名人政治中个人生活和整个生活交融而成的政治人格,对男性政治家更有利:对于男性政治家而言,名人政治意味着跨越了传统公共领域和私人领域的界限,将现代公民身份置于政治、文化和个人的交叉点上;而女性政治家如果过度暴露个人性格和家庭生活,就会让公众更加注意到她们非常规、非标准的职业选择(non-standard choice)。故而,女性政治家更倾向于不强调个人特质,在传统的公共领域积极行动。因此,可以说,对于男性和女性而言,名人政治带来的是两种不同的性别化影响。②

对于精英女性而言,在社交媒体上的自我呈现是其职业角色和公共形象的重要构成部分,因此,其社交媒体使用在本质上就是一种"印象管理"(impression management),即管理和控制他人对自己所形成的印象,而这种印象管理又通过理想化表演、误解表演、神秘化表演和补救表演来实现。③ 那么,对于本书所研究的精英女性而言,她们如何实践名人化的策略?她们如何在展现专业性和个人风格之间做出权衡?又如何在公共领域和私人领域的呈现之间进行协调?这是本书第四章将重点解决的问题。

---

① MACDONALD M. Representing women: myths of femininity in the popular media[M]. London:Hodder Arnold, 1995:28-30.

② VAN ZOONEN L. The personal, the political and the popular: a woman's guide to celebrity politics[J]. European journal of cultural studies, 2006,9(3):287-301.

③ GOFFMAN E. The presentation of self in everyday life[M]. Garden City, NY: Doubleday,1959:157-159.

三、图像转向背景下的女性视觉形象

20 世纪 90 年代,米歇尔首次提出了“图像转向”(pictorial turn)的概念,用以描述关于理解社会生活方法的“文化的转向”。米歇尔将图像转向定义为“对图像的一种后语言学的、后符号学的再发现,把图像当作视觉性(visuality)、机器(apparatus)、体制、话语、身体和喻形性(figurality)之间的一种复杂的相互作用”①。苏珊·桑塔格(Susan Sontag)认为,照片具有“提供证据”的功能,“真确性的假设赋予照片权威性、兴趣性和诱惑性”②。视觉文本对文化表征和文化记忆的形塑与维系有着深远的影响,包括绘画艺术、档案照片、新闻摄影、纪录片、纪念碑在内的各类视觉文本,无一不在传递事实信息、唤起观者的情感认同,从而推动观者的道德行为。③

长期以来,在男权社会结构支配下的艺术作品和大众媒体的影像生产中,女性往往作为被凝视的对象而存在④,在视觉呈现上通常陷入“处女-荡妇二分法”(virgin-whore dichotomy),即身处家庭等私人空间的女性通常被塑造为纯洁的“处女”形象,而现身于广告以及公共生活的女性则被呈现为诱惑人的海妖塞壬(Siren)⑤,虽在情感倾向上有所差异,但两种形象都将目光投向通过女性的容貌、身体等传达出的女性特质。上文提到,大众媒体在报道职业女性时,往往表现出“琐碎化”倾向,关注职业女性的家庭、容貌、衣着等私人领域,而忽视其在公共领域的表现。例如,从玛莎·华盛顿(Martha Washington)

---

① 米歇尔.图像转向[A].见陶东风.文化研究(第 3 辑)[C].天津:天津社会科学院出版社,2002:17.

② 桑塔格.论摄影[M].黄灿然,译.上海:上海译文出版社,2012:10.

③ VAN ECK C. Classical rhetoric and the visual arts in early modern Europe[M]. Cambridge:Cambridge University Press,2007:57.

④ MULVEY L. Visual pleasure and narrative cinema[M]. London:Palgrave Macmillan,1989:14-26.

⑤ GALLAGHER M. Unequal opportunities: the case of women and the media[M]. France: UNESCO,1981:58.

起,美国的"第一夫人"就被塑造为时尚、仪式和社交活动的把关者,①对于女性政治人物而言,其视觉形象与性别交叉直接影响着公众对其个性特征和专业能力等的评价。曾有学者对 1980 年至 2010 年间法国和挪威两国女性政治人物的媒介形象进行了梳理和分析,共总结出七种具有代表性的女性形象:(1)穿裙子的男人和石头做的女人;(2)狐狸精(seductresses);(3)不同类型的母亲;(4)对过去的女英雄的模仿;(5)穿红色衣服的女性;(6)魅力女性(glamorous women);(7)使用讽刺性的女性气质的女性。其中后三种——分别强调颜色、魅力和讽刺——被认为是女性政治家以女性感官性感来强调权力地位的新策略。②

在体育文化等领域,对性感身体和女性气质的强调有过之而无不及。大量研究表明,在对女性运动员进行报道时,无论书面文本还是视觉文本,对女性气质和异性恋特征的强调都远超过对其运动能力的强调。③ 对于这种媒介呈现,曾有研究向 36 名女性运动员展示了女性从在赛场上的能力到场外软色情的图片,请她们从中选出最能够代表自己及其运动的图像以及能够提升公众对她们运动印象的图像。研究结果表明,运动能力被认为是最能代表自我/体育和增加尊重的绝对选择,但同时也有 47%的受访者认为,软性色情最能够提升公众——特别是男性——对女性运动的兴趣,即肯定"售卖性感"(sex

---

① WINFIELD B H. Who elected her anyhow? the first lady as a campaign issue[M]//NORRIS P. Women, the media and politics. New York: Oxford University Press,1997: 166-179.

② KROGSTAD A, STORVIK A. Picturing politics: female political leaders in France and Norway[J]. Historical reflections/réflexions historiques, 2012,38(3):129-152.

③ WEBER J, BARKER-RUCHTI N. Bending, flirting, floating, flying: a critical analysis of female figures in 1970s gymnastics photographs[J]. Sociology of Sport Journal, 2012(29):22-41; DANIELS E, WARTENA H. Athlete or sex symbol: what boys think of media representations of female athletes[J]. Sex roles, 2011(65):566-579.

sells)的价值。①

上传并展现图片和小视频是社交媒体平台的重要功能之一,除了日常的图片上传,头像和主页背景的图片设置也是社交媒体平台用户能够用来控制影像呈现的手段。不同于被记者和媒体拍摄、展示,在社交媒体平台上,精英女性能够在某种程度上摆脱凝视对象的位置(尽管在其发布照片时已经通过他人的凝视眼光对图片进行过一番筛选),主动选择自己的呈现方式。那么,这些精英女性在运用影像展示自己的形象方面有着怎样的策略?结合上文提到的性别资本和名人政治,她们是会隐藏自己的身体还是将身体作为重要的性别资本来售卖性感?本书将在第五章对这一问题进行分析和考察。

四、情感转向视角下的精英女性自我呈现

20 世纪 90 年代中期,来自社会学、政治学等社会科学领域的研究者们将注意力转向"情感"(affect)这个对政治、经济、文化等领域的剧烈转变产生影响的核心概念,认为"情感"这一概念所指向的核心含义——"先于自身的力量"(pre-individual bodily forces)——是对传统哲学中"身体-情感"以及"理性-情感"等二元对立关系的反思与重构。研究者们普遍认为,"情感"具有先于身体的力量,和人的"自主反应"相联系。

"情感转向" (affective turn)这一理论路径,号召研究者们关注身体、技术和物质等的重组和配置(configurations)。② 在学术背景方面,参与到"情感转向"大潮中的研究者多来自社会学、文化研究、心理学、复杂物理学和性别研究

---

① KANE M J, LAVOI N M, FINK J S. Exploring elite female athletes' interpretations of sport media images: a window into the construction of social identity and "selling sex" in women's sports[J]. Communication & sport, 2013,1(3):269-298.

② GROSSBERG L, GREGORY J S,MELLISSA G. Affect's future: rediscovering the virtual in the actual[M]//GREGG,MELISSA,SEIGWORTH G J et al. The affect theory reader. US: Duke University Press, 2010:309-338.

等领域。其中,来自心理学背景的学者,聚焦对主体身份、表征和创伤精神分析等问题,对其展开批评与反思。在近30年来的发展历程中,"情感转向"的理论探索经历了由以知识批评为重点到以信息和情感的参与为焦点的转变,研究对象的界定也从"有机体"拓展到对"非有机生命"(Non-organic Life)的探索。总体而言,广义上社会科学研究的"情感转向"在近30年的发展历程中,逐渐形成了一套更加聚焦的、完整的学术理论体系,其目的均指向对社会的理论化尝试。

在社会科学研究的情感转向中,有很大比重是关于对媒介、互联网信息环境的思考,或者直接出自广义的传播学研究著作。代表性的学者及其作品有:曼纽尔·卡斯特尔(Castells,2012)的《网络化的愤怒与希望》(*Networks of Outrage and Hope*)、克拉夫和哈利(Clough & Halley, 2007)的《情感转向:社会的理论化》(*The Affective Turn: Theorizing the Social*)、格雷格和赛沃斯(Gregg & Seigworth,2010)的《情感理论读本》(*The Affect Theory Reader*)、格罗斯伯格(Grossberg ,2010)的《情感未来:在真实中重新发现虚拟》(*Affect's future: Rediscovering the Virtual in the Actual*)、克鲁森(Grusin, 2010)的《提前矫正:911事件后的情感与中介性》(*Premediation: Affect and Mediality After 9/11*)、希里斯等人(Hillis, Paasonen & Petit,2015)的《网络化情感》(*Networked Affect*)、普罗蒂维(Protevi, 2009)的《政治情感:躯体与社会的连接》(*Political Affect: Connecting the Social and the Somatic*)、拉托等人(Ratto & Boler,2014)的《自造公民:社交媒体与社会批判》(*DIY Citizenship: Critical Making and Social Media*)、帕帕克拉奇(Papacharissi, 2015)的《情感公众:情绪、技术和政治》(*Affective Publics: Sentiment, Technology, and Politic*)等,这些作品都可以被视为在这一转向下的重要学术贡献。

对传播研究来说,影响力较大的是伊利诺伊大学芝加哥分校的传播学学者奇奇·帕帕克拉奇(Zizi Papacharissi)的相关论著。她的《情感公众》一书,是对前一本学术著作《私领域:数字时代的民主》的反思和推进。在《私领域:数字时代的民主》中,帕帕克拉奇讨论了个体隐私如何被嵌入数字文化中的机制及其导致的政治结果。在《情感公众》一书中,帕帕克拉奇讨论了当下政治话题叙述的"杂糅"特征,即很多人都在讲述的同一个故事往往是漏洞百出的(porous narrative),这些叙事中总是充满了个人经验是主观的、情绪化的、带有偏见和个人观点的、情感化的叙述,尤其表现为这些特征的"杂糅"(hybridization),但是,这些故事通过趋势、主题和标签的串联,将"微观叙事"组成了"感受的网络化结构"(the network structure of feeling),由此产生的影响具有象征性意味,相应的主体(agency)具有了代理意味,其形成的政治力量是有限的。

另一位在传播研究的情感转向中具有代表性的研究者及其作品是卡斯特尔及其发表于2012年的《网络化的愤怒与希望》。曼纽尔·卡斯特尔在其构建的"网络社会"的宏大理论框架下,关心以互联网作为技术条件及以技术可供性为基础的社会运动的变化。他用"愤怒和希望"这两种情感特征来描述当今世界正在爆发的、具备新形式的社会运动和抗议活动。卡斯特尔用于分析"情感转向"的案例十分丰富,从占领华尔街运动到土耳其、巴西等地的社会抗议活动。虽然这些社会运动在许多重要方面有所不同,但它们有一个共同点:与互联网和无线通信技术支持的自主通信网络的创建密不可分。卡斯特尔审视了这些新社会运动中的社会、文化和政治根源,研究了他们创新的自组织形式。卡斯特尔十分慎重地评估了技术在运动动态中的作用,揭示出这类以"愤怒和希望"的情感网络为基础的新型社会运动能够得到广泛支持的原因,指出这类运动具备通过影响人们的思想来引发政治变革的能力。《网络化的愤怒与希望》最终提出,这些社会运动和抗议对于理解全球网络社会中新形式的社会变革和政治民主具有重要意义。

近年来频发的新媒体事件让人们将目光转向了社交媒体中的情感表达。在对网民评论的情感分析中,有学者指出,微博讨论中的情感已然代替理智,并成为转发动力,并且情感可以动员粉丝以及强化社交网络。① 在网易新闻评论中,负面化的情绪表达普遍存在,且更多来自较少发表新闻评论的网民。② 在舆情研究方面,沙勇忠等基于网民的微博数据对雅安地震后红十字会的公共信任进行了情感分析,揭示了影响网民情感和公众信任的核心主题领域及多元的行为策略。③

在针对公共事件及新媒体事件的情感分析中,研究者发现,微博总体用户情感以消极情感为主,意见领袖的情感会对普通用户的情感产生影响。④ 同样,研究者通过对 YouTube 上不同国家对"巴黎暴恐"事件进行网络情绪分析也发现,网民情绪较为负面,且因事件性质、情绪关注点和文化背景等多方面因素影响而有不同呈现。⑤ 学者还对雾霾、香港和澳门回归等话题进行了情感及社交网络分析,并据此对网络舆情治理给出了相应建议。⑥

---

① 卢嘉, 刘新传, 李伯亮. 社交媒体公共讨论中理智与情感的传播机制:基于新浪微博的实证研究[J]. 现代传播(中国传媒大学学报), 2017,39(2):73-79.

② 党明辉.公共舆论中负面情绪化表达的框架效应:基于在线新闻跟帖评论的计算机辅助内容分析[J]. 新闻与传播研究, 2017,24(4):41-63,127.

③ 沙勇忠, 阎劲松, 王峥嵘. 雅安地震后红十字会的公众信任研究:基于微博数据的网民情感分析[J]. 公共管理学报, 2015,12(3):93-104,158-159.

④ 何跃, 朱灿. 基于微博的意见领袖网情感特征分析:以"非法疫苗"事件为例[J]. 数据分析与知识发现,2017,1(9):65-73.

⑤ 周莉, 蔡璐, 刘煜. 文化差异中的网络情绪表达:YouTube 中四国对"巴黎暴恐"事件的网络 情绪分析[J].情报杂志, 2017,36(3):61-66.

⑥ 钟智锦, 林淑金, 温仪,等. 内地网民情绪记忆中的香港澳门回归[J]. 新闻与传播研究, 2017,24(1):27-46,126-127;何跃, 朱灿. 基于微博的意见领袖网情感特征分析:以"非法疫苗"事件为例[J]. 数据分析与知识发现, 2017,1(9), 65-73;卓敏,吴建平.当代青年雾霾段子语义网络分析与情感可视化研究:基于微博、微信用户[J].中国青年研究,2016(8):10-19;卓敏,吴建平.当代青年雾霾情感的可视化分析:以微博用户为例[J].青年研究,2015(4):47-56,95.

在信息传播方面，研究者发现公共事件通常与负面情绪的增强有关。①有学者研究了推特上政治类信息的情感表达与信息共享行为的相关性，发现包含情感字词的信息更易被快速转发。② 另外，政治环境中的情感传播也可能会影响政治舆论的发展过程。施蒂格利茨(Stieglitz)等人对推特平台上的165,000多条推文进行分析后发现，与中性消息相比，情绪化的推文往往会被更频繁、更快速地转发。研究者提议，在社交媒体平台上进行营销的企业和商家应该关注“情绪”现象，设计引发情绪的推广内容并将其当作系统化开展的营销策略。③ 帕帕拉奇认为，网络数字结构的表达和联结最大的特点便是情感，她分析了数字技术支持下的情感形式如何影响民主和非民主政治中网络公众的结构和潜力，指出情感有助于激活公众潜在的纽带，这对于动员网络公众至关重要。④ 此外，情感分析还被用于推断公众的日常幸福感，预测书籍销售情况、股票市场、消费者对品牌的态度和原油价值指数等。

从性别角度来看，“情感-理性”的二分法常常与“女性-男性”的二元性别对应起来，⑤诸如“女人来自金星”“女人是情感的动物”等说法不绝于耳。因此，一些对各领域精英女性的表述刻意地压抑女性的情感面向，或试图扭转这种刻板印象，“女强人”“铁娘子”等词赋予了经济和政治领域精英女性以冷静、理性的特征。那么，对于本书所研究的精英女性而言，她们在社交媒体平台上

---

① THELWALL M, BUCKLEY K, PALTOGLOU G. Sentiment in Twitter events[J]. Journal of the American society for information science and technology, 2011,62(2):406-418.

② BRUNS A, STIELITZ S. Towards more systematic Twitter analysis: metrics for tweeting activities[J]. International journal of social research methodology, 2013,16(2):91-108.

③ STIEGLITZ S, DANG-XUAN L. Emotions and information diffusion in social media—sentiment of microblogs and sharing behavior[J]. Journal of management information systems, 2013,29(4):217-248.

④ PAPACHARISSI Z. Affective publics: sentiment, technology, and politics [M]. Oxford:Oxford University Press,2015:321-325.

⑤ LLOYD G. The man of reason[M]. London: Routledge,1993:136-138.

的自我呈现是会更强调理性、克制的表达还是情感的抒发？情感表达能否强化她们与公众之间的联结和纽带？本书将在第六章对这些问题进行深入考察。

第三节 技术可供性视角下的社交媒体平台

在世界范围内，脸书、谷歌(Google)、推特、阅后即焚(Snapchat)、照片墙、品客(Pinterest)等应用正在“接管”几乎所有的内容产业，从私人领域的日常博客及微博客的写作和微视频的创作，到公共领域的新闻消息的生产与发布，均是如此。值得注意的是，这种“接管”还在不断加速。这些平台本质上是遵循市场竞争的科技公司，在自身的发展过程中，它们早已不满足于仅仅充当信息发布的渠道，而是几乎决定了用户可以看什么、受众注意力如何转移、什么风格和格式的内容能够得到快速传播以及谁能够从受众的注意力迁移和停留中获得好处。

在全球化快速发展的当下，平台型媒体的发展不再像报刊或广播电视台一样局限于某一国家，互联网将世界各国各地区的用户聚集在一个平台中。而无论对于政治、经济还是文化、体育等领域的杰出人物而言，其所面对的公众已不再是来自某一特定国家的公众。可以说，平台型媒体与处于权力展示链顶端的精英女性之间具有天然的、灵活的共生关系。一方面，善用、巧用平台型媒体进行自我展示是增加其曝光率和知名度，从而积累社会资本的重要路径；另一方面，平台型媒体的存在依赖于具有影响力和话题性的名人的进驻，他们作为重要节点能够激励起人群的聚集效应，从而为平台的存续提供保障。而精英女性的多重身份也在平台型媒体上通过超链接、制造话题、呈现关系等方式表现出新的特征。

在这一小节中，我们将从“传播技术与社会”的角度来理解上述问题。首先,我们需要理清平台型媒体和杂糅媒介体系二者之间的含义、区别和联系,及其与女性自我呈现之间的关联;其次,在行动者网络理论的视域下,从更为抽象的层面对平台型媒体与精英自我呈现之间的勾连与张力进行考察。

一、平台型媒体与精英女性的自我呈现

美国人乔纳森·格利克 (Jonathan Glick)在 2014 年 2 月 7 日发表的《平台型媒体的崛起》文章中,将 platform (平台商)和 publisher (出版商) 两个词合成为 platisher 这个缩略词,之后该词迅速被广泛采纳,用于描述当下的内容传播生态。在这篇文章中,他引用 Digiday 网站的一位撰稿人给出的定义,将平台型媒体定义为"既拥有媒体的专业编辑权威性,同时又拥有面向用户平台的开放性数字内容实体"①。

平台的本质是在使用数据的基础上构建、推出、优化内容并实现变现。因此,平台型媒体既是平台,也是"把关人"一样的媒体。不过,把关人的运作方式正在发生变化,比如审稿和排版的掌控力正在从人类编辑向算法工程师和人工智能行动者转移。在平台型媒体上发布的内容,需要符合(甚至迎合)平台算法的标准,才能够取得传播场域的"准入资格"。推特首席执行官迪克·科斯特罗这样描述其运作逻辑:"我们要为我们的用户在组织内容方面提供更好的服务。我们不仅要按照时间线顺序提供最快最新的内容, 还要按照话题、主题、专题来组织内容。"平台型媒体在本质上是一个开放的、社会性的信息及服务的集纳平台。②

社交媒体是"平台型媒体"的技术应用平台。特别是在采纳了人工智能和算法推荐等核心技术之后,"社交媒体"的概念正在被"平台型媒体"的概念所

---

① GLICK J. Rise of the platishers[EB/OL].(2014-02-07)[2019-05-09].http://vox.com/2014/2/7/11623214/rise-of-the -platishers.

② 喻国明,焦建,张鑫,等.从传媒"渠道失灵"的破局到"平台型媒体"的建构:兼论传统媒体转型的路径与关键[J].北方传媒研究,2017(4):4-13.

收编和改变。国外的著名社交媒体平台包括脸书、推特、阅后即焚等,近年来国内的微博、微信、抖音等社交媒体平台也日趋成熟。上述国内外的社交媒体呈现出平台型媒体以下四个方面的特征。

平台型媒体的第一个特征是激活。平台型媒体对一切有形和无形的社会资源、市场要素以及一切可能的价值要素进行整合。许多在大众传播环境中被视作冗余、无关、无价值的资源和信息要素,随着互联网技术带来的惊人联结力量被激活。例如,以维基百科、知乎为代表的众包知识生产,实质上就是激活了每一个富有"认知盈余"的个体贡献内容的动力,形成社会协同,产生传播潜能,从而维系平台的持续运营。精英女性由于其本身具有高于社会普通阶层的影响力和吸引力,经常能够成为平台内、平台间的传播网络"节点",吸引大量个体参与到内容贡献中来。因此,本文将"评论数量"作为"激活"这一传播效果的操作化指标。

平台型媒体的第二个特征是开放,开放特征带来的是被很多平台运营商认可的"转发量"大于一切的衡量指标。

随着脸书和推特等社交网站的快速发展,人们更多通过分享而非搜索来获取内容。在平台型媒介体系中,平台的规模不是最重要的影响因素,最重要的是一定要能够提供跨界性质的聚集。平台想要在不同领域、不同社会关系、不同事件和话题中构筑起具有连通性的传播网络,就必须以能够充分调动社会资源的方式进行组织,而不是成为一个封闭的体系。在当前的平台型媒体上,人们不仅接受信息,还表达和交换信息;不但要了解和解释这个世界,而且要参与和分享这个世界;不但要把传播作为一种自身修炼的"教科书",更要把传播当成一种自身融入这个世界的方式。①

由上述内容可知,平台型媒体的第三个特征是关系,而且是用标签体系来

① 喻国明.互联网是一种"高维"媒介:兼论"平台型媒体"是未来媒介发展的主流模式[J].新闻与写作,2015(2):41-44.

构造关系。

在有组织的内容生产方面,菲律宾数字新闻服务商 Rappler 非常擅长使用标签体系来构筑平台型媒体上的传播动能。Rappler 通过向客户提供定制内容、原生广告、社交媒体互动、众包服务以及大数据服务,2011 年上线仅一个月所达到的网络流量就相当于菲律宾最大的新闻集团 10 年才达到的流量。① Rappler 推出了数个公共服务众包项目,其一为 Agos 平台,用于在洪水、台风和地震等自然灾害中提供帮助和联系,该项目发展出一套独特的标签体系,如 ＃floodPH 和 ＃typhoonPH,以便为 Agos 项目搜集灾难报告;另一个项目名为"我监督才可以"(NotOnMyWatch),用于报道贿赂和腐败,在平台型媒体上进行传播时采用标签符号＃NOMW。

在精英女性的自我呈现中,同样可以观察到这种以"标签"为索引而形成的传播方式。从技术可供性的角度来考量,平台型媒体上的标签能够建立联系,而传统性别规范默认女性擅长建立和经营人际关系,这与平台型媒体的特征相辅相成。由此可进一步推知,如果女性的领导力风格表现出关系导向,那么在平台型媒体的呈现中,她们会大量地使用"@"(提及他人)的方式来建构关系,通过"＃"的方式来组织话题。例如,2017 至 2018 年席卷全球的米兔运动(＃METOO)正是通过话题的方式来建构联系的。

平台型媒体的第四个传播特征是技术及数据驱动。平台型媒体大多是技术驱动的科技公司,它们将算法和专业编辑运作结合起来,在内容生产与分发方面产生新的能量。由于对算法的依赖程度有差异,其具体的运作方式也表现出差异。在国际上,最具有代表性的平台型媒体是 Buzzfeed;在中国,"今日头条"的迅猛发展也使其备受关注。

2006 年,《赫芬顿邮报》(*Huffington Post*)的创始团队成员乔纳 · 佩雷

---

① 周岩.超越文本:2017 年牛津路透媒体创新研究报告[J].新闻记者,2017(7):51-60.

蒂(Jonah Peretti)与 Eyebeam 创始人约翰·约翰逊(John Johnson)一起创立了 BuzzFeed。佩雷蒂通过研究提出的“大种子营销模式”使 Buzzfeed 区别于传统的“受众商品模式”①的盈利方式。所谓“大种子营销”,指的是“只要病毒的繁殖率超过 1,它就会继续传播。而在互联网上,并没有特定的第一感染源,消息是从同时形成的很多小群体扩散开来的。”②对此,Buzzfeed 研发了 POUND 系统(the Process for Optimizing and Understanding Network Diffusion 的首字母缩写),用于理解和优化网络扩散的流程。POUND 是一种专利技术,通过追踪邮件发送、一对一聊天、下游的点击访问等行为数据,来分析内容的传播路径,从而发展出一套能够快速检索关系网络中关键节点的方式,来助推内容的传播。

由此可见,所谓“平台”并非一个具体的介质或者端口,而是一种重视聚合力的生产机制。平台能够在新媒体时代的用户、内容、渠道间重构关系和纽带。在这里,“关系重构”是平台型媒体的关键隐喻,技术和数据驱动则指向前面谈及的激活(评论数)与开放(转发量)特征。

二、杂糅媒介体系

2017 年,查德维克在其著作《杂糅媒介体系:政治与权力》(*The Hybrid Media System: Politics and Power*)中提出了“杂糅媒介体系”(Hybrid Media System)的概念,希望通过这一概念深化对媒体转型的认知。在他看来,目前所说的技术融合、媒介融合、平台融合等都仍局限在以技术为中心的思路中,就算看到了融合的必要,却仅仅停留在“杂糅化”(hybridization)的思路中。在这种思路中,人们只能看到各种新型媒体上的媒介内容的生产和分发,从而掉进媒介中心主义的误区。而杂糅性(hybridity)尝试超越这种简化谬误,不仅

① 斯迈思. 传播:西方马克思主义的盲点[J]. 岛屿边缘,1992(4):6-33.

② 奥博霍尔泽-吉. BuzzFeed:原生广告的前景[P]. 哈佛商学院案例库,2014(8):715.

仅看到技术，更要看到技术所处的语境，拓展到行为模式、组织结构、社会体制的层面来理解互联网技术生态与社会之间的互动关系。而理解杂糅媒介体系的关键，在于对“权力”的经验化理解。

杂糅的媒介体系是新旧媒体逻辑膨胀的结果，是在政治生态和媒介生态的交织中，技术、风格、规范、行为和组织逻辑的汇合。在这个体系中，这些行动者之间的关系永远处于变动和进化中，以期可以适应、协调、压制、修改其他行动者的逻辑。在政治传播的语境中，杂糅系统中既有专业人员，也有业余选手。杂糅媒介体系之所以具有解释力，是因为它建立在对复杂性、相互依存(interdependence)和过渡(transition)的假设前提之下，强调变动(flux)、间性(in-betweenness)、混插性(interstitial)和域限性(liminal)。在本体论意义上，杂糅媒介体系的视角破除了“要么……要么……”(either/or)的思路，而转向“既……又……”(not only/ but also)的思路，在“既/又”思路下，政治生态中的权力、体系和媒体逻辑三个概念都需要被重新定义(表 1-2)。

表 1-2　对平台型媒体与杂糅媒介体系的概念比较

	平台型媒体	杂糅媒介体系
英文表达	platform media	hybrid mediasystem
典型产品	《纽约时报》的传播矩阵 Buzzfeed 的传播平台	脸书、推特等共同构筑的传播环境
运作逻辑	内容迁徙和多平台适配	数据基础上的传播路径及其不确定性

从“杂糅”概念切入，可以从以下三个方面来解读精英女性在社交媒体上的自我呈现。

第一，从传播技术的历时变化角度分析。查德维克在书中对杂糅性的探讨始于其在漫长媒介历史发展中的实践内涵，由此，他提供了一种对现存媒介历史文献的新阐释，这种新阐释强调技术间的交织和相互运作。鉴于此，本书通过将此次研究中的截面数据与先前研究中相同变量的实证数据进行比较,来探讨当下媒介生态中女性形象呈现的历年变迁,从而回应"传播技术与社会变迁"这一宏大的学术宗旨。

第二,从跨平台的横向视角来分析,需要勾连细致的案例剖析(微观层面)和抽象的理论探索(宏观层面)。由于内容分析方法需要对样本有统一的编码体系,而不同互联网媒体平台的技术设置不同,这导致要发展一套兼容所有平台的编码表是不可行的。所以,本书实证资料的呈现包括两个部分,以精英女性在脸书上自我呈现的量化的内容分析为主,以深入的个案研究为辅。在第三章到第六章中的结语部分,我们会选择该议题下最具典型性的精英女性作为案例,分析其跨平台的媒介矩阵和呈现特征。

第三,"杂糅"不仅是平台媒介的排兵布阵,更重要的是媒介理念的混合与迭代。所以,对"平台化"的探讨可以延展到关于融合媒体对政治传播和政治机构组织方式变迁的影响上来。当下的杂糅媒体体系(HMS)带来了政治传播的变革,相较于 20 世纪的政治传播,当下的政治传播"更加注重平衡感、可延展性和包容性"①。

三、技术可供性

重视技术的作用,稍有不慎就会陷入"技术决定论"的武断思路中。面对这一思路,批评者往往引用"杀人的是使用枪的人,而不是枪本身"来强调人的主观能动性,并为技术开脱责任。对此,技术哲学学者拉图尔(Latour)反驳说:杀人的既不是枪支,也不是人,多个行动者(actant)及其间性都应纳入责任的范畴。② 在这一辩论中,技术可供性(technology affordance)理论提倡采纳

---

① CHADWICK A. The hybrid media system: politics and power[M]. Oxford:Oxford University Press,2017:210.

② LATOUR B. Reassembling the social: an introduction to actor-network-theory[M]. Oxford: Oxford University Press,2005:142-143.

主体间性的立场,提供了辩证但不失敏锐度的认知工具。这一理论被广泛运用于分析互联网技术对社会行动的影响。

心理学家吉布森(Gibson, 1977)首创了"可供性"这一概念,用来说明"行动取决于环境提供的可能性"。例如,平坦的地面为动物提供了快速奔跑的可能性,本体论意义上的环境具有支持、孕育、鼓励、抑制等属性。[①] 诺曼(Norman, 1988)认为吉布森的概念尚未考虑到行动主体的认知,因为来自不同文化背景和社会经历的人对环境的理解会有差别,从而使可供性本身具有多元性,就像电影《上帝也疯狂》中,从飞机上扔进非洲部落里的可口可乐瓶子被用于刮蛇皮、演奏音乐、盖印章等用途,但绝不会用于盛装液体。诺曼在讨论计算机与人的互动过程时,提出需要纳入"感知的信息"维度,对吉布森提出的可供性概念做出了修正。

为回应吉布森和诺曼的争论,拉图尔提倡将技术和人都视作网络中的"行动者",从中观和微观层面考察技术的具体属性及其社会影响。例如,以拉图尔的视角,脸书要求用户填写性别信息,并且以下拉菜单的形式(而不是开放式填写的形式)给出闭合的选项,这一技术设计限制用户只能在"男/女"的给定框架下对自己的身体属性做出选择。"技术可供性"让人们放弃对技术的无穷尽的功能的探索,集中关注没有这一技术便不可能发生的那些社会实践。[②] 同时,该理论所提出的"间性"视角,即等于在承认技术属性的主导意义的同时考虑到了用户所处的关系网络及其对技术的认知。

技术可供性理论从哲学层面的思辨被逐渐具体化运用到对管理科学、新闻传播等多个学科的研究中。由于该理论本身具有中微观的取向,研究者往

---

① SHAW, ROBERT, BRANSFOR J. Perceiving, acting and knowing: toward an ecological psychology[M]. Abingdon: Routledge, 2017:265-278.

② LEONARDI P M. When flexible routines meet flexible technologies: affordance, constraint, and the imbrication of human and material agencies[J]. MIS quarterly, 2011,35(1):147-168.

往以某一具体的媒介平台在某一特定场景中的使用为基础展开研究。比如,社交媒体平台在机构组织中的运用表现出四种类型的媒介可供性:可见性(uisibility)、可固续(persistence)、可编辑(editability)和可关联(association)。[①] 在知识生产与分享中的媒介可供性表现为:元发声(metavoice)、激发参与(triggered attending)、网状联络(networked-informed associating)、生成性的角色采纳(generative role-taking)等。[②]

从根本上看,"技术可供性"指的是技术为行为提供的可能性。在本书中,首先需要明确社交媒体为精英女性的自我展演行为提供的可能性。

从自我呈现角度来看,其技术可供性包括:

(1)精英女性可以在该平台上对自身的"数字痕迹"(digital imprint)进行陈列,只要不主动删除或分类隐藏,这些数字痕迹就会一直停留在其官网、社交媒体个人主页上,等待访客随时访问,以及被粉丝和用户按需求的检索。

(2)由于技术可供的局限,在平台型媒体上的呈现往往是缺少背景的、片段的,沃尔瑟(Walther)将之称作"线索隐退的环境"[③],而马威克(Marwick)等人将之命名为针对"想象中的受众"进行情感强化的传播,从而带来了"语境坍塌"(context collapse)的问题。[④] 如果这种论断成立,那么平台型媒体上的传者和受者将有可能产生过度迁移和情感错位:由于普通用户本身带有自身的立场和判断,他们会罔顾公众人物的存在,聚集于其社交媒体个人主页上表达

---

① TREEM J W, LEONARDI P M. Social media use in organizations: exploring the affordances of visibility, editability, persistence, and association[J]. Annals of the international communication association, 2013,36(1):143-189.

② MAJCHRZAK A, FARAJ S, KANE G C, et al. The contradictory influence of social media affordances on online communal knowledge sharing[J]. Journal of computer-mediated communication, 2013,19(1):38-55.

③ WALTHER J B. Computer-mediated communication: impersonal, interpersonal, and hyperpersonal interaction[J]. Communication research,1996,23(1):3-43.

④ MARWICK A E, BOYD D. I tweet honestly, I tweet passionately: Twitter users, context collapse, and the imagined audience[J]. New media & society,2011,13(1):114-133.

自身的情绪情感;至于公众人物自身如何进行自我形象的呈现和整饰,并不会直接影响普通用户的反馈和传播效果。例如,在 2016 年的“帝吧出征”事件中,部分中国大陆网民聚集到台湾地区领导人蔡英文的个人社交媒体主页下面表达不满,在群情激昂的“狂欢”中,不乏有不明所以的网友以自己的“性别框架”对蔡英文作为政坛精英的“女性”身份进行评论,评论内容则与蔡英文发布的信息并无过多关联。

那么,社交媒体作为一种平台型媒体和杂糅媒介体系的重要构成,总体而言,它为精英女性的自我呈现提供了哪些可供使用的技术和机会?在为女性提供自我呈现机会时又会带来怎样的阻碍和限制?本书将在结语中对这些问题进行解答。

本章小结

本章对研究所涉及的理论、研究、文献等进行了回顾,并且针对精英女性在社交媒体中自我呈现的不同方面引入了相关理论框架,同时细化了研究问题,本书将在第三章至第六章对上述研究问题一一作答。图 1-1 展示了本章提及的理论与此后各章的对应关系:

本书第一章从性别与传播研究的角度,分别界定了性别资本、女性领导力、名人政治(celebrity politics)、视觉转向、情感转向、技术可供性(technology affordance)等重要概念及其理论脉络。第三章至第六章分别在这些理论路径下展开,介绍了本研究的主体发现。第三章对内容分析结果做了概览式的描述,介绍了各个领域的精英女性进行网络化再现时,如何在竞争化资本和女性化资本中做出权衡及各有什么特点。第四章以“名人政治”为切入口,讨论精英女性如何在专业性和知名度这两种呈现要素中取得巧妙的平衡。第五章从传播生态的视觉化转向入手,审视精英女性在展现身体和隐藏身体之间的博

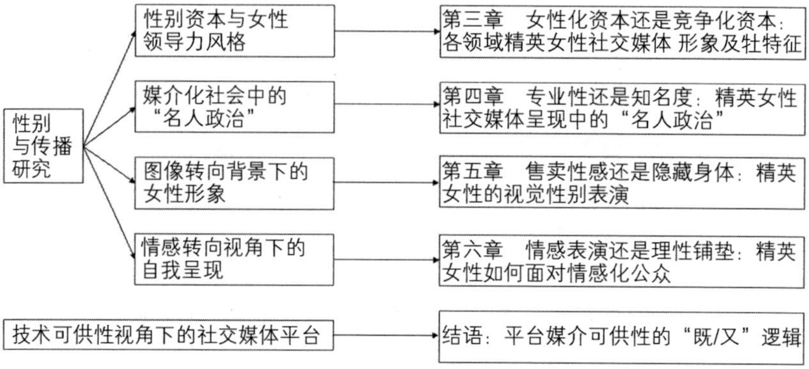

图 1-1　本书主要概念与章节的对应结构图

弈。第六章从情感转向的视角着手,分析精英女性在社交平台呈现策略上就情感表演和理性铺垫两种策略的取舍。在全书的末尾,我们对上述性别资本、名人政治、视觉转向、情感转向四个方面的特征在技术可供性的脉络中展开讨论,陈述了本书的核心论点:在平台化、移动化和社交化的信息传播环境中,精英女性的自我呈现策略并非是“或者”的二元选择关系,而是“既/又”的杂糅关系,这也是我们理解传播技术与社会变迁的重要思路。

第二章　研究设计与研究方法

本研究通过内容分析法、案例分析法和话语分析法对精英女性在网络平台中的自我呈现进行分析。首先,我们以福布斯全球影响力女性排行榜为基础,遴选出 65 位精英女性作为研究对象;其次,我们聚焦脸书,对这 65 名精英女性发布于该平台的各类信息(包括文字信息、图片、视频等)进行内容分析,以期全面展示精英女性自我呈现的整体面貌;在此基础上,我们通过案例分析和话语分析将其自我呈现置于广阔的社会文化语境中进行批判性思考。本章将详细介绍本研究的设计、方法和实施的情况。

第一节　内容分析法

内容分析法是社会科学研究中常见的分析方法,贝雷尔森(Berelson)将内容分析法定义为对传播显性内容进行系统、客观和定量的描述的研究方法。[①]克里本多夫(Krippendorff)则将内容分析法定义为一种可以从数据到语境的

① BERELSON B B. Content analysis in communication research[J]. American political science association, 1952,46(3):869.

可复制的与可有效推论的方法。① 这种方法体现了分析的客观性与系统性，同时该方法具有处理大量讯息、呈现系统化结果的优点，其产生的数字数据在很多情况下具有较强的说服力，并且它可以以量化的方式评估大量媒介内容，有助于比较社会现实和媒介内容间的差异。② 此外，作为一种客观的、大规模的系统性分析方法，以计算内容项目次数作为后续阐释的基础，可通过对文本信息中重要项目的计算了解隐藏在文本之后的意图，如传者的心理状态、动机、生活背景、社会结构地位等。③

基于上述分析，本书将以量化的内容分析作为主要的研究方法，以下就内容分析的研究对象(包括精英女性的选择、社交媒体的选择)与抽样(研究时间与抽样方法)、研究范围、分析单位与类目建构、前测、信度检验与编码等步骤，分别详细加以说明。

一、研究对象的选择与界定

(一)研究对象：全球精英女性

全球范围内，精英人物的影响力排行榜主要包括《时代周刊》"全球影响力人物"排行榜和福布斯全球影响力女性排行榜两大榜单。《时代周刊》"全球影响力人物"与福布斯全球影响力女性排行榜均是从 2004 年开始发布的。《时代周刊》"全球影响力人物"排行榜主要分为"领导人与革命家""创业者与企业家""科学家与思想家""英雄与偶像"及"艺术家与娱乐界人士"五大类别，但该榜单并不是一份衡量权力的榜单，而是对民众产生实际影响力的人物④；并且

① KRIPPENDORFF K. Content analysis: an introduction to its methodology[M]. New York:Sage publications, 2018:67-68.

② ZOONEN L V. Feminist media studies[M]. London: Sage,1994:142.

③ DYER G. Advertising as communication[M]. London: Metheun,1982:82-83.

④ 好奇心日报. 2018 时代周刊：100 人榜单公布[EB/OL].(2018-04-23)[2019-05-04].http://baijiahao.baidu.com/s? id=1598531276600681414&wfr=spider&for=pc.

其榜单中的人物包括男性和女性，能够选取出的女性人物较少。

福布斯每年公布的全球影响力女性榜行榜主要基于女性拥有的财富、媒体威望、影响范围及影响力进行排名，榜单上的100位人物均为女性，且均是各个领域的权力精英。该榜单基于权力维度评选出来的权力精英女性与本研究的研究主题密切相关。首先，这份榜单具有较高的公信力和较为广泛的社会影响力，此前亦被用于相关的性别研究之中。如在2011年出版的《顶层女性》一书中，作者哈尔彭等(Halpern, Cheung; 2011)以该榜单为基础，探讨了女性领导人在家庭与工作之间的权衡问题，[1]其影响力和可信度得到了学者及社会的认可。其次，该榜单在时间上的持续性有助于人们进行历时研究，空间(不同领域)的跨度有利于研究者对不同场域的精英女性自我呈现做比较。从2004年第一次发布以来，福布斯全球影响力女性排行榜已经持续发布了17年。截至2018年，德国总理默克尔已经13次入榜，并且连续8年蝉联影响力排名第一。最后，该榜单的排名测算具有透明性，指标的影响因素主要包括媒体曝光度、控制的资金数额等可操作化的指标。

基于该榜单分析对比领域的多样性、收录与分析的权威性和数据的全面性，本研究决定采用福布斯全球影响力女性排行榜榜单上的精英女性作为分析对象。该榜单上的精英女性涉及的领域包括政治、经济、娱乐/媒体、慈善/非营利、科技、金融等。本书将选取领域分类为政治、经济、文化(娱乐/媒体)的精英女性作为研究对象。

从社会科学研究的严谨标准来看，这份榜单也具有一定局限性，这些局限性有可能对最终的研究结果造成影响。

首先，尽管福布斯声称这份排行榜具有公正性，却难以回避其“美国中心主义”立场，并不能做到绝对意义上的价值无涉。在本书统计的2015年至

① HALPERN D F, CHEUNG F M. Women at the top: powerful leaders tell us how to combine work and family[M]. Canada:John Wiley & Sons,2011:157.

2018 年间入选的 65 位全球精英女性中,近半数(47.69%)的精英女性来自美国,24.62%来自欧洲,仅 10.77%来自亚洲(包含一位美国与柬埔寨双国籍精英女性)。同时,对上榜理由的文本分析亦能发现其中的价值偏向。如在 2017 年的榜单中,排名第 15 位的中国台湾地区领导人蔡英文的入选理由首先是"台湾的第一位女性领导人。她公开与美国总统特朗普直接对话,这打破了自 1979 年以来的习惯",紧接着才谈及"蔡英文女性推行的五年工业计划,提振台湾地区的生物技术、医药、智能科技、绿色能源和物联网,并开始初见成效"①。一位政治领域的精英女性,其入选理由以与美国总统交谈作为关键事件,足见该榜单有意无意地受到了既有社会性别的刻板印象及西方中心的政治意识形态的影响,这种影响在本书的研究中无法被剔除。

其次,以列表形式呈现的榜单数据,使其信息的颗粒度在有限的数据空间中受到影响,未能完全呈现事实的全貌。如前美国总统特朗普的女儿伊万卡·特朗普(Ivanka Trump)常被美国媒体戏称为"真正的第一夫人"②。其实际身份包括以其名字命名的服装时尚公司以及与精英关系密切的社交名媛,同时,她也常就时政事务发表观点。然而,福布斯榜单忽略了其在商业和文化领域的角色,直接将伊万卡的身份描述为"白宫的总统顾问",将其归入排行榜上的"政治"领域,忽略了其身份的多样性与其在多领域的跨度。我们虽然意识到了这个问题,但为了保证编码过程中的一致性,仍然以福布斯排行榜对她们的领域划分为准。

(二)研究对象:脸书作为平台型媒体的典型代表

本书选择脸书作为社交媒体研究中的平台型媒体。首先,选择脸书最主

---

① FORBES. Power Woman List 2017[EB/OL]. (2018-02-20)[2018-06-22].https://www.forbes.com/profile/tsai－ing－wen/? list=power-women.

② FORBES. Power Woman List 2017[EB/OL].(2018-02-20)[2019-05-04].https://www.nytimes.com/2018/11/11/us/politics/ivanka-trump-africa-trip.html.

要的原因在于，相较推特、照片墙、阅后即焚、领英等其他社交媒体平台，脸书是使用最为广泛的社交媒体平台，拥有远远超过其他社交媒体平台的用户群。截至2018年年底，脸书作为全球最大的社交媒体网站，拥有23.2亿的月度用户数量，使用人数占全球总人口的23%。

其次，脸书作为一个非专业性质的社交媒体平台，其用户基于各种各样的原因而使用它。如社交媒体平台照片墙聚焦照片共享，其内容资料主要以图片的形式呈现。而职业展示平台领英，主要供专业人士出于专业原因使用，形成了较小规模的趣像、业缘空间。① 推特虽允许用户发布照片、现场报告及对其他用户进行快速回复，但其具有语境坍塌的特征，使得研究难以区分作为“前台”的公共领域与作为“后台”的私人领域的精英女性的展演；另外，缺少评论机制也会对精英女性的影响力研究有所影响。

相比之下，更加倾向于私人化、专注于与现有好友团体保持联系和交流②的脸书，能更有效地呈现精英女性的“后台”表现。在脸书发文没有字数限制亦能使精英女性更好地展现自我形象与发挥影响力。

二、构造抽样设计

在研究时间与抽样方法上，本书的研究总体是福布斯全球影响力女性排行榜单上拥有社交媒体脸书的精英女性。已有研究表明，虽然网络信息的海量性、网络内容的不确定性和流动性使得样本容量的确定变得困难，③在线新闻内容的抽样要求也与传统媒体的抽样要求有所不同，但构造周抽样仍然是

① PAPACHARISSI Z. The virtual geographies of social networks: a comparative analysis of Facebook, LinkedIn and ASmallWorld[J]. New media & society, 2009,11(1-2):199-220.

② WHITTY M T, DOODSON J,CREESE S,et al. A picture tells a thousand words: what Facebook and Twitter images convey about our personality [J]. Personality and individual differences, 2018,133: 109-114.

③ 周翔.传播学内容分析研究与应用[M].重庆:重庆大学出版社,2014:123.

最有效的抽样方法,[①]并且,该抽样方法也较适合于时间跨度较长的研究。基于此,研究采用的抽样方法为构造周抽样(constructed week sampling)的方法。

第一步,选择精英女性的脸书账号,抽样单位为个人。自 2004 年起,福布斯每年均会公布 100 位全球影响力的女性。本书的研究时间跨度为 2015 年至 2018 年。研究者四年间整理了榜单上的 400 位精英女性,删除重复上榜的名字之后,在脸书内进行搜索。通过三角校正的方法,参考官方认证的蓝标,并排除粉丝开设的账号等因素,最后得到四年间榜单上的精英女性(政治、经济、文化领域)共计 65 位。其中,政治领域精英女性有 29 人,经济领域精英女性有 21 人,文化领域精英女性有 15 人(见图 2-1)。

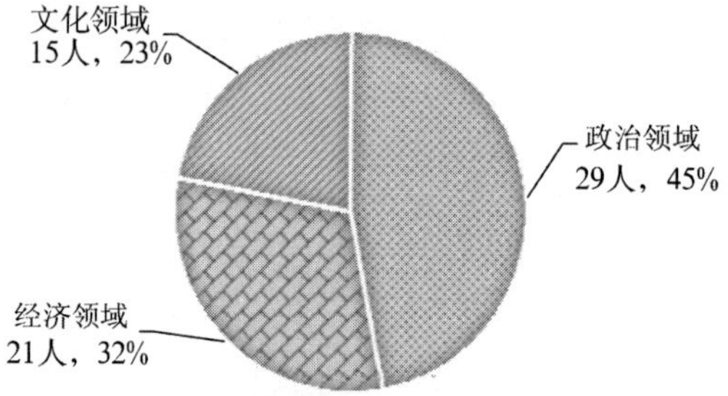

图 2-1　2015 年—2018 年间政治、经济、文化精英女性分布

第二步,选择发布的内容,抽样单位为每一条帖子。研究采用构造周抽样的方法,从 2015 年至 2018 年四年间共构造 4 周(28 天),共计 404 条帖子(具体抽样时间详见表 2-1)。

① HESTER J B, DOUGALL E. The efficiency of constructed week sampling for content analysis of online news[J]. Journalism & mass communication quarterly, 2007,84(4): 811-824.

表 2-1　2015 年—2018 年构造周抽样分布

	周一	周二	周三	周四	周五	周六	周日
2015 年	1.19	2.24	4.10	6.25	9.40	10.24	11.15
2016 年	1.11	2.20	4.20	7.70	7.22	10.29	11.27
2017 年	1.16	2.70	4.12	6.15	8.11	11.40	11.12
2018 年	1.15	2.27	5.16	6.14	7.20	10.13	12.20

三、分析单位与类目建构

分析单位(unit of analysis)是指实际统计时的对象,是内容分析中的最小元素,也是最重要的元素之一。[①] 本书的研究范围是精英女性页面(包括社交媒体头像、主页背景设计、账号文字信息、其他信息)和精英女性发布的脸书帖子内容(包括文字信息、图片信息、视频信息),所以本研究在页面分析部分将以"人"作为分析单位,在脸书帖子内容部分以"则"作为分析单位。

研究参考国内外关于社交媒体、杂志、广告等媒介研究和性别研究,建构出适合分析的编码类目。首先,对精英女性主页上的社交媒体头像(包括头像内容、景别、发型、配饰、眼神接触)、主页背景设计(包括图片内容)、账号文字信息(包括账号名称、账号自我介绍)及其他信息(包括是否有个人主页链接、账号类型、用户属性、点赞数、粉丝数等)进行编码,以确定其是否包含图片或文字;对有图片或文字的社交媒体账号进行进一步编码,以确定种族等人口统计学变量以及其他文字、视觉内容变量。本书最终得出 22 项指标,以完成对精英女性社交媒体头像、主页背景设计和账号文字信息及其他信息的测量(完整编码表及编码细则请参阅附录一)。

其次,在对精英女性的脸书帖子分析部分,主要对精英女性帖子的基本信息(包括发布者姓名、帖子链接、发布时间)、文字信息(包括内容格式、形式、领域分类、内容类型、情感分析、超链接、提及他人、@他人、提及他人的方式、话

① WIMMER R D, DOMINICK J R. Mass media research[M].Boston: Cengage Learning, 2013: 422-423..

题符号#、话题##内容)、图片信息(图片类型、人物、景别、场景、身体裸露程度、衣着类型、服装主要色系、发型、配饰、本人在照片中所处位置、照片垂直角度、照片水平角度、人物类别、人物性别、女性气质)及视频信息(视频人物类别、长度、来源、身体裸露程度、衣着类型、服装主要色系、发型、配饰)等进行编码。本研究共确立了42项指标,以完成对精英女性自我呈现的形象管理、自我呈现的媒介手段、自我披露的层次及情感化表达的测量(完整编码表及编码细则请参阅附录二)。

四、编码员间信度测试

建构类目完毕之后,本书拟定了详细的编码细则和编码表,对每一个类目的定义和范围进行了详尽的说明。在正式编码前,首先进行编码员间一致性测量,以检验编码员间的信度。信度是不同研究者对同种现象进行重复测量之后产生的一致结果的程度,编码员间的信度是使主观编码数据具有有效性的根本标准。[①]

社会科学领域较为通行的信度测量方法包括:百分比一致性、Scott's pi指数、Cohen's kappa指数、Krippendorff's alpha系数、共变(Spearman rho与皮尔森系数)等,而只有Cohen's kappa和Krippendorff's alpha适用于两位编码员以上的内容分析。Krippendorff's alpha系数适用于任何级别(包括本次研究中的定类变量、定序变量、定比变量)的变量测试[②],因此本文采用Krippendorff's alpha对编码员间一致性进行测量。

(一)精英女性页面呈现的编码员一致性测量

本研究招募了两位新闻传播专业的在读本科生,由其完成了对精英女性

① 周翔.传播学内容分析研究与应用[M].重庆:重庆大学出版社,2014:123.

② HAYES A F, KRIPPENDORFF K. Answering the call for a standard reliability measure for coding data[J]. Communication methods and measures, 2007,1(1): 77-89.

页面呈现的编码工作,两位编码员均为女性,分别担任页面编码部分的预编码和正式编码工作,两位研究者负责指导本次的编码工作。首先,我们从 65 名精英女性总体中,采用随机不重复抽样的方式抽取 11 人(占总人数的 16.92%),由两位编码员独立编码,并进行信度测试,以检验编码表的项目设置。表 2-2 将分别对精英女性总体(包括政治领域 29 人、经济领域 21 人、文化领域 15 人)页面编码的各部分(脸书中的人口基本信息、头像、脸书主页背景设计、账号文字介绍)做信度测试说明。

内容分析中的可接受的信度水平并没有统一的标准[①],科恩将 kappa 值设定为:$\kappa \leqslant 0.4$,表明两者不具有一致性;$0.4 < \kappa \leqslant 0.60$,表示中度一致;$0.60 < \kappa \leqslant 0.80$,表示一致性较好;$0.80 < \kappa \leqslant 1.00$,表示具有完美的一致性。[②] Fleiss 采用了科恩的信度系数水平标准,鉴于与之计算结果类似的 Krippendorff's alpha 信度系数水平仅摆脱了编码员数量及变量级别等因素,因此,本研究沿用 kappa 值来对编码员间的一致性程度进行解释。以上信度测试结果显示,各变量均表现出较好的一致性。

---

① KRIPPENDORFF K. Content analysis: an introduction to its methodology[M]. California: Sage publications, 2018:221-232.

② MCHUGH M L. Interrater reliability: the kappa statistic[J]. Biochemia medica: biochemia medica, 2012, 22(3): 276-282.

表 2-2 精英女性脸书主页编码变量和编码员间信度(Krippendorff's alpha)

类目	变量	值	α 系数
人口基本信息	种族族裔	(1)白人或欧洲裔 (2)黑人或非裔 (3)印第安人和阿拉斯加土著人 (4)亚裔美国人 (5)夏威夷和其他太平洋岛国人 (6)拉丁裔 (7)其他	1.000
社交媒体头像	内容	(1)自拍 (2)非自拍的单独一个人 (3)和他人一起 (4)其他人 (5)其他静物或风景	1.000
	景别	(1)特写(胸部以上) (2)近景(腰部以上) (3)中景(腿部) (4)全景	0.625
	发型	(1)长发-散发 (2)长发-束发 (3)肩膀以上的短发 (4)无法确定	0.702
	配饰数量	包括眼镜、耳环、鼻环或身体其他部位的体环、戒指、项链、手表、手套、手环、手镯、手链或脚链、丝巾或围巾、胸章或胸针、领带或领结、皮带或腰带、腰链、发饰等;累加计数,并注明	0.614
	眼神接触	(1)不看相机 (2)看相机 (3)无法辨识	0.800

续表

类目	变量	值	α
脸书主页背景设计	图片内容	(1)本人自己 (2)和他人一起 (3)其他人 (4)其他静物或风景	0.750
账号文字信息	账号名称	(1)本人真名 (2)采用性别特征冠名的 Ms./Miss/Mrs. (3)采用不具有性别特征冠名的 Ph.D. (4)采用代表身份特征冠名的 congress/president (5)其他	1.000
	账号自我介绍	(1)客观正式的职业、专业信息描述(类似CV,简短描述) (2)非正式的(简历信息包含在内,但文本不太正式,也包含大量私人信息,如个人性格、爱好等) (3)家庭角色 (4)职业、专业期望 (5)幽默滑稽(完全没有认真对待,打趣的、有错误的信息) (6)其他	0.629
	包含个人主页链接	(0)无 (1)有	0.632
	是否为真名	(0)否 (1)是	1.000
	账号类型	(0)公共主页 (1)个人主页 (2)其他	1.000
	用户属性	(0)认证用户 (1)普通用户	1.000

(二)精英女性脸书帖子呈现的编码员间一致性

对网贴编码信度的测量与前文一致,采用 Krippendorff's alpha,α 信度系数进行测量。编码员由新闻学专业的三位本科生组成,性别均为女性,她们对 2015 年至 2018 年间精英女性在脸书上发布的帖子样本进行了预编码和正式编码。

在该部分,采用构造周抽样的方法,共搜集到 2015 年至 2018 年四年间精英女性在社交媒体中的帖子 404 条。其中,政治领域精英女性 18 人,帖子数为 197 条;经济领域精英女性 10 人,帖子数为 63 条;文化领域精英女性 12 人,帖子数为 144 条(见图 2-2)。

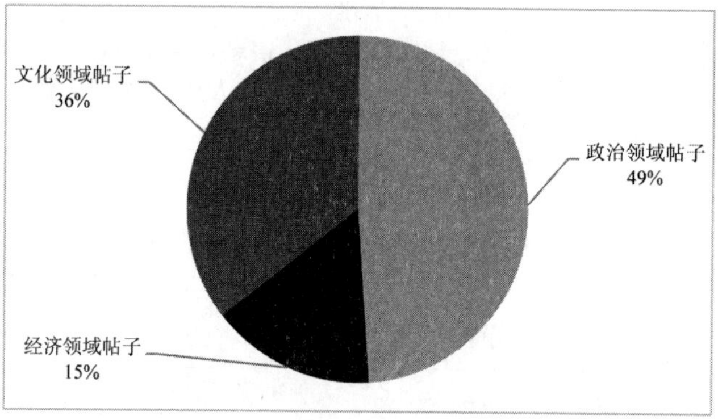

图 2-2 2015 年—2018 年间政治、经济、文化精英女性帖子抽样分布

研究在 404 条帖子样本中,采用随机不重复抽样抽取 50 条帖子(占帖子总数的 12.38%),由三位编码员独立编码,并进行信度测试。表 2-3 分别对精英女性发布的帖子(包括政治领域 18 人、经济领域 10 人、文化领域 12 人)的文字内容、图片内容和视频内容做了信度测试说明。

表 2-3　精英女性脸书帖子编码变量和编码员间可靠性(Krippendorff's alpha)

类目	变量	值	α 系数
文字信息	内容格式	(1)仅文字 (2)文字＋图片 (3)文字＋视频 (4)仅图片(5)仅视频 (6)文字＋图片＋视频 (7)图片＋视频	1.000
	内容形式	(1)本人原创 (2)转发(不配评论) (3)转发(同时发表评论)	0.604
	领域分类	(1)公共领域——普遍社会事件 (2)公共领域——专业或职务相关 (3)私人领域——日常生活/家庭/个人	0.403
	内容类型	(1)事件 (2)情感 (3)态度	0.584
	情感分析 1:情感分类	(1)快乐(愉悦的、高兴的、幸福的) (2)悲伤(难过的、气馁的、沮丧的) (3)愤怒(生气的、愠怒的、暴怒的) (4)恐惧(担心的、害怕的、惊惧的) (5)鄙视(厌恶的、讽刺的) (6)无感情的(中性情感)	0.652
	情感分析 2:是否使用粗话或脏话,例如 f＊, damn 等	(0)否; (1)是	1.000
	情感分析 3:表情符号的使用,例如 LOL、:D 等,每个记 1 分,未使用记 0 分	(1)0 分 (2)1—3 分(包含 1 分和 3 分) (3)大于 3 分(不包含 3 分)	0.496
	情感分析 4:是否多次使用同一个标点符号,例如:!!!	(0)否 (1)是	1.000
	情感分析 5:是否使用拟声词,例如 WOW、blabla 等	(0)否 (1)是	1.000
	是否含有超链接	(0)否 (1)是	0.632

续表

类目	变量	值	α系数
文字信息	提及他人	(1)亲属及血缘关系亲人(包括配偶、子女和其他亲人) (2)本专业领域的人 (3)非本专业领域的人(4)其他	0.550
	@提及他人	(1)用@ (2)没有用@ (3)未提及他人	0.692
	提及他人的方式	(1)正式提及(加称谓如 Prof.Ms 等,用全名) (2)非正式提及(用昵称或表情等,没有用全名)	0.556
	是否使用话题符号#	(0)否 (1)是	0.864
	话题##内容	(1)公共领域——普遍社会事件 (2)公共领域——专业或职务相关 (3)私人领域——日常生活/家庭/个人	0.508
图片信息	图片类型	(1)人物照片 (2)风景或静物照片 (3)创作的图片(如图画等) (4)没有图片	0.898
	图片人物	(1)本人自己 (2)和他人一起 3.其他人	0.785
	照片景别	(1)特写(胸部以上) (2)近景(腰部以上) (3)中景(包括腿部) (4)全景	0.746

续表

类目	变量	值	α
图片信息	照片场景	(1)工作 (2)生活/家庭 (3)工作以外的公共领域 (4)其他	0.622
	身体裸露程度	(1)无裸露 (2)一般裸露(仅露出手臂、小腿) (3)性感化裸露(露出大部分肩膀、乳沟、胸部或大腿) (4)完全裸露	0.767
	衣着类型	(1)正装/半正式职业装(西装外套、西装裙) (2)休闲装或运动装(T恤、运动服、polo衫、牛仔服饰、沙滩裤等) (3)时髦着装或品牌时装(具有时尚设计感的服装、常有大胆、独特的剪裁与色彩等) (4)性感着装(泳衣、泳裤、内衣等) (5)无法辨识 (6)其他(无法归于上述分类)	0.647
	服装主要色系	(1)中性色系(黑、灰、白) (2)暖色系(红、橙、黄) (3)冷色系(青、蓝、紫)	0.656
	发型	(1)肩膀以上的短发 (2)长发-束发 (3)长发-散发	0.899
	配饰数量	包括眼镜、耳环、鼻环或身体其他部位的体环、戒指、项链、手表、手套、手环、手镯、手链或脚链、丝巾或围巾、胸章或胸针、领带或领结、皮带或腰带、腰链、发饰等 累加计数(按类别),并注明	0.670

续表

类目	变量	值	α
图片信息	是否有宠物	(0)否 (1)是	1.000
	本人在照片中所处位置	(1)居中 (2)两侧 1/3 处 (3)其他	0.633
	照片垂直角度	(1)仰拍(2)俯拍 (3)平视	0.616
	照片水平角度	(1)正面 (2)侧面(包括侧前/后) (3)背面	0.606
	照片人物类别	(1)只有小孩 (2)只有成人 (3)成人和小孩 (4)其他	0.723
	照片中人物性别	(1)女性个体 (2)两位及以上女性群体 (3)男性个体 (4)两位及以上男性群体 (5)男性和女性同时出现	0.729
	温柔的触摸——照片中精英女性用手指或手触摸、抚摸物体的轮廓	(0)否 (1)是	0.520
	次属地位仪式化照片中精英女性以某种形式使自己身体比别人更低,如出现弯腰、低头等	(0)否 (1)是	1.000

续表

类目	变量	值	α
视频信息	视频人物类别	(1)本人 (2)和其他人 (3)其他人	0.902
	视频长度	(1)30 秒以内 (2)31—60 秒 (3)1—5 分钟(含) (4)5—10 分钟(含) (5)10 分钟以上	0.800
	视频来源	(1)专业媒体 (2)网友或粉丝 (3)自己拍摄 (4)其他	0.620
	身体裸露程度	(1)无裸露(包括正常露出头、手、脚) (2)一般裸露(仅露出手臂、小腿) (3)性感化裸露(露出大部分肩膀、乳沟、胸部或大腿) (4)完全裸露	0.828
	衣着类型	(1)正装/半正式职业装(西装外套、西装裙) (2)休闲装或运动装(T 恤、运动服、polo 衫、牛仔服饰、沙滩裤等) (3)时髦着装或品牌时装(具有时尚设计感的服装、常有大胆、独特的剪裁与色彩等) (4)性感着装(泳衣、泳裤、内衣等) (5)无法辨识 (6)其他(无法归于上述分类)	0.647(沿用图片)
	服装主要色系	(1)中性色系(黑、灰、白) (2)暖色系(红、橙、黄) (3)冷色系(青、蓝、紫)	0.598

续表

类目	变量	值	α
视频信息	发型	(1)肩膀以上短发 (2)长发-束发 (3)长发-散发	1.000
	配饰数量	包括眼镜、耳环、鼻环或身体其他部位的体环、戒指、项链、手表、手套、手环、手镯、手链或脚链、丝巾或围巾、胸章或胸针、领带或领结、皮带或腰带、腰链、发饰等 累加计数(按类别),并注明	0.588

由表 2-3 可知,文字信息部分的内容格式(α=1.000)、情感分类(α=0.652)、情感分析 2(α=1.000)、情感分析 4(α=1.000)、情感分析 5(α=1.000)、是否含有超链接(α=0.632)、@提及他人(α=0.692)、是否使用话题符号(α=0.864);图片信息部分的图片类型(α=0.898)、图片人物(α=0.785)、图片景别(α=0.746)、图片场景(α=0.622)、图片身体裸露程度(α=0.767)、图片衣着类型(α=0.647)、图片服装主要色系(α=0.656)、图片发型(α=0.899)、图片配饰数量(α=0.670)、图片是否有宠物(α=1.000)、本人在照片中所处位置(α=0.633)、照片垂直角度(α=0.616)、照片人物类别(α=0.723)、照片中人物性别(α=0.729)、次属地位仪式化(α=1.000)及视频信息部分的人物类别(α=0.902)、视频长度(α=0.800)、身体裸露程度(α=0.828)、衣着类型(α=0.647)、发型(α=1.000)均表现出较好的一致性。

而文字信息部分的内容形式(α=0.604)、内容类型(α=0.584)、情感分析(α=0.496)、提及他人(α=0.550)、提及他人的方式(α=0.556)、话题##内容(α=0.508)以及图片信息部分的抚触动作(α=0.520)、照片水平角度(α=0.606)和视频信息部分的服装主要色系(α=0.598)、配饰数量(α=0.588)则表现出较弱的一致性。

五、核心变量的操作化设计及测量

本书中涉及的核心概念包括:精英女性性别特质资本的呈现、精英女性竞争型领导力资本的呈现、精英女性的平台技术使用情况、精英女性的情感呈现。接下来,我们将分别介绍对这几个变量的操作化,并在第三章对其分布状况做出初步的描述性分析。

(一)女性化资本:女性气质的呈现

性别越来越被看作"展演"(performance)①,是变动中的社会关系的产物,从集体和个人的经验与认识中产生。精英女性在脸书上的自我展演主要包括两个方面:精英领导力展演和性别气质的展演。在传统的"男/女"二元性别框架下,性别气质同时包括男性气质和女性气质。而对女性气质的展演实则分为两种类别:一是展现女性资本(female capital),即因为拥有女性身体而取得的性别优势;二是对女性化资本(feminine capital)的展演,指经由社会化过程而习得女性化禀性(feminine disposition)或一套技巧。②从社会互动及竞争角度来看,对女性化资本的呈现是女性气质展演的重要构成。女性化资本涉及外貌、衣着、身体姿态、情感表达、人际关系等诸多方面,在社交媒体中,通过文字文本、图片、视频等不同符号形式呈现。例如,在情感表达上,在文字中使用颜文字和表情符号被认为更具情感性,在图片、视频等影像中则表现为与他人的身体接触等。据此,我们对女性化资本进行操作化,对其在文字、图片、视频中的呈现进行编码、测量和分析。

---

① BUTLER J. Gender trouble[M]. New York: Routledge,2002:45.

② HUPPATZ K. Reworking bourdieu's "capital": feminine and female capitals in the field of paid caring work[J]. Sociology,2009,43(1):45-66.

表 2-4 精英女性自我呈现中“女性化资本”内容分析编码设计及记分规则

<table>
<tr><td rowspan="5">精英女性自我呈现中的女性气质的操作化与测量</td><td colspan="2">内容分析编码指标</td><td>编码计分规则</td></tr>
<tr><td rowspan="4">文本呈现中的女性气质</td><td>F1
内容主题(n4)</td><td>(1)涉及私人领域，记 1 分
(2)涉及公共领域，记 0 分</td></tr>
<tr><td>F2
内容类型(n5)</td><td>(1)情感表达，记 1 分
(2)事件叙述或态度表达，记 0 分</td></tr>
<tr><td>F3
提及他人(n×3)</td><td>(1)提及亲属及血缘关系亲人(包括配偶、子女和其他亲人)，记 1 分
(2)未提及他人或提及本专业领域其他人，记 0 分</td></tr>
<tr><td>F4
提及他人方式(n×5)</td><td>(1) 非正式提及(用昵称或表情等，没有用全名)，记 1 分
(2) 正式提及(加称谓如 Prof.，Ms.等，用全名)，记 0 分</td></tr>
<tr><td rowspan="9">精英女性自我呈现中的女性气质的操作化与测量</td><td colspan="2">内容分析编码指标</td><td>编码计分规则</td></tr>
<tr><td rowspan="8">图片呈现中的女性气质</td><td>F5
身体裸露程度(t4)</td><td>(1)无裸露，记 0 分
(2)一般裸露(仅露出手臂、小腿)，记 1 分
(3)性感化裸露(露出大部分肩膀、乳沟、胸部或大腿)，记 2 分
(4)完全裸露，记 3 分</td></tr>
<tr><td>F6
服装色系 (t6)</td><td>(1)暖色系(红、橙、黄)，记 2 分
(2)中性色系(黑、灰、白)，记 1 分
(3)冷色系(青、蓝、紫)，记 0 分</td></tr>
<tr><td>F7
发型 (t7)</td><td>(1)长发-散发，记 2 分
(2)长发-束发，记 1 分
(3)短发，记 0 分</td></tr>
<tr><td>F8
配饰数量(t8)</td><td>除去手表和眼镜后计数。例：佩戴耳钉、丝巾和胸针，记 3 分</td></tr>
<tr><td>F9
图片中的儿童(t151)</td><td>(1)有儿童出现，记 1 分
(2)没有儿童出现，记 0 分</td></tr>
<tr><td>F10
合影人物性别(t16)</td><td>(除去本人再计算)：
(1)图片人物仅有女性个体或群体，记 2 分
(2)图片人物出现男性女性混合，记 1 分
(3)图片人物仅出现男性个体或男性群体，记 0 分</td></tr>
<tr><td>F11
女性化抚触动作(t20)</td><td>(1) 照片中精英女性用手指或手触摸、抚摸物体或人物的轮廓，记 1 分
(2)没有出现女性化抚触动作，记 0 分</td></tr>
<tr><td>F12
女性化亲和力动作(t22)</td><td>(1)照片中精英女性以某种形式使自己的身体比别人更低，如出现弯腰、低头等，记 1 分
(2)没有出现女性化亲和力动作，记 0 分</td></tr>
</table>

续表

<table>
<tr><th colspan="3">内容分析编码指标</th><th>编码计分规则</th></tr>
<tr><td rowspan="4">精英女性自我呈现中的女性气质的操作化与测量</td><td rowspan="4">视频呈现中的女性气质</td><td>F13
女性化配饰(s11)</td><td>除去手表和眼镜后计数。例:佩戴耳钉、丝巾和胸针,记 3 分</td></tr>
<tr><td>F14
身体裸露程度
(s5)</td><td>(1)无裸露,记 0 分
(2)一般裸露(仅露出手臂、小腿),记 1 分
(3)性感化裸露(露出大部分肩膀、乳沟、胸部或大腿),记 2 分
(4)完全裸露,记 3 分</td></tr>
<tr><td>F15
发型(s10)</td><td>(1)长发-散发,记 2 分
(2)长发-束发,记 1 分
(3)短发,记 0 分</td></tr>
<tr><td>F16
服装色系(s7)</td><td>(1)暖色系(红、橙、黄),记 2 分
(2)中性色系(黑、灰、白),记 1 分
(3)冷色系(青、蓝、紫),记 0 分</td></tr>
</table>

如表 2-4 所示,女性气质的自我呈现按照技术可分为三个类别,即以文本、图片和视频所呈现出的女性化资本的强度。在一则帖子中可能包括文本、图片和视频,其表现出来的女性化资本得分在 0 至 16 分的区间之内。编码统计得到有效样本 403 个,计算后得到"女性气质"变量的最小值为 0 分,最大值为 12 分,标准差为 2.432,中位数 2 分,平均值 2.36 分,峰度为 0.487,偏度为 0.927,是右偏分布。即便是考虑到通常情况下每一条帖子一般仅仅包含文字和图片(最高值为 12 分),从中位数为 2 分的取值也可以看出,精英女性在脸书上的自我呈现普遍表现出掩藏女性化气质的特征。

(二) 竞争化资本:精英领导力的呈现

除女性化资本,精英女性在自我呈现中还会对自身的"竞争型领导力资本"进行展演。已有研究显示,总体而言,在精英社会中,进行政治及权力展演的女性采取三种策略,即女性气质策略、竞争策略和女性议题策略。其中,采

取竞争策略的精英女性,在平台型媒体上呈现出竞争化资本,包括:

1.专业技能和专业教育背景的呈现

这一策略在精英女性身上表现得十分突出,比如在社交媒体主页上公布自己的名校教育背景、从医经验、从政经验、获奖情况等相关信息,突出领导力和权威性。

2.社会关系的呈现

值得注意的是,因为社会关系是社会资本的重要组成部分,甚至在很多文献中二者本来就是同构的、互相解释的,①所以社会资本就表现为随时可以配置调用的社会关系储备。但是,传统的性别观念影响了社会关系的呈现并表现出性别差异,女性更频繁地出现于家庭领域,嵌于儿童、亲属等社会关系中。② 因此,如果采取竞争型的社会关系呈现,女性就需要更多提及职业领域或其他有影响力的名人等。比如,希拉里·克林顿在初期是以与比尔·克林顿同框来完成由私人领域向公共领域社会关系资本的推移的,但是在她逐渐稳固政坛地位后,特别是在参加 2016 年美国总统竞选期间,她在公共领域则更多地以与知名度不如她的人同框的方式来展示自己的社会关系。

3.经济能力和社会地位的呈现

经济能力和社会地位更多是通过象征符号的"流露"来呈现的。例如,演员通过奖杯、奖状、限量定制款的名牌产品、奢侈品代言等来呈现;政客通过国家或者公司的象征符号作为照片的背景来呈现自身的社会地位。本质上这些都是在自己的专业场域之内遵循场域"幻象"的符号化呈现。

---

① LIN N, COOK K S, BURT R S. Social capital: theory and research[M]. New Jersy: Transaction Publishers,2001:45-47.

② TIMBERLAKE S. Social capital and gender in the workplace[J].Journal of management development,2005(51): 11-26.

4.画面语言呈现的社会地位

在视觉语言方面,精英女性通过采取与刻板的男性领导力相一致的方式,通过镜头语言或画面进行权力表演。比如,行为均是在居于画面正中间、图片采取仰拍视角,衣着以中性色系和裤装为主,等等。女性借由一系列与“男性气质”、男性社会资本呈现相一致的方式,来保证和凸显自身在社交媒体自我呈现中的形象能体现与“精英”“领导力”等特质。

据此,我们制定了编码表(表 2-5),对精英女性在脸书上的网帖中通过文字、图片、视频所呈现出的竞争化资本进行编码和测量。

编码统计得到有效样本 404 个,计算后得到“领导力呈现”变量的最小值为 5 分,最大值为 17 分,标准差为 2.52,中位数为 11 分,众数为 9 分,平均值为 11.13 分,偏度为 0.362。其中,领导力呈现得分最高,为 17 分,一共有 5 个样本。具有代表性的是,伊万卡·特朗普(Ivanka Trump),在其自我呈现中,女性气质和领导力气质的呈现都非常充分。她在 2017 年 7 月发布了与全球企业家高峰论坛上企业家见面的内容,包括文本、照片和##话题。在她的这个自我呈现内容中,有三位男性与她握手,她本人均居于图片正中央的核心位置,又由于其身高优势,为了平视拍摄其他男性,只能以仰拍的方式呈现她,使她表现出很强的领导力气质。

表 2-5 精英女性自我呈现中“竞争化资本”的内容分析编码设计与测量

	内容分析编码指标		编码计分规则
精英女性自我呈现中的女性气质的操作化与测量	文本呈现中的领导力	L1 文本内容主题 (n4)	(1)文本内容主题涉及私人领域，记 0 分 (2)文本内容主题涉及公共领域，记 1 分
		L2 文本内容类型 (n5)	(1)内容类型为情感表达记 0 分 (2)内容类型为事件或态度记 1 分
		L3 文本内容提及他人(n×3)	(1)提及亲属及血缘关系亲人(包括配偶、子女和其他亲人)，记 0 分 (2)未提及他人或提及非本专业领域其他人，记 1 分 (3)提及本专业的其他人，记 2 分
		L4 文本内容提及他人方式(n×5)	(1) 非正式提及(用昵称或表情等，没有用全名)，记 0 分 (2) 正式提及(加称谓如 Prof.，Ms.等，用全名)，记 1 分
		L5 话题＃＃内容领域(n×7)	(1)用＃＃提及话题内容涉及公领域(普遍社会事件)，记 2 分 (2)用＃＃提及话题内容涉及公领域(专业职务相关事件)，记 1 分 (3)用＃＃提及话题内容涉及私领域，记 0 分
	图片呈现中的领导力	L6 身体裸露程度 (t4)	(1)无裸露和一般裸露(仅露出手臂、小腿)，记 1 分 (3)性感化裸露和完全裸露，记 0 分
		L7 图片呈现中的服装色系 (t6)	以精英女性本人为编码对象： (1)暖色系(红、橙、黄)，记 0 分 (2)中性色系(黑、灰、白)，记 1 分 (3)冷色系(青、蓝、紫)，记 1 分；
		L8 衣着类型(t5)	(1)正装/半正式职业装(西装外套、西装裙)，记 1 分 (2)专业化的着装(医生手术服、工程师工作服等)，记 1 分 (3)其他类型衣服，记 0 分

续表

	内容分析编码指标		编码计分规则
精英女性自我呈现中的女性气质的操作化与测量	图片呈现中的领导力	L9 发型（t7）	(1)长发-散发、长发-束发,记0分 (2)短发,记1分
		L10 图片位置(t13)	(1)居中(居于图片的核心位置),记2分 (2)居于两侧1/3处(是图片的主要人物之一),记1分 (3)其他(处于背景中,或不突出的个体),记0分
		L11 图片垂直角度(t14)	以精英女性本人为编码对象: (1)仰拍,记2分 (2)俯拍,记0分 (3)平视,记1分
		L12 图片水平角度(t15)	以精英女性本人为编码对象: (1)正面,记2分 (2)侧面(包括侧前、侧后),记1分 (3)背面,记0分
		L13 合影人物性别(t16)	(除去本人再计算): (1)图片人物出现男性女性混合,记1分 (2)图片人物仅出现男性个体或男性群体,或者图片人物仅有女性个体或群体,记0分
	视频呈现中的领导力	L14 视频制作技术(s3)	(1)专业媒体拍摄,记2分 (2)网友或粉丝拍摄,记1分 (3)自己拍摄,记0分
		L15 服装类型(s6)	(1)正装/半正式职业装(西装外套、西装裙),记1分 (2)专业化的着装(医生手术服、工程师工作服等),记1分 (3)其他类型衣服,记0分
		L16 发型（s10）	(1)长发-散发、长发-束发,记0分 (2)短发,记1分
		L17 服装色系（s7）	(1)暖色系(红、橙、黄),记1分 (2)中性色系(黑、灰、白)及冷色系(青、蓝、紫),记0分

(三)可供的和多样的平台技术使用

技术可供性概念一方面从技术社会学的视角消解"被动的技术-主动的人"的人本主义立场,另一方面也对技术决定论提出了反驳,采取了相互建构的视角来分析技术使用者和技术之间的互动关系。

技术多样性是对技术可供性的操作化测量,但二者在含义上存在差异:技术可供性强调从技术本身作为主体的角度来分析其特征;技术多样性将技术作为被使用的工具来分析,其行动主体回到了在平台型媒体上采纳各种技术手段进行传播的精英女性。但如果不用"或者/还是"的二元对立视角审视传播技术,转而采用"既/又"逻辑进行分析的话,那么可以认为技术的多样性采纳是技术本身可供性特征与精英女性媒介使用偏向特征交叉互动的结果。

在本书所关心的精英女性自我呈现实践中,可供的平台技术包括:文本、图片、视频、话题符号"#"、提及他人符号"@"、超链接、转发与附加评论。此外,支撑平台型媒体高效运作的技术基础还有自动化算法,目前尚未被纳入内容分析的编码表之中。总结来说,本书主要考察三个维度的技术使用:

第一类是迁移的平台技术可供性,主要是文本信息和超链接;第二类是视觉化的平台技术可供性,主要指的是图片和视频;第三类是关系的平台技术可供性,包括话题符号"#"和提及他人符号"@"。以每一则自我呈现内容为分析单位,采纳一种平台技术则计算累加频次1次,单则内容纳入的平台技术总类别记为平台技术的多样性。然后再以每个账号作为研究单位,分析个体的技术多样性在平台型媒体上的表现。

计算后可以发现,以每一则自我呈现的内容为分析单位,每一种技术可供性的情况如下:

迁移的平台技术可供性的分布情况是:有88.1%的自我呈现内容使用了文本,有44%的帖子使用了超链接。

视觉化的平台技术可供性的分布情况是：有 41.7%的自我呈现内容使用了图片，有 75.6%的自我呈现内容使用了视频。可见，在精英女性的自我呈现中，视频的使用比例是非常高的，这和近年来脸书的推荐算法给短视频以更高的推送权重有关。

关系的平台技术可供性的分布情况是：有 24.2%的帖子使用了话题符号“#”，而仅有 3.7%的自我呈现内容使用了提及他人这一平台技术。这与第二章中我们探讨每一种平台技术背后所蕴含的社会性别观念有关。

（四）情感呈现的三个特征

情感分析的方法层出不穷，任中杰等（2018）采用 citespace 工具对中国知网上“情感分析”相关的 614 篇文献进行研究主题聚类分析后发现，研究主题集中在对文本进行向量化的表示上。[①] 目前，对情感倾向的研究可以归纳为两个大的类别，一类是采用情感词典和关联信息进行情感分析，另一类是采用机器学习相关方法，例如庞（Pang，2002）等人采用机器学习的方法，分别利用朴素贝叶斯、最大熵、支持向量机三种算法进行情感分类，最终情感分类的准确率达到 80%。[②] 根据 B. 刘（Liu，2012）的观点，情感表达由四个元素构成，分别是情感表达者（holder）、情感表达的对象（target）、情感的极性（polarity）和时间（time）。[③]本书中，情感测量的三个维度分别是：情感的类型、情感的极性和情感的强度。

1.情感呈现的类型

上文已经讨论过情感的类型，其以心理学研究中关于情感的编码表为基

---

① 任中杰，张鹏，李思成，等.基于微博数据挖掘的突发事件情感态势演化分析：以天津 8·12事故为例[J].情报杂志，2019，38(2)：140-148.

② PANG B O. LILIANLEE. And SHIVAKUMAR VAITHYANATHAN. Thumbs up? Sentiment classification using machine learning techniques[J]. Empirical methods in natural language processing，2002(5)：76-86.

③ LIU B. Sentiment analysis and opinion mining[J].Synthesis lectures on human language technologies，2012，5(1)：1-167.

础,本书将“自我测评”的问卷修改为由第三者编码的问卷,保留了传统心理学研究的测量颗粒度。① 本书将情感分为快乐、悲伤、愤怒、恐惧、鄙视和无感情六个大类,对文本进行编码。

2.情绪的极性

在以机器学习为基础的“情感分析”(sentiment analysis)中,情感的极性(有的研究中也称之为“情感的效价”)一般采用“正/负/无”的分类标准。② 在处理数据时,我们也会将上述的情感类型重新编码为正面(对应“快乐”)、负面(对应“悲伤、愤怒、恐惧、鄙视”)和中性(对应“无情感”)三个大类,从而进一步展开数据分析。

3.情绪的强度

文本中的情感表达通常通过词语来表现。在大连理工大学中文情感词汇本体库中,表达情感的词汇通常分为以下几类:标点符号(问号、感叹号等)、情感词(积极词汇和消极词汇)、否定词和程度副词。其中,程度副词包括相对程度副词和绝对程度副词,前者是有比较的,例如“更加”“比较”“稍微”等,后者没有比较,如“太”“很”“多么”等。③ 统计这些词汇在文本中出现的情况,有助于我们对情感表达的修辞使用进行研究。

此外,在社交媒体上,情感的强度还有一个评价标准——偏离语言规范的文本使用。“零度”和“偏离”是现代修辞学研究中最重要最基本的两个概念。王希杰教授在《修辞学通论》中论述了“零度”和“偏离”,他把“零度”理解为规范、常规;语言世界的“零度”指语言层面的各种语言规范,包括语音的规范、语义的规范、词汇的规范以及语法的规范;语言世界的“偏离”就是语言世界“零

---

① 敦欣卉,张云秋,杨铠西.基于微博的细粒度情感分析[J].数据分析与知识发现,2017,1(7):61-72.

② PANG B,LEE L. Opinion mining and sentiment analysis[J]. Foundations and trends © in information retrieval,2008,2(1-2):1-135.

③ 王力.中国现代语法[M].北京:商务印书馆,1985:32-37.

度"的对立物,是对语言规范的超越、突破、变异、反动。[①]

男女在具体语言操作层面存在很大差异,女性的用语呈现出"零度"特征,而男性的用语更有可能呈现出"偏离"特征。女性的用语通常中规中矩,符合语言规范,倾向于表示感谢、感激和道歉,若表现得不礼貌就会觉得不安,难以说出俗词俗语。而男性则容易做出违反预期的网络行为,在互动中易产生冲动,说出过激的粗俗语言,以彰显男性气质。

本书借鉴卢嘉等人的研究,对情感强度的编码和测量改编自 FMMS (五分钟演说样本),这是由马格纳等人开发的应用于临床心理学的测量情感表达的工具。[②] 由此,我们得到了情感强度的编表码,用于分析网络文本情感的文本表达方式:

(1)使用粗话和脏话,例如 f * 、damn 等词语(每频次 1 分);

(2)使用表情符号,例如 LOL;:D(每个记 1 分);

(3)多次使用同一个标点符号,例如:!!! (每类标点符号记 1 分);

(4)使用拟声词,例如:Blabla, WOW 等(每个记 1 分)。

(五)精英女性自我呈现内容在平台媒体上的传播效果

社交媒体上内容的传播效果可以从传播要素、社会网络和网站分析三个角度切入,其中传播要素角度包含四个维度,即用户、平台、内容和互动。进一步看,用户包括传播者和接受者。[③] 就精英女性在平台型媒体上的自我呈现来说,"传播者"就是精英女性本人的账号或小组,从传播者的角度进行的效果测量包括知名度、覆盖度、活跃度、可信度、专业度、美誉度和运营实力;而"接受者"指的是潜在的或显性的受众,从接受者的角度进行的效果测量可以从人

---

① 王希杰.修辞学通论[M].南京:南京大学出版社,1996:57-60.

② SUP P C. Does Twitter motivate involvement in politics? tweeting, opinion leadership, and political engagement[J].Computers in human behavior,2013,29(4): 1641-1648.

③ 王秀丽,赵雯雯,袁天添.社会化媒体效果测量与评估指标研究综述[J].国际新闻界,2017,39(4):6-24.

口统计学信息(如机构①、性别、教育程度②、兴趣爱好等)、关注渠道③、可信度④、活跃度、相关性⑤等要素着手。上述社交媒体效果测量的指标体系虽然全面,但是有明显的缺憾:第一,缺少实证数据资料的支撑,仅仅停留在中西方文献综述的层面;第二,对于同一维度下的指标权重,未能有更进一步的探索;第三,具体情境下数据整合方式不同,大而全的指标体系未见得有适用性。

基于编码的数据分析,能够提供理论上的启发和创新。本书尝试对平台型媒体传播技术与精英女性的技术运用进行交叉分析,进而探寻这种互动背后的政治意涵,从而回答更广泛层面的"那又如何"的问题。虽然研究的方法和进路不尽相同,普特南(Putnam)和贝内特(Bennet)都探讨了传播技术对公共生活的政治意涵。贝内特从中观的组织和类组织层面入手,发现社交媒体的使用和采纳在实际操作中促成了集体行动(collective action)、联结行动(connective action)和居于二者之间(in-between)的三种组织模式,⑥对应着当代媒介环境下政治参与的转型。普特南从中观和宏观的层面入手,通过大量宏观数据的分析,论证了大众媒体采纳过程中民间社会资本(他对社会资本的定义是:人与人之间的联系,以及由此而产生的互利互惠和相互信任⑦)的萎缩,从而引发了对公共生活空间萎缩的担忧。普特南把社会资本分为两种类

① NAPOLI P M. Measuring media impact.[EB/OL].(2014-03-20)[2019-05-05].http://www. learcenter. org/pdf/measuringmedia.

② 杜诗雨,齐佳音.基于主成分分析的微博话题影响指数评价研究[J].情报杂志,2014,33(5):129-135.

③ BARGER V A, LABRECQUE L. An integrated marketing communications perspective on social media metrics[J]. International journal of integrated marketing communications, 2013,Spring:224.

④ 杜诗雨,齐佳音.基于主成分分析的微博话题影响指数评价研究[J].情报杂志,2014,33(5):129-135.

⑤ 高承实,荣星,陈越.微博舆情监测指标体系研究[J].情报杂志,2011,30(9):66-70.

⑥ BENNETT W L, SEGERBERG A. The logic of connective action[J]. Information, communication & society, 2012,15(5):739-768.

⑦ PUTNAM R. Bowling alone: the collapse and revival of American community[M]. New York:Simon and Schuster, 2001:57.

型,一种是连接性社会资本(bridging social capital),另一种是黏合型的社会资本(bonding social capital),前者可被比喻为社会的强力胶,①以对内的忠诚感为主,后者与前者相反,而且二者很难相互转化。

根据精英女性在平台媒体上的自我呈现这一具体语境,本书从上述综述中摘选出部分指标并进行合并与重组。在内容分析编码表的设计过程中,我们主要考虑两个维度:第一个维度是黏合力(affective potential)。黏合力与女性化气质相关,指的是自我呈现的内容引起情感共鸣和进一步行动的潜力。在测量指标上,操作化为引起评论和点赞的强度(见表 2-6)。

表 2-6 精英女性自我呈现内容的转、赞、评数量统计(N=404)

		评论	分享	点赞
范围	最大值	114,461	36,386	210,000
	最小值	0	0	4
分布趋势	平均数	1,365	1,054	13,810
	标准差	6,548	3,490	31,450
四分位数	25%	19	22	356
	50%(中位数)	127	116	1,600
	75%	1,000	490	980

第二个维度是连接力(connective potential)。连接力更多与领导力气质相关,指的是能够引起信息导向的扩散传播的过程。在测量指标上,表现为单则内容被转发的数量、提及他人的频次和使用话题符号的频次。

本书并未直接用转发、点赞和评论的数量来衡量传播效果,原因在于:第一,转发、点赞和评论的数量是衡量效果的众多指标中的三个,在进行平台和市场传播效果评估时往往将之独立出来考量,但是它们除了数据意义之外,难

① GITTEL R, VIDAL A. Community operating: building social capital at a development strategy[M]. California: Thousand Oaks,1998:31.

以对其做出更多的解读和阐释;通过构建指标体系,我们能够将单纯的数据与本文所指涉的理论含义结合起来。第二,单一的转评赞数据不便于本书在理论层面进行追问:在技术-社会的视角下,精英女性如何自我呈现?其在身体呈现、名人政治、情感表露等方面的策略采纳情况如何?其政治意涵又如何?通过采用“连接力”和“黏合力”的概念,数据的解读不单单是单纯的数量比较,而是与“技术-社会-性别”这一理论框架建立了逻辑关系,从而为更加抽象和宏观层面的概念解读做好了准备。当然,我们也意识到了这样操作的缺憾:一方面未能够将数据进行加权整合从而精简模型,另一方面,从抽象概念到具体数据的降维操作在逻辑上略有跳跃。但考虑到内容分析方法所要求的“对显性内容进行编码以期推断其隐形情境”①的要求,本书中的这种缺憾暂时难以弥补,期待后续的研究能够做出逻辑更加严谨的测量与设计。

第二节　案例分析法

本书的实证资料分析包括两部分,以量化的内容分析为主,以深入解剖的案例研究为辅。其用意在于,内容分析提供了看待整个现象的框架和事实性发现,案例分析则对这些发现进行了深入解读,特别是将特定现象置于其所属的社会语境之中,关注社会行为与特定环境的关联,以凸显研究对象的典型性,使其代表一类而非仅仅一次或者单个社会现象。因此,案例分析有助于我们“知晓事实、行为及事件因何发生,为何以这样的形态而非其他形态发生,它们在什么条件下发生,推动力来自什么”,从而提供“解释性知识”和“理解性知识”。②

高水平的案例研究非常重视社会现象的公共性、可重现性、可预期性、整

① KRIPENDOFF. Content analysis[M]. Sage Publications Inc.,2030:59.

② 张静.案例分析的目标:从故事到知识[J].中国社会科学,2018(8):126-143.

体性和历史性。查德维克在其关于杂糅媒介体系的研究中也使用了对具体新闻事件的微观分析方法,这种分析对于理解越来越相互依赖的社会系统有重要意义。[①] 特别是在当前的社交媒体生态中,一个人发布在社交媒体上的信息可能会引发复杂的、多方向的连锁反应。要理解这种动态机制,就要对多平台上的不同类型的内容进行广泛挖掘和排序,并且理解其在这些平台上的流动和影响。在本书对于杂糅媒介体系的研究中,案例分析除了能够对特定研究问题进行深入解答,也能够更好地适配杂糅媒介体系这一研究对象。

本书中的案例分析见于第三章至第六章的最后一个小节。每章首先以内容分析的量化数据就特定理论框架和研究问题做出整体回答,其次再选取该论题中的典型精英女性的个案进行深入剖析。在案例分析中,我们首先对该精英女性的生平经历和成就进行介绍,在其所属的文化环境和所处领域等脉络中对其社交媒体上的自我呈现进行理解;同时,结合其在大众媒体中的呈现方式和形象塑造,对比理解其在社交媒体上的自我呈现;最后,鉴于本书的内容分析仅涉及女性在脸书上的自我呈现,案例分析还将对其在不同社交媒体平台上的自我呈现的异同进行对比,由此检视技术可供性在其自我呈现中扮演的角色,即不同的社交媒体平台如何塑造女性自我呈现的具体方式。

第三节　批评性话语分析

批评性话语分析(critical discourse analysis, CDA)旨在分析语言、权力和意识形态的关系,揭示语篇如何源于社会结构和权力关系,又如何为之服务。它把话语不仅视为现实的反映或表征,而且视为社会实践的重要组成部分,主张从语言/语篇或符号学的角度来理解和解释社会现实。

---

① CHADWICK A. The hybrid media system: politics and power[M]. Oxford:Oxford University Press,2017:127-128.

批评性话语分析始于费尔克拉夫(Fairclough),他认为,意识形态通过自然化过程变成常识,并被人们所熟识和接受,而批评性话语分析要做的就是逆向运动,即"去自然化"(denaturalize),通过分析语篇中的语言形式来揭示那些隐含的语言、权力和意识形态之间的关系,以及统治阶级如何运用语言来实施意识形态控制和维护自己的权力地位。① 批评性话语分析主要分析真实的社会言语交往活动,所关注的内容包括与语篇和语篇生成有关的社会政治问题及其与社会和意识形态的关系,涉及年龄、种族、性别、阶级和态度等社会因素。它透过语言探究各种社会机构,尤其是大众传媒、司法、教育和商务等领域中的国家认同、民族身份、性别歧视和社会角色中隐含的偏见和不平等。CDA 特别关注两个非文学领域,一是大众语篇和官方话语,包括政府、行政管理人员、司法官员、商业组织、新闻机构等的话语;二是个人话语,即个人间发生的正式或非正式的交谈。本书关注的正是第一个领域和第二个领域的交叉。一方面,精英女性在社交媒体上的表达是由政府行政管理人员、商业人士以及文体明星等公共人物发出的大众语篇,另一方面,她们也通过社交媒体与朋友互动,表达个人情感和个人话语。

批评性话语分析强调对语篇生成、传播和接受的生活语境和社会历史背景的考察。在具体分析中,其通常的做法是:首先,分析语篇的结构特征并将其与某些生成技巧或过程相联系。其次,分析者可以论证这些技巧或过程在具体语境中或许表达出的某种意识形态意义。最后,分析者还可以进一步论证,这种语言结构和过程背后隐藏的意识形态意义具有重要的社会功能,对某种社会过程起着介入或干预作用,例如帮助获得或维护或颠覆某种权力关系。

费尔克拉夫的三维分析框架(语篇、话语实践和社会实践)是批评性话语分析的经典分析路径。其中的"语篇"(text)是"话语实践"(discursive)的产

---

① FAIRCLOUGH N. Critical discourse analysis: the critical study of language[M]. New York:Routledge, 2013:36.

物,这个过程包括语篇的“生成”(production)、“传播”(distribution)和“接受”(consumption),所有这些都是由特定的“社会实践”(social practice)条件决定的。在此基础上,费尔克拉夫提出了批评话语分析的三个层次:“描写”(describe)语篇的形式结构特征,“阐释”(interpret)语篇与话语实践过程的关系,“解释”(explain)话语实践过程和它的社会语境之间的关系。

具体到本书,我们将聚焦文本层面,从微观层面对精英女性在社交媒体平台上发布的各类文本(文字、图片、视频等)的运用和话语交际进行分析。在此基础上,通过对文本所反映的社会结构、不平等、偏见等现象进行解释,说明权力和意识形态是(包括政治权力结构、性别权力结构、年龄权力结构等)如何以社交媒体文本为载体产生作用,实现“自然化”的。

第三章 女性化资本还是竞争化资本：各领域精英女性社交媒体形象及其特征

精英女性在社交平台上的发声和呈现，处处都体现着她们需要在两种具有张力的策略之间进行抉择的处境：这两种策略一种是女性化资本（feminine capital）策略，精英女性通过彰显女性的性别及特征，将女性性别作为一种资本，通过女性的身体以及社会化过程中的女性秉性及技巧特征的表现，[①]以期形成女性性别资本和其他政治资本、符号资本的相互转化；另一种是竞争化资本（competence capital）策略，精英女性通过展现和突出个人的经济地位、社会关系、教育背景、专业能力，给予（gives）或流露（gives off）精英领导力，在名人政治场域中模糊和融合各类资本之间的界限。在这个过程中，性别被精英女性呈现为一种"表演"（performance）[②]，性别关系在个人经验和集体意识中成为社会权力关系的变动的体现。

① HUPPATZ K. Reworking bourdieu's "capital": feminine and female capitals in the field of paid caring work[J]. Sociology, 2009, 43(1): 45-66.

② BUTLER J. Gender trouble[M]. New York: Routledge, 2002: 18.

第一节　弱化女性化资本

精英女性在平台媒体上的自我呈现普遍采取弱化女性化资本的策略。其中，女性化资本得分为0分的样本占比为34.2%，也就是说，超过三分之一的精英女性完全未显露女性气质。女性化资本得分在4分以下的样本累计百分比占到八成，其分布如图3-1所示。

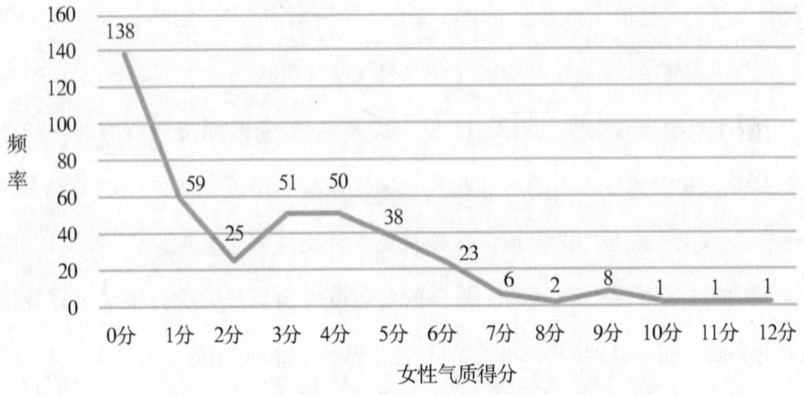

图3-1　精英女性自我呈现中女性化资本得分分布图

根据女性化资本得分情况分类来看，研究者将精英女性的女性气质强度分为：0分（无女性气质表现）、1—4分（轻度女性气质表现）、5—8分（中度女性气质表现）、9—12分（高度女性气质表现）这四个等级。其中，仅有两成（19.8%）的精英女性表现出中高度女性气质，表现出轻度女性气质的精英女性占五成左右（45.8%），更有三成（34.2%）的精英女性完全未表现出自己的女性气质。其女性气质情感分布如表3-1所示：

表 3-1 精英女性自我呈现的女性气质强度分布状况

女性气质强度	频数	有效百分比(%)
无女性气质	138	34.2
轻度女性气质	185	45.9
中度女性气质	69	17.2
高度女性气质	11	2.7
总计	403	100.0

由此可见,就算是对于已经成为世界精英的这些女性而言,她们在自我呈现时仍然会自觉或不自觉地弱化自身的女性气质,近 80%的精英女性在脸书上的性别表演中,都是轻度的或完全没有女性气质的。

对于高度表现女性气质的 11 位女性来说,她们对性别气质的展演与行业、所属文化背景等因素的影响相关。文化领域的精英女性更多地呈现女性气质,父权文化强势的国家或地区的精英女性更倾向于呈现女性气质。在内容分析的样本中,女性气质得分最高的是印度女演员及歌手朴雅卡·乔普拉(Priyanka Chopra),生于 1982 年的乔普拉曾经是 2000 年的世界小姐,也是印度出场费最高的艺人之一。出于职业、文化环境等因素,乔普拉在脸书上的形象呈现高度诉诸女性化资本。她的几乎所有配图中都佩戴有耳环、项链、手镯、戒指等饰品,浓妆红唇,身着印度特色的沙丽服装,除了双臂和半肩之外,其腰腹部和后背也经常裸露,发型为长发散发。乔普拉在脸书页面上发表的文本也经常提及私人领域的家庭关系。在发表于 2018 年 12 月 2 日的帖子中,乔普拉发布了自己与新婚丈夫的图片,并配有文字,描述了一次家庭聚会的具体细节,并向家人表达感恩。样本中的另一位来自印度的精英女性是印度最大的生物制药科技公司百康(Biocon)公司的创始人、董事长兼董事总经理基兰·马宗达-肖(Kiran Mazumdar-Shaw),1952 年出生的她四次入选福布斯精英女性影响力排行榜,被归类为经济金融领域的杰出女性代表。在图片呈现方面,马宗达-肖与乔普拉一致,都以浓妆、裸露、多样配饰为特征。但是在文字表达方面,马宗达-肖不会过度提及私人生活,其自我呈现以围绕公共生活发表文本、展现专业能力等内容为主。

图 3-2 印度百康生物制药科技公司基兰·马宗达-肖脸书主页的背景图片①

马宗达-肖的脸书主页的背景图片在专业特色和女性气质中做了权衡。图 3-2 由两部分组成,左图是以细胞病毒结构图为背景,上面的文字凸显出自己领导的生物医药科技公司在新冠肺炎疫情中的贡献;右图是个人形象展示,人物居中,发型为散发,面部为淡妆,衣着颜色以红艳暖色系为主,她还佩戴了耳环、项链等首饰来彰显女性气质。

在平台型媒体上,精英女性对女性化气质的呈现,总体而言表现为多数压制、少数呈现的分布特征,其呈现的强度又与行业背景、文化语境、年龄等多重因素相关,并且在媒介技术类别、情感类型及强度方面也有差异,性别气质的呈现需要更具体的分析。

---

① KIRAN M-S[EB/OL].(2016-11-27)[2020-06-23].https://www.facebook.com/Kiran-Shaw1/photos/a.326251257404827/1433673183329290/? type=3.

一、视觉与关系:技术助推下的女性化资本呈现

女性化资本是一种被传播技术中介的性别表演。当中介技术是平台型媒体时,人们在自我呈现中对传播技术的使用以多样“工具库”①的形式出现。技术可供性理论主张从主客体间性的视角观察跨媒体、多平台的传播技术使用,该主张破除了技术工具论将技术视为价值中立的被动对象的思路,转而强调传播技术本身也是传播活动中与传播者同等重要的行动者。在女性化资本的展演中,传播技术的可供性包括信息的形态(文字、图片和视频),还包括提及他人(@)、提出标签的话题(#)、插入超链接等功能的选择性和创造性使用。

首先,网帖的文本形态影响着精英女性的女性化资本的展演,她们通过文字、图片和视频所呈现和传达的女性气质有较大差异。从文字呈现的女性化资本来看,精英女性在文字文本中的呈现较为克制,文字文本中的女性化资本得分为4分及以上的精英女性为零,有七成的精英女性在文字文本中没有表现出女性气质特征,九成的精英女性表现出极低的女性气质。女性气质具体分布状况如表3-2所示。相比文字信息更多地诉诸理性,视觉化的信息所传递的性别气质更为明显。从图片呈现的女性气质来看,精英女性在图片中虽然也较为隐藏自己的女性气质,但相比文字而言,图片中的女性气质表现更为突出。有六成左右的精英女性隐藏了自己的女性气质表现,但也有三成左右的精英女性的女性气质得分在1分以上、6分以下。对视频呈现的女性气质进行分析发现精英女性未充分显露女性气质,有近八成的精英女性气质得分为零。

除了文字、图片和视频之外,平台型媒体还提供了提及他人、超链接、话题

① KIM S J. A repertoire approach to cross-platform media use behavior[J]. New media & society, 2016,18(3):353-372.

标签等功能。总的来说，精英女性更倾向于使用多样的媒介技术来表达女性气质较强的内容，用提及他人、参与话题、引入超链接的方式丰富文本的表达。在这三类媒介技术工具库中，有近一半（47.06%）的精英女性选择在帖子中使用超链接来增加文本的丰富性，使用"＃"加入话题讨论的比例为近三分之一（27.69%），而使用"@"提及他人的比例很低。

表 3-2　精英女性在不同文本形态下的女性气质得分

女性气质得分	自我呈现的可供媒介技术（%）		
	文本	图片	视频
0 分	72.5(293)	64.5(260)	82.7(334)
1 分	22.0(89)	3.7(15)	1.5(6)
2 分	4.0(16)	3.0(12)	2.0(8)
3 分	1.5(6)	8.4(34)	5.0(20)
4 分	0.0(0)	8.4(34)	5.7(23)
5 分	0.0(0)	5.7(23)	2.2(9)
6 分	0.0(0)	3.0(12)	0.7(3)
7 分	0.0(0)	1.0(4)	0.2(1)
8 分	0.0(0)	1.2(5)	0.0(0)
9 分	0.0(0)	0.5(2)	0.0(0)
10 分	0.0(0)	0.5(2)	0.0(0)
11 分	0.0(0)	0.0(0)	0.0(0)
12 分	0.0(0)	0.0(0)	0.0(0)
总计	404	403	404

值得注意的是，技术使用与女性气质的呈现之间并非简单的反比例关系，超链接、提及他人（@）和参与话题（＃）等技术工具被使用的特征有细微的差异。总的来说，技术的多样性使用并不完全是一种去女性化的使用，技术并非与男性气质有天然的联系，这些初始的技术设置在嵌入社会使用的过程中，表

现出不同程度的性别差异。从表3-3中可以看到:对于绝大部分未显露女性气质的精英女性来说,她们更不会选择使用参与话题讨论(#)和提及他人(@),似乎这两种技术可供的功能是更加女性化的,这仿佛与女性喜欢八卦和社交的刻板印象一致。不过,在女性化资本呈现最强的内容中,精英女性对三种类型的技术都有较为普遍的使用。超链接的使用呈现两边高、中间低的特征,精英女性发布女性气质最强、最弱的帖子时更容易使用超链接。这组数据启发我们进一步推测:技术特征在网站设立之初以增进网页活跃度、发挥线下关系的线上复制为目的,但是在平台型媒体与社会使用的磨合过程中,这些初始设置的技术功能会逐渐被使用者驯化,逐渐生发出与既有社会价值观念相协调的、从而具有了"性别表演"特征的使用方式。

表3-3 关系型的技术可供性使用与性别气质的对应关系

		无女性气质(%)	轻度女性气质(%)	中度女性气质(%)	高度女性气质(%)	总计(%)
话题符号#	未使用	76.4	75.3	62.7	45.5	72.3
	使　用	23.6	24.7	37.3	54.5	27.7
超链接	未使用	43.6	59.0	57.4	27.3	52.9
	使　用	56.4	41.0	42.6	72.7	47.1
提及他人@	未使用	87.0	85.3	89.6	63.6	86.0
	使　用	13.0	14.7	10.4	36.4	14.0

二、女性化资本与情感呈现

精英女性在脸书上的情感呈现有两极化的特征。在情感类型[①]上,精英女性的自我呈现以正面情绪为主(58.5%),中性/无情感呈现占比近三成

① 详细数据分布见第六章表6-2。

(28.3%)，精英女性尽量避免负面情感的呈现(悲伤、恐惧、愤怒、鄙视)。在情感强度上，[①]精英女性的自我呈现以轻度(91%)为主，较少涉及中度(8%)和高度(0.2%)的呈现方式。从总体上看，这种情感表达的特征和普通网民的情感表达特征比较接近。[②]

不过，女性化资本和情感呈现并没有很强的相关性。采用斯皮尔曼相关检测女性化资本和情感强度的关系方法可知，其相关系数为 0.146(sig.=.006，双尾)。至于精英女性是否采取了与“情感化”相反的理性化策略来进行自我呈现，从而增进自我的权威和领导力展演，我们无法进一步通过数据来分析，因为我们在研究设计中没有对“理性化”概念进行操作化。大致地看，我们至少可以得出判断：不能将女性化与情感化直接勾连起来。

接下来，我们将分析情感极性和情感强度对女性化资本展演的影响。

在情感极性方面，女性气质更多地表现为正面的情感，这也符合大众对女性性别角色的传统认知，即女性更多的应该是令人愉悦的正面情感提供者。那么，呈现负面情感(愤怒、悲伤等)的人都是谁、她们针对什么议题呈现负面情感？从传播的效果来看，负面情感在受众中也会激起负面情感吗？在第六章里，我们结合数据分析和案例分析发现，与抑制女性气质的情况不同，负面情感多为对公共议题的愤怒情绪，而在不抑制女性气质的条件下，负面情感多为私人领域的悲伤忧愁情绪。在脸书上的精英女性自我呈现中，负面情感极性会使女性化资本的压抑更加明显，但这一结论需要结合情感的类型进一步考察两者的相互作用。

情感强度与情感极性的分布趋势较为一致，精英女性可以通过抑制情感强度从而抑制女性化资本。即便是倾向于表现出轻度女性气质的内容，仍然

① 详细数据分布见第六章表 6-1。

② RUI J, STEFANONE M A. Strategic self-presentation online: a cross-cultural study [J]. Computers in human behavior, 2013, 29(1): 110-118.

有近一半(48.5%)的内容是以无情感的特征表现出来的,这比同时抑制情感和女性气质的内容还要高20个百分点,与情感极性的抑制效果不一样。从效果的角度可以解释为,如果将情感唤起、展现性别气质作为增进传播效果的手段,那么更多的内容选择将通过展现轻度性别气质的方式来呈现。换句话说,情感极性的抑制作用较为平缓,而情感强度对女性化气质的抑制作用更强,精英女性会更加压抑情感强度、通过呈现无情感和弱情感来降低对女性化气质的呈现。

表3-4 女性化气质、情感极性、情感强度之间的列联表分析

	情感极性(%)			情感强度(%)		
	负面情感	中性情感	正面情感	无情感	弱情感	强情感
无女性气质	61.70	32.00	22.50	31.80	16.70	0.00
轻度女性气质	31.90	55.00	47.80	48.50	40.00	50.00
中度女性气质	6.40	13.00	24.40	17.00	36.70	50.00
高度女性气质	0.00	0.00	5.30	2.80	6.70	0.00

三、女性化资本在各场域自我呈现中的特征:经济克制、政治稳妥、文化随性

由上述分析我们发现,精英女性整体上倾向于不显露女性化资本:在技术可供性方面,文本的抑制效果大于图片和视频的抑制效果;在情感表达方面,情感强度的抑制效果大于情感极性的抑制效果。那么,分属于不同行业领域的精英女性,由于其各自场域所遵循的信念和规则的不同,又会对女性化资本的展演产生怎样的影响?通常情况下,职场女性会放弃其女性化资本以谋求资本积累,如在新闻场域中,有人便会选择隐藏女性气质,以便能够加入硬性新闻报道的行列。

在常识上,从事媒体和娱乐行业的精英女性会更多地展现女性化资本,不

过数据却呈现出违背这种常识的分布特征(图 3-3):政治场域的精英女性更倾向于展现其女性化资本,而经济场域和文化场域的精英女性却未显露更多的女性化资本,分别为 41.3%和 39.6%。相比而言,政治领域的精英女性趋于温和地展现女性化资本:有 28.1%的政治精英女性虽未显露出女性气质,但也绝没有走向极端,政治领域的精英女性几乎没有女性气质在 8 分及以上的自我呈现内容。文化领域的精英女性虽然呈现女性气质的普遍水平较低,但高女性气质自我呈现的文本的数量却不少,表现出分散、自由、多元的特点。

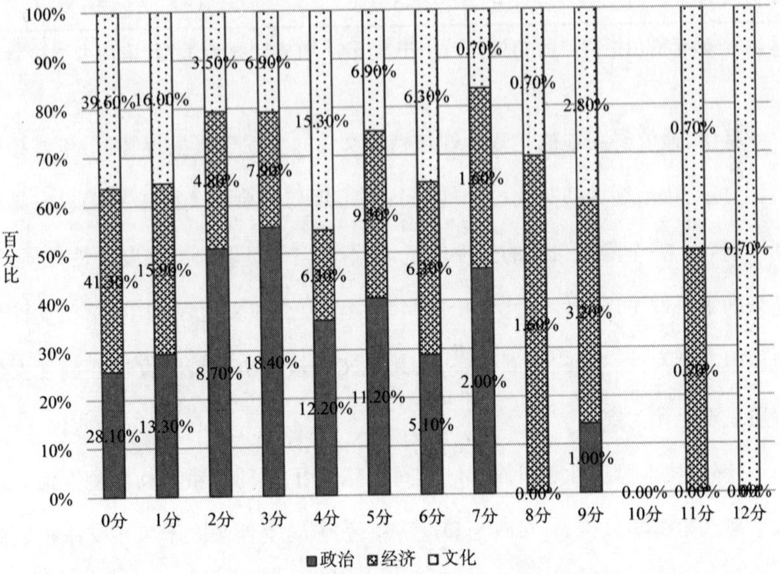

图 3-3　不同领域的精英女性的女性气质呈现比例(N=403)

将女性气质的操作化得分(Min=0, Max=12, Mean=2.36, σ=2.432)处理为四分定序变量后,将其与不同领域进行交叉数据分析如表 3-4 所示。采用卡方检验来分析,不同领域的女性气质差异具有统计学意义上的显著性。强度为轻度女性气质和无女性气质是最为主要的两种性别气质呈现类别。对不同领域的精英女性的性别气质强度进行卡方检验后可知,政治、经济、文化不同领域的精英女性在女性气质展现上具有统计学意义上的显著差异(Pearson $\chi^2=13.397, p=0.037<0.05$)。

表 3-5 不同场域下的精英女性的女性气质展现分布(n=403)

女性气质强度	领域分类(行业百分比、频数)			
	政治	经济	文化	总计(403)
无女性气质	39.9%(55)	18.8%(26)	41.3%(57)	34.2%(138)
轻度女性气质	55.7%(103)	11.9%(22)	32.4%(60)	45.9%(185)
中度女性气质	52.2%(36)	17.4%(12)	30.4%(21)	17.1%(69)
高度女性气质	18.2%(2)	27.3%(3)	54.5%(6)	2.7%(11)

注：2 个单元格(16.7%)的期望计数小于 5，最小期望计数为 1.72，采用卡方检验。

其中，最值得关注的是政治领域精英女性的女性气质呈现特征，卡方检验数据显示，政治领域精英女性的性别气质呈现与其余两类的差别明显。她们既不倾向于完全隐藏自己的女性气质，也不倾向于呈现出高强度女性气质，而是倾向于采取呈现轻度女性气质的策略。在经济和文化领域中，精英女性呈现出中高度女性气质的比例较多，尤其是文化领域中的精英女性在高度女性气质呈现上尤为突出。

此外，技术可供性和所属领域之间相互作用，共同对精英女性的女性化资本呈现产生影响。例如，在政治和经济领域，精英女性倾向于采用文本形式就公共领域的话题发表意见，女性化资本的表露程度较低；而在媒体与文化领域，精英女性采用图片和视频就私人领域话题发表意见，女性化资本更容易被呈现出来。

总的来说，不同领域的精英女性在脸书上呈现出来的女性化资本有显著差异，表现为：经济金融领域的“抑制”特征、政治领域的“稳妥”特征和文化传媒娱乐领域的“多元”特征。同时，精英女性的所属领域和技术可供性之间还会产生交互影响，图片、文本和视频类型在不同领域内对性别化资本呈现的影响程度不同。

第二节　强化竞争化资本

在上一节中，我们分析了精英女性在平台型媒体上的自我呈现表现出抑制女性化资本的特征。不过，“精英”之所以是“精英”，她们身上应体现出卓越的领导力气质。那么，在平台型媒体上的自我呈现中，她们对自身领导力和胜任力的呈现状况如何？本节，我们会采取和上一节相同的思路和结构，分析她们所呈现的“竞争化资本”(competence capital)与技术可供性、情感呈现和所属社会场域的对应关系，并将之置于与女性化资本的对比中，考察这些因素与竞争化资本的互动关系。

从整体趋势上来看，精英女性在脸书上的自我呈现所采纳的两个策略有非常显著的差异，这在图 3-4 中也得到了生动的体现：相比抑制的女性化资本(Min=0, Max=12, Mean=2.36, σ=2.432)，精英女性在脸书上对自身领导

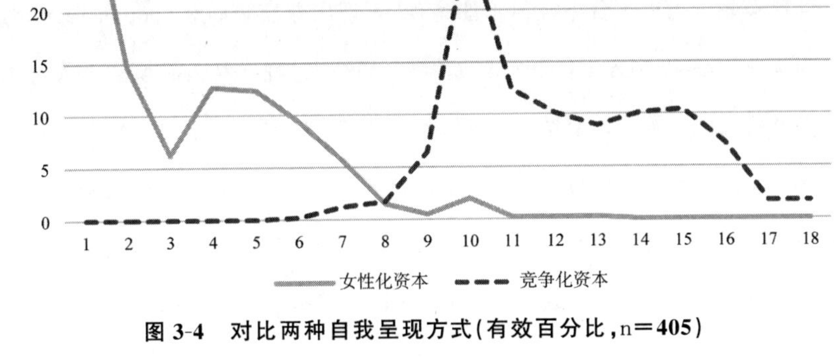

图 3-4　对比两种自我呈现方式(有效百分比，n=405)

力的呈现是另外一幅更加有活力的画面:高度显性的竞争化资本呈现(Min=5, Max=17, Mean=11.13,σ=2.516),大部分内容所体现的竞争化资本水平集中在中间略偏上的位置(竞争化资本的操作化及测量设计见第二章表)。

我们将竞争化资本呈现进一步处理为定序变量:低度竞争化资本(得分为0至5分)、中度竞争化资本(得分为6至9分)、较高竞争化资本(得分为10至13分)和高度竞争化资本(得分为14分及其以上),其分布如表3-6所示,有将近四成(41.6%)的自我呈现内容表现出较高的竞争化资本,超过三成(36.1%)的内容表现为中等程度的竞争化资本,整体水平远远高于登上福布斯全球影响力女性排行榜的女性对其性别化资本的呈现。

表3-6 精英女性自我呈现中竞争化资本的分布情况

	频率	有效百分比(%)	累积百分比(%)
低度竞争化资本	1	0.2	0.2
中度竞争化资本	146	36.1	36.4
较高竞争化资本	168	41.6	78
高度竞争化资本	89	22	100
累计	n=404	100	100

一、竞争化资本与媒介技术可供性的关系

精英领导力在平台型媒体上的呈现,表现出兼容流行化(popularization)和个人化(personalization)的名人政治特征,这一过程以私人领域的个人议题与公共领域的政治议题交融为特征。作为传统私人领域代表的女性在这个趋势中似乎能够在政治领域获得更多的声量。以声量和形象为考虑因素的竞争化资本表述可以通过各种技术可供性来完成。例如,竞争化资本的展演可以通过精英女性在文字中强调专业背景或职位来“给予”,也可以通过精英女性在图片中突出自己的中心地位(画面主要位置)或权威地位(如镜头仰拍)等方

式来“流露”。

表 3-7　媒介技术可供性使用与竞争化资本呈现的对应关系

	低度竞争化资本(%)	中度竞争化资本(%)	较高竞争化资本(%)	高度竞争化资本(%)
文本	0.3	31.7	43.2	24.7
图片	0.0	36.4	30.1	33.5
视频	1.0	17.2	71.7	10.1

由于技术可供是技术主体和使用者主体互动妥协的结果，所以我们需要同时双向地考察竞争化资本和媒介技术之间的相互关系。由表 3-7 的数据可以看出，首先，随着竞争化资本程度的增强，文本、图片和视频都呈现增长的趋势。大部分精英女性表现出程度较高（得分范围在 10 分至 13 分）的竞争化资本，这个关系在视频类的内容中表现得最为明显（71.71%），其次是文本类的内容（43.42%）。图片信息是自我呈现中最常使用的类型，使用频度较为均匀地分布在中度、较高和高度竞争化资本的呈现中。可以看出，文本、图片和视频都与竞争化资本的呈现相关，其中，视频这一媒介技术对于竞争型领导力的呈现最为有效。

超链接、话题符号（#）和在文本中提及他人（@）是更具有平台特色的三类技术，它们与各个程度的竞争化资本之间的交互分布数据如表 3-8 所示。我们可以看到，超链接的使用与竞争化资本的呈现关系不大。话题符号（#）和提及他人（@）则与竞争型资本的呈现有一定相关性。在较高的竞争化资本呈现内容中，使用话题符号的比例超过一半（57%）。在所有使用提及他人（@）技术的内容中，有刚好一半的内容对应较高的竞争化资本呈现。由此我们可初步推断，话题符号和提及他人这两种技术助推了精英女性对竞争化资本的呈现。

表 3-8　媒介技术可供性使用与竞争化资本呈现的对应关系

		低度竞争化资本(%)	中度竞争化资本(%)	较高竞争化资本(%)	高度竞争化资本(%)
话题符号#	未使用	0.0	39.7	38.9	21.3
	使　用	1.0	8.2	57.1	33.7
超链接	未使用	0.5	34.3	36.9	28.3
	使　用	0.5	29.2	42.6	27.7
提及他人@	未使用	0.0	32.2	49.2	18.6
	使　用	0.0	16.7	50.0	33.3

结合表 3-3 的数据来对照分析会发现:提及他人(@)和参与话题(#)这两种技术的采纳,既和女性化资本的抑制相关(采用低女性气质策略的人不愿意用这两种技术),又与竞争化资本的放大相关。由此可见,性别气质和竞争化资本在自我呈现中并非二选一的“或者”关系,而是可以兼容的“既/又”关系。精英女性在平台型媒体的自我呈现中,使用多样的技术对竞争化资本的呈现有正向促进作用。

二、竞争化资本与情感呈现的关系

在平台型媒体上,竞争化资本的展现一般与男性气质的呈现相关。男性气质的媒介刻板印象多为好斗的、雄心壮志的。精英女性在脸书上的情感呈现在情感类型上以正面情绪为主(58.5%),中性/无情感呈现的比重占近三成(28.3%);在强度上以轻度(91%)为主,较少涉及中度(8%)和高度(0.2%)的呈现方式。

竞争化资本的呈现水平和情感呈现水平之间基本呈现负相关(Kendall's tau_b = -0,82),但双尾检验不显著(sig.=0.071)。情感水平在竞争化资本呈现的变动中没有统计学意义上的规律。

一般来讲,精英女性在自我呈现中更多采用中性情感和正面情感,不过这两种情感多分布在中高度的竞争化资本呈现上(分别为42.6%和44.5%,见表3-9),以及轻度女性气质呈现上(分别为55%和47.8%,见表3-4),也就是说,正面的情感和领导力的建构相一致,人们都喜欢自信、正能量的精英形象。

表3-9　竞争化资本、情感极性、情感强度之间的列联表分析

	情感极性(%)			情感强度(%)		
	负面情感	中性情感	正面情感	无情感	弱情感	强情感
低度竞争化资本	0	0	0.5	0.3	0	0
中度竞争化资本	48.9	29.7	28.2	31.3	36.7	0
较高竞争化资本	42.6	42.6	44.5	42.5	56.7	50
高度竞争化资本	8.5	27.2	26.8	26.2	6.7	50

精英女性的竞争化资本呈现在情感强度方面的数据与常识并不完全一致。如果我们不看“高度竞争化资本”这一行数据,只看前三行,那么很明显,情感强度的增加与竞争化资本的增加是一致的。换句话说,平台型媒体所呼吁的“情感逻辑”的影响力十分明显,精英女性使用情感逻辑来进行领导力的塑造。竞争化资本呈现在情感强度方面的趋势,和在女性化资本呈现方面的趋势(表3-4)形成对照和替补:如果精英女性要抑制女性气质,就要回避过分的情感化表达;但与此同时,如果精英女性要提振领导力和竞争力的呈现,那么情感化表达不失为一种符合平台媒体生态的策略。

总结来看,除了高度竞争化资本呈现之外,在低度、中度和较高程度的竞争化资本呈现中,情感的强度和情感极性都对竞争化资本呈现有正向的提振作用,而且情感强度的作用大于情感极性的作用。从实际应用的角度来看,精英女性在平台型媒体上的自我呈现不必一味地回避情感,不必拘泥于传统的“美好的女性”和“理性的精英”的刻板印象,相反,精英女性可以适度呈现负面情感,增加情感的强度,这两个要素都有助于提振个人的领导力形象和竞争力。

三、竞争化资本在各场域精英女性自我呈现中的特征

由上述分析我们发现,精英女性在脸书上的自我呈现有弱化女性化资本、强化竞争化资本的特征。在技术可供性方面,视频和文字有助于精英女性自身竞争化资本的呈现,情感表达在强度和极性两方面的释放对领导力的呈现有提振作用,且情感强度的影响大于极性的影响。分属于政治领域、经济金融领域和文化娱乐领域的精英女性在竞争化资本呈现方面存在差异,总体而言,其竞争化资本呈现出政治领域强调、文化领域和经济领域协同波动的特征(图3-5)。

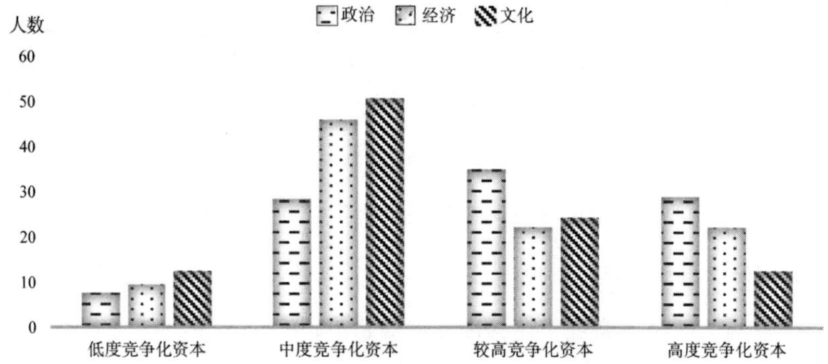

图 3-5 各领域精英女性竞争化资本的呈现

最明显的特征是,政治领域的精英女性非常重视自身竞争化资本的体现。在“低度-中度-较高-高度”的四级分类中,政治领域精英女性的竞争化资本的呈现处于中等水平以上的内容占该领域比例的近三分之二(63.9%,见表3-9),她们通过对专业能力、个人权威的塑造,积极地在脸书上展现政治领导力。例如,在智利女性总统米歇尔·巴舍莱(Michelle Bachelet)的自我呈现中,她通过联合国国旗、医院和科研机构等背景信息,以及自身的冷色系裤装、短发、位于图片正中等视觉语言,高效地传达出自身的竞争化资本,在稳妥处理性别

气质的同时，较高调地突出表现了自身的领导力气质。米利特(Millett,1977)将政治定义为“权力结构的关系，而借由这种安排致使某个群体被另一个群体控制。”[①]个人的即政治的(personal is political)，政治不仅关心男性和女性在个人层面的权力关系，也关心父权意识形态对女性生活的强大控制。人们往往忽略了公共领域中男性对女性的权力控制，对在私人领域中男性对女性的支配就更是见怪不怪了。不过，男性对女性的政治抑制在平台型媒体上很明显地受到挑战，精英女性的自我呈现跳脱了大众媒体关心女性领导人性别特质的刻板化认知方式，精英女性在平台型媒体上“高调”地突出自身的领导力水平和竞争力水平。

文化和经济领域的精英女性显然不如政治领域的女性那么积极地展现自身竞争化资本，尽管在实际中这两个领域的竞争程度绝不会比政治领域逊色。比较来看，经济金融行业的精英女性是三个领域中最不看重竞争化资本的，文化比经济领域的得分略高一些，不过这两个领域的精英女性的竞争化资本呈现都集中在中度水平上(50.7%和46.0%)。出人意料的是，经济领域的精英女性最不看重对竞争化资本的呈现，超过一半的女性经济精英在竞争化资本得分低于中位数。例如，生于1960年的贝思·科姆斯托克(Beth Comstock)是通用电气公司的副总裁，负责品牌传播等公司事务。与她早年间的电视媒体从业经历相关，她发表的内容主要和公司商业模式创新、品牌运营相关，以分享新鲜业界内容为主，她灵活运用各种平台技术的手段，一条帖子内容中一般包括文字、视频、图片和超链接中的至少三种形态，她还经常分享自己亲自出面主持或访谈的视频片段，内容涉及新书发布、时尚设计、白宫见面等新鲜趣事，她的自我呈现既符合社交媒体的文化调性，又能够轻巧地“流露”(而不是主动“给予”)出自身的精英地位。再例如，国际货币基金组织总干事克里斯

① MILLETT K. Sexual politics[M]. Champaign: Illinois University Press, 2000: 235.

汀·拉加德(Christine Lagarde)在2018年的一条文本中写道:

> 在雅加达的海鲜市场,我感到鼓舞,可以看出该国政府去年地球日出台的清洁项目极大地改善了鱼类的生存环境。①

这种类型的内容多以自身感受和带有主观色彩的评价为主,但同时提供一个硬性的消息,即印度尼西亚首都雅加达出台的清洁项目取得效果,拉加德通过确证和表扬他者的方式,在字里行间确认和"给予"身份和地位。再加上其服饰、照片等信息,这则帖子的竞争化资本得分为13分,属于较高的竞争化资本呈现。"信息+给予"的自我呈现方式是精英女性较为常用的确认自身领导力的文本格式。

文化、媒体和娱乐领域的竞争化资本呈现的分布状态与经济领域的较为一致:主要分布在中度水平(50.7%),低度和高度水平加起来也占了总体的四分之一(25%)。

将该数据与第一节中分析的女性化资本数据分布做比较可以看到,政治领域的精英女性在自我呈现的方式上,与另外两个领域的精英女性的呈现策略有显著的差异:政治精英在女性化资本和竞争化资本的表现方面,水平都高于另外两个领域的女性,她们同时展示出温和的性别气质和高调的领导力。在技术可供性方面,她们更倾向于采用视频和文字,但是在使用关系型的技术[如提及他人(@)和参与话题(#)]上,她们却面临略有矛盾的选择,因为这两类方式更多地被视为抑制女性化气质、提振领导力气质的使用方式。

---

① CHRISTINE LAGARD[EB/OL].(2018-02-28)[2019-04-28].https://m.facebook.com/story.php? story_fbid=10155511582573892&id=38722478891&__tn__=%2As%2As-R.英文原文是:At the Cilincing fish market in Jakarta, I was encouraged to hear livelihoods have significantly improved following the clean-up program the government started last year for Earth Day.

表 3-10　不同领域精英女性的竞争化资本呈现分布(N＝404)

	各领域分类(%)		
	政治	经济	文化
低度竞争化资本	7.6	9.5	12.5
中度竞争化资本	28.4	46.0	50.7
较高竞争化资本	35.0	22.2	24.3
高度竞争化资本	28.9	22.2	12.5
总计(频次)	197	63	144

对比不同领域的精英女性在脸书上的自我呈现可以发现，她们采纳的女性化资本和竞争化资本这两条路径之间并不是互斥的或替代的关系。经济领域的精英女性在女性化资本方面最为抑制，在竞争化资本方面呈现水平也相对较低；文化领域的精英女性在女性化资本方面比较随性，包罗了性感裸露与冷静理性等各种风格，在竞争化资本方面也不是特别在意去强调；政治领域的精英女性在两条路径上的水平都更高，她们既不压抑女性化资本又注重强调竞争化资本，显然，这一领域的女性精英在被平台型媒体中介化后的信息生态中，表现出更强的沟通意识和更为成熟的沟通技巧。总体而言，新兴传播技术对女性化资本和竞争化资本呈现的影响，难以用简单的"或者/还是"的对应关系来描述，技术可供性本身有差异，各行业的精英女性对自身性别气质和领导力气质的呈现也具有高度的流动性。因此，我们应该采用"既/又"的框架来看待其中的流动性和多样性。既要看到总体上对女性化资本的抑制，又要看到超链接技术、视频、话题提及等新兴的技术可供性和在情感强度相互作用之下，能够提振对竞争化资本的呈现。更重要的是，"或者/还是"是一个封闭式的结构，对可能性给出了确定的选项；而"既/又"是一个开放式结构，这个框架既展示出复杂性，也提出了新的问题：在女性化资本和竞争化资本之外，还有没有其他类型的自我呈现策略？

第三节 第三性别议题策略

除女性化资本和竞争化资本外,网帖文本提示了一些在编码数据之外的信息:精英女性普遍关注性别平等问题和儿童问题等独立于“二元性别结构”的社会问题。而且,这种“第三性别议题”的内容往往使精英女性既能够结合其自身的专业背景并在此基础上有所延展,又能够实现突破专业限制而进入公共议题讨论。因此在第三节,我们将采取比较案例分析的方法,在性别议题、性别难题和第三性别这三个理论概念的框定之下,对数据和样本资料进行扩展,分析不同领域的 9 位精英女性在自我呈现中对第三性别议题的处理方式。本节中的案例分析是对前两节数据资料在时间和空间方面的扩展:时间方面,我们不再局限于 2015 至 2018 年,还追溯到更早或着眼更新近的内容;在空间方面,我们不仅分析脸书的自我呈现内容,还分析这 9 位精英女性在推特网、照片墙网站等其他平台型媒体,以及她们接受各类传统大众媒体采访时对第三性别议题的应对。总的来说,她们都采纳第三性别议题作为自我呈现的策略,但在具体操作上的侧重点略有不同。在自我形象整饰方面,无论是主动出击还是无意而为之,第三性别议题的内容在连接力(转发和分享)及黏合力(点赞和评论)方面都表现不俗,粉丝对第三议题相关内容中的极端情绪也表现出更高的包容度。

一、女性议题究竟是“性别难题”还是“性别议题”

本章将涉及三个概念:性别议题、第三性别议题和性别难题。性别议题(gender issues)源于日常生活,主要诉求是性别平等,涉及对女性同工同酬、免受家庭暴力、平等的受教育和参政议政等社会权利的呼吁,性别议题是包括联合国在内的各种组织倡导性别平等时最常使用的概念。性别难题(gender trouble)是朱迪丝·巴特勒提出的概念,她借用福柯的符号及权力批判的视角,发展出这个概念来从话语和权力层面思考“生理性别”和“社会性别”的二分架构。第三性别议题(third gender issues)是对前两个概念的综合,希望突破“男/女”二元性别结构,除了前述性别议题所包括的内容之外,还涉及对儿童和青少年问题的关注,并对现有的“生理性别”和“社会性别”区分做出一定的批判。

朱迪丝·巴特勒(Judith Butler)用“性别难题”的概念挑战了“生理性别”和“社会性别”的二分架构,她认为,“(社会性别)不应该看作是文化在一个先在生理性别上所铭刻的意义”,生产社会性别的话语机制,也必定“指向使生理性别本身能够建立的那种生产机制”,因此,社会性别与生理性别的关系并不像文化之于自然那样,通过话语机制,生理性别被“自然化”,“‘生理性别’的自然化得以生产,并被建构为‘前话语的’‘先于文化的’,成为一个政治中立的表象”[①]。所以真正有价值的问题是,我们应该重新设想身体,使其不再是一个被动的媒介或工具,“身体的样态,如何被明确地标志为铭刻社会性别意义的一个理所当然的表面,仅仅是一种事实性的存在”[②]。

巴特勒深受福柯对生理性别研究的启发,并且在福柯的系谱学研究的基础上提出了性别的“展演性”(performativity)。巴特勒将福柯在《性史》第一卷中对性别的观点总结为三个方面:第一,性别的建构,是为了服务社会对性欲的管理和控制;第二,性别的建构,掩盖了各种不同的、不相关的性功能,而将它们以人为的方式一致化;第三,性别的建构在话语中以“原因”的姿态呈现,被视为一种内在的本质,而得以将各种感官、快感、欲望,理解为特定性别所独有,其最终结果是身体得以用一种特定因果关系来理解,得以用“性别”来诠释

---

① BUTLER J. Gender trouble: feminism and the subversion of identity[M]. Abingdon: Routledge Press, 2011:11.

② BUTLER J. Gender trouble: feminism and the subversion of identity[M]. Abingdon: Routledge Press, 2011:10.

各种纷繁异质的性别实践。①

在这个总结的基础上,巴特勒提出了性别的“展演性”特征,来说明性别是在一系列仪式性与重复性的展演中被型构出来的“效应”(effect),而且在特定的规范体系中被“因果颠倒”,成了某种内在的本质。性别展演是如何发生的?巴特勒总结了两个方面:首先,性别的展演性以“转喻”(metalepsis)方式展开,人们对某种性别化本质的期待创造了它所假定的、外化于它的事物。其次,性别展演不是一个单一的行为,而是一种重复的仪式,通过福柯所言“身体自然化”这个脉络,性别展演在相当程度上转化成了文化上的时间性持续(temporal duration)。简单地说,性别不是原因而是结果,是受到各种性别本体论模式构建的一种“效应”,这些性别本体论背后是不同的政治脉络,表达了对身体的特定的规范性陈述,从而定义了所谓“真实”的性别架构。②

第三性别议题和性别难题一样携带着对性别结构和性别不平等的批判。不过,第三性别议题的范围更广,在对话语和历史的批判性方面抽象程度更低,以解决日常生活中的性别不平等问题为主要导向。联合国列出了当今全球“17 项可持续发展目标”,其中性别平等排在第 5 位,在其之前的是贫困、饥饿、健康、教育这 4 项基本人权。③ 性别平等作为当今全球面临的重要问题,在全球范围内主要涉及同工不同酬、就业机会和教育机会的不平等分配、无偿的家庭劳动、亲密关系暴力、女性外阴阉割、健康医疗无保障、参政议政比例低

① BUTLER J. Gender trouble: feminism and the subversion of identity[M]. Abingdon: Routledge Press, 2011: 120。

② BUTLER J. Gender trouble: feminism and the subversion of identity[M]. Abingdon: Routledge Press, 2011: 43.

③ United Nation. 17 Goals to Transform Our World[EB/OL]. [2020-06-16]. https://www.un.org/sustainabledevelopment/.

等议题。①

在此框架下,联合国儿童基金会提倡,各国可以通过"确认行动"(affirmation action)和"性别主流化" (gender mainstreaming)策略来促进性别平等,特别是同时关注性别和年龄等共同因素的作用。例如,在提倡女童和男童共同学习计算机编程技术方面,仅仅给女性儿童提供计算机设备和场地是不够的;首先需要采取"确认行动",承认并强调在长期的历史社会文化原因积淀中性别不平等的存在及这些不平等与偏见可能对女童学习计算机编程带来的潜在障碍;其次要采取"性别主流化",使女童和男童有同等的学习、使用、可接近的权利。②可见,第三性别议题是涉及各行各业的一个根本性社会问题,需要各行业的领袖和精英共同关注,推动其进步。

二、案例分析:九位精英女性就第三性别议题的社交媒体呈现

各个领域的规则和文化各不相同,不同领域的精英女性在第三性别议题的呈现方式上也各有千秋。在政治领域,推动更加和谐公平的公共生活是从政者的默认使命之一,女性政治精英对第三性别议题的强调被纳入日常工作中,成为自我呈现的一个方面,能够获得更多的公众认同。虽然在其专业之外,经济领域和娱乐文化领域的精英女性也普遍将第三性别议题纳入自我呈现。其中,经济领域精英女性更多地采纳"专业话题+第三性别议题"的呈现

① 根据联合国世界妇女地位统计数据显示,全球范围内 23% 妇女报酬低于男性,有 50 个国家不允许女性拥有本国国籍,全球范围内 75,000 万人文盲中三分之二是女性,女性每天花在家务和照料上的时间是男性的 3 倍,30 个国家盛行对 15 至 19 岁女性的外阴阉割,三分之一的女性在亲密关系中忍受暴力,15 至 49 岁生育年龄范围内的女性有 1/10 没有健康医疗保障,在政治决策机构(例如国会或人民代表大会)中有一席之位的女性比例不足 24%。[EB/OL].(2019-12)[2020-06-16].https://www.unwomen.org/en/digital-library/multimedia/2019/12/infographic-human-rights.

② 联合国儿童基金会.促进性别平等:聚焦公平的编程之路.(Promoting Gender Equality: An Equity-Focused Approach to Programming)[EB/OL].(2019-05-22)[2020-06-16].https://www.unicef.org/gender/files/Overarching_2Pager_Web.pdf.

方式,而文化娱乐领域精英女性的呈现方式则更为随意和多样。

(一)经济领域的第三性别议题策略

印度尼西亚的经济学家和财政部部长慕燕妮(Sri Mylyani Indrawati)致力于推动提高女性从政的比例,她不仅在线下积极参加各种促进该国女性平等的活动,还在自己的主页上进行呼吁。例如,2018 年 10 月,慕燕妮在脸书上记录了自己前一天在国际货币基金组织 IMF-WBG 巴厘岛年会系列会议上的演讲(图 3-6),她倡导大幅提升女性使用金融工具的机会。她认为,应当提升和改善女性获得金融工具——包括企业家培训、金融扫盲计划等在内——的机会,增加本国的商业信贷拨款以对性别平等和数字技术提供政策层面的支持。[①] 这一则信息得到 78 次分享,而且 40 条评论内容均为赞誉与支持。另一例是在 2019 年 1 月印度尼西亚雅加达举行的"性别主流化"倡导会议中,慕燕妮提倡在该国财政部中提升女性官员的比例,呼吁政府出台改造工作环境以适应女性需要的政策,例如增设哺乳室。[②] 在福布斯精英女性排行榜上,慕燕妮分别位于第 31 名(2015 年)、第 37 名(2016 年)和第 78 名(2018 年),她从自身专业角度倡导本国性别平等,这一举动也增进了其在社交媒体上的传播力。

同样是宏观经济与财政领域的领袖,世界货币基金组织总干事克里斯汀·拉加德(Christine Lagarde)也采用专业话题与性别议题相配合的方式进行传播,不过,"第三性别议题"的范围更广。在她的界定中,"第三性别议题"不仅包括"男性/女性"二元框架下的性别平等倡导,超越二元性别框架的相关议题也被拉加德纳入呈现素材,其中之一就是她非常关注的儿童和青少年发

---

① 印度尼西亚财政部部长穆燕妮脸书内容[EB/OL].(2018-10-13)[2019-08-19].https://www.facetime.com/search/top/? q = Sri% 20Mulyani% 20Indrawati% 20gender% 20issue&epa=SEARCH_BOX.

② 印度尼西亚财政部部长穆燕妮脸书内容[EB/OL].(2019-09-22)[2020-01-15].https://www.脸书.com/search/top/? q = Sri% 20Mulyani% 20Indrawati% 20gender% 20issue&epa=SEARCH_BOX.

图 3-6　(左图)印度尼西亚的经济学家和财政部长慕燕妮
(右图)国际货币紧急组织拉加德演说视频截图

展的问题。拉加德定期参加大量与青少年发展相关的活动,比如 2020 年 5 月 27 日,拉加德在参加"欧洲青年"(European Youth Event)活动的问答环节时,被问及"青年人如何为未来做好准备",她的问答被制作成了一则 48 秒的视频,讲话内容是:①

---

① 国际货币基金组织总干事拉加德的脸书内容,本书作者根据视频中的讲话整理,讲话的英文原文是:My advice to you would be: Prepare yourself for change. Because while decades ago you would join a particular firm and stay for a long period of your life. Or you would embrace a particular profession and you would do that for the rest of your life. I think today—vastly different situation. And I think we have to get used to the idea that we will change over the course of the time, we will train over the course of the time, we will acquire new skill sets, new tools. And that's , in a way, it's the beauty of this course of changes that we are seeing. We will transform ourselves and we have to just get ready for that[EB/OL].(2020-05-27)[2020-06-19].https://www.facetime.com/search/top/? q=Christine%20Lagarde%20youth%20development&epa=SEARCH_BOX.

> 我的建议是:让自己为改变做好准备。在几十年前,人们在一个公司可以做很长的时间,或者在一个行业就能做一辈子。但是今天情况大有不同。我们必须尽早地意识到,随着时间推移,我们都需要改变自己,因为我们需要适应世界的变化。我们需要学习新的知识、新的技能。从某种层面上来说,这是我们正在见证世界变化最为美妙的方面。我们要改变自己,我们要为改变做好准备。

在这则信息中,拉加德就如何面对世界变化为青年提出建议。其讲话虽然没有过分强调专业知识,但是已经将经济发展相关内容(职业变化、公司雇佣)融入其中作为背景,以此为基础向青年提出要"学习新知识、掌握新技能、拥抱变化并欣赏变化的美妙"的号召。其话语风格理性冷静,但所讲内容饱含对变化的热情。又由于"变化"这一主题是抽象的、宽泛的,拉加德讲话的内容可以供读者做出自身的解读。这条帖子的传播力非常广,得到了536条评论和1,092次分享,相比她其他帖子的分享数量基本在100次左右,该帖的内容在传播力指标上表现更佳。

在场合适配的情况下,拉加德也经常就世界范围内的性别平等问题发声,例如,2018年1月,她在摩洛哥召开的"机会给所有人"(Opportunity for All)的专业论坛中特别强调阿拉伯国家的性别平等议题,并且将发言的核心观点记录在自己当天的脸书帖子中:①

---

① 国际货币基金组织总干事拉加德的脸书内容,文中内容为作者翻译,其原文是:L'autonomisation des femmes dans le monde arabe peut être très bénéfique. Chaque pays doit trouver ses propres solutions pour libérer ce potentiel[EB/OL].(2018-01-31)[2019-01-12]. https://www.facebook.com/search/top/?q=Christine%20Lagarde%20gender%20issue&epa=SEARCH_BOX.

赋予阿拉伯世界妇女权力可能是非常有益的。每个国家都必须找到自己的解决方案来释放这种潜力。

同样地,拉加德采取了将专业背景(每个国家的经济发展战略)和第三性别议题(阿拉伯国家的妇女赋权)相结合的方式,就公共议题发声。青少年和老年人群体在被媒体提及时,往往是去性别的,因此我们认为,对青少年和老年人群体的议题的关注也是一种超越既有的"男性/女性"二元性别的话题策略,即本节提出的"第三性别议题"策略。

拉加德在2015年至2018年的福布斯排行榜上都排在前十名,和她一样常年保持前十排位的经济领域从业者只有盖茨基金会的梅琳达·盖茨(Melinda Gates)和通用汽车(General Motors)总裁玛丽·巴拉(Mary Barra),二人也将社交媒体作为展现专业素养和倡导性别议题的空间。作为美国汽车制造业有史以来唯一的一位女性总裁,玛丽·巴拉在社交媒体上的能见度相对较低,在2016年这项研究开始时,她还在运作自己的脸书主页①,但到2020年本书截稿再次复查时,我们发现她已经删除了自己的主页,只剩下关于她的个人传记《权力之路:通用汽车的玛丽·巴拉如何打破天花板》(*Road to Power: How GM's Mary Barra Shattered the Glass Ceiling*)的介绍。她的话题主页是网友了解和讨论她的聚集地,而这个主页标题及其下属的所有内容全部都与性别话题相关,人们在这里聚集讨论工作中的女性面临的职业天花板问题,汇总与这个话题相关的媒体报道数据。但因为缺少维持和经营,玛丽·巴拉的个人主页和著作话题主页的影响力日渐衰微。

被福布斯排行榜归类到经济领域的梅琳达·盖茨(Melinda Gates)在脸书上的表现十分活跃,她和前夫比尔·盖茨领导的基金会从全球发展的角度开

① 通用汽车第一位女性总裁玛丽·巴拉的个人主页[EB/OL].(2015-10-11)[2016-04-08].http://www.facebook.com/mtbarra.

展公益活动,其身份和事业与性别议题的倡导有天然的适配性。2015 年 4 月,梅琳达在与联合国官员会见时主要就全球范围内的性别平等问题发表演讲(图 3-7)[①];2016 年 10 月,她在接受《华尔街日报》访谈时特别提到了全球范围内有超过 10 亿的女性不能使用手机的现状。

图 3-7 梅琳达·盖茨与联合国官员交谈并就全球性别平等议题发表演说

在日常工作、媒体采访和个人呈现中,梅琳达·盖茨经常就性别平等话题和儿童青少年发展话题发声。她往往结合自身作为慈善基金会主理者的身份背景,发言内容既有全球数据的支持,又有个人观点和工作计划的分享,她将性别议题自然地融入自我呈现中,并且这些议题还得到路透社、华尔街日报社等国际主流媒体的报道和转载。此外,她对儿童和青少年发展的议题也颇有热情,每年都会关注基于平台型媒体传播的"拯救美国儿童"(Save the Children U.S.)和"不让小孩挨饿"(No Kid Hungry)等社会运动。这些公益运动往往还使用"#"发起线上动员,例如"#用故事拯救孩子"(#SaveWithSto-

① 盖茨基金会梅琳达·盖茨就全球性别平等议题发表演说,该演说还得到了华尔街日报、路透社等全球影响力媒体的报道和转载[EB/OL].[2020-06-07]. https://www.facetime.com/search/top/? q=melinda%20gates%20gender%20issue&epa=SEARCH_BOX.

ries)等活动，梅琳达是这些活动的积极参与者和支持者，还是热情的脸书记录者。[①] 可以认为，在脸书上的个人呈现中，梅琳达·盖茨通过“专业背景＋第三性别议题”的有机整合，打通了平台型媒体与传统主流媒体之间的连接互动。

尼日利亚的佛罗伦索·阿拉基嘉(Folorunsho Alakija)在脸书首页上的自我简介中，把妻子、母亲、祖母等身份排在最前面，而把自己作为商人的身份放在最后。但实际上，她能够进入福布斯精英女性排行榜的最主要理由：她是尼日利亚最富有的女性，其产业领域涉及时装、石油、房产和出版。阿拉基嘉运用平台型媒体进行传播的意识可谓与时俱进。她从 2013 年 6 月创建了自己的脸书主页，采用英语(尼日利亚的官方语言也是英语)进行传播，截至 2020 年 6 月，已有 10 万余粉丝。从 2019 年开始，她开始大范围采用视频内容来进行自我呈现，在热点议题和重大活动中她还会组织直播。高活跃度的平台媒体运营为她积累了一定量的忠实粉丝，就算是她进行宗教信仰传播或者仅仅是简单问一句早安的内容，都能有数百条的分享和评论。阿拉基嘉经常有策略地结合自己的专业背景和女性议题进行自我呈现。例如，2018 年 11 月，她赴新加坡参加“彭博新经济论坛”(Bloomberg New Economy Forum)时，特别提及自己要参加“增进全球性别平等的方案小组”，并且在配图中加上文字说明：

> 世界经济的发展潜力还有 50%未得以发挥，因为女性未能全面地纳入领导角色。让我们一起加速这改变。

---

① 梅琳达·盖茨记录自己参与“#用故事救救孩子”活动的视频[EB/OL].(2016-03-10)[2020-06-09]. https://www.facebook.com/search/top/?q=melinda%20gates%20children&epa=SEARCH_BOX.

图 3-8 尼日利亚的佛罗伦索·阿拉基嘉就女性议题发表观点的脸书内容
(Folorunsho Alakija, 2018)①

阿拉基嘉采用"专业领域+性别议题"的发言模式,在平台型媒体上取得了较好的传播效果。一方面,她的发言以新近事件(新经济论坛)和专业领域(全球的经济发展)为基础,不会给已有的人物角色及个性带来冲突或违和感;另一方面,性别议题的某一个方面——鼓励商业领域涌现更多女性领袖——

① 阿拉基嘉脸书页[EB/OL].(2016-03-10)[2018-12-13]. https://www.facetime.com/search/top/? q=Folorunso%20Alakija%20gender%20issue&epa=SEARCH_BOX.

又是能够突破领域隔阂的普遍社会议题。在性别议题之下,精英女性的情绪表达和性别气质呈现都更能够得到包容甚至是认同。

(二) 政治领域的第三性别议题策略

政治领域的公众人物呈现具有严肃性,总统、总理等政治形象不仅关乎个人形象,还是议会、执政党和/或政府整体形象的体现,这种整体形象的要求会减少公众人物个性的表达,或者说公众人物至少要在两者之间必须寻找平衡点。不过,对比德国总理默克尔和智利总理巴舍莱可以初步发现,平台型媒体上的政治氛围不一定要通过冷静和疏离来保持严肃,当涉及第三性别议题时,公众对极端情绪的容忍度相对较高,适度的极端情绪能够提高性别相关议题的讨论度和能见度。

在政治领域的精英女性中,自 2005 年起任德国总理的安杰拉·默克尔(Angela Merkel)是光彩夺目的,在很多主流媒体报道中,她甚至被视为欧盟的实际掌控者,素有德国"铁娘子"之称。在 2015—2017 年福布斯全球影响力女性排行榜上,默克尔连续三年居于第一位。默克尔没有开通脸书账号,仅于 2014 年 6 月开通了推特账号。在 2016 年本书开始写作时,其推特账号有 3.74 万粉丝,而至 2020 年 6 月本书截稿时,其粉丝数量也不过增长至 6.2 万人。相比英国特蕾莎·梅的 56 万粉丝和法国的男性总统马克龙的 300 万粉丝,默克尔的粉丝很少,部分原因是她对平台型媒体上的自我呈现不是特别关注,其页面上现存的推文数量仅有 17 条,最高被赞数为 1,200 条。默克尔的推文大多是转发,自己发布的推文都是纯图片/视频,加以简单的文字,如"德意志(国旗表情)"。默克尔的文本信息多以德语而不是英语发布,和经常与她展开互动的欧盟职员多丽斯·帕克(Doris Pack)之间的交流也并非英语,语言的隔阂是其在平台型媒体上获取更多影响力的一个门槛。

从整体的传播渠道来看,默克尔的个人呈现与专业媒体的合作较多,以个人给予信息为主,其传播渠道包括主流媒体报道、个人网站、推特、脸书小组等。巧合的是,默克尔个人网站的整体内容架构与本书第三章的数据结果高度契合(图 3-9)。默克尔网页以左右两栏的形式整合,左栏"她的生命"(Ihr Leben)展示了其成长经历、幼年照片等;右栏"她的政策"(Ihre Politik)对其政治理念和国家经济政策择重点进行了呈现。在女性化资本呈现上,默克尔的整体风格比较保守;在青少年发展相关的议题上,默克尔的表现则更加活跃,她经常转发其他欧盟国家或地区就青年发展议题开展活动的推文。①

图 3-9 德国总统默克尔的个人主页:左栏呈现个人气质,右栏呈现领导力

(三) 娱乐与媒体领域的第三性别议题策略:平台媒体辅助杂糅媒体布局

相较于政治与经济领域,娱乐与媒体领域精英女性的媒体接近程度最高,因为其公众形象直接与事业发展及经济利益相关,所以她们更擅长针对不同的媒介特性采取不同的传播策略。

福布斯排行榜将演艺、媒体、体育领域均归类于文化领域,在这个领域中我们选择了三位来自美国文化领域的精英女性作为分析对象,分别是歌手Lady GAGA、网球运动员大威廉姆斯、脱口秀节目主持人奥普拉。我们从她们脸书的使用扩展到各级各类媒体的报道,去分析她们在女性化资本、竞争化资本和女性议题这三种自我呈现策略上的表现。这三位女性在前两种策略上

① 巴尔干地区青年发展活动的讨论[EB/OL].(2014-08-30)[2016-06-19].https://twitter.com/pack_doris/status/505666945287729153.

都符合本章前两节所发现的规律——在竞争化资本上水平相对较低，而在女性化资本方面则差异较大；而在第三性别议题上，尽管娱乐及媒体领域的精英女性也都关心性别平等的问题，但她们都没有将脸书作为主阵地来表达对这一议题的关注，而是采取更加多样化的方式参与到第三性别议题的讨论和表达中来。具体来说，Lady GAGA 对平台型媒体的使用更加多样，大威廉姆斯对女性议题的关注度不如种族议题，而奥普拉通过平台媒体之外的其他渠道来倡导女性议题。

Lady GAGA 是美国歌手、作曲家，她运用媒介进行自我呈现的意识比较超前，在平台型媒体上采纳多种技术手段来倡导第三性别议题，并且在个人呈现的效果上突破了个人专业领域，表现出公众人物色彩。早在 2012 年，Lady GAGA 就与粉丝一同创办了粉丝社交网站 Little moster.com[①]。她个性鲜明，舞台装扮奇异前卫，本身具有较强的中性气质，她不仅在音乐出版领域颇具影响力和市场潜力，还非常关心性别平等问题，积极在社交媒体上展现自己的多元个性，展现自己复杂的性别认同理念，她呼吁性别平等，公开支持 LGBT 群体（性少数群体），在这些平台上获得了大量拥趸。截至 2018 年 7 月 5 日，Lady GAGA 在推特上的粉丝数超过 7,800 万，脸书粉丝数达到 5,569 万。2018 年 6 月 24 日，Lady GAGA 发布了一条自己在街头鼓舞大家追求平等、保护同性恋群体的视频（图 3-10），播放量达到 88 万，转发量达到 1.5 万。[②]

这种路径被很多娱乐界女性采纳，比如歌手泰勒·斯威夫特（Taylor

---

① Little monster 是 Lady GAGA 粉丝的称呼，因为 Lady GAGA 在一次演唱会上演唱歌曲 *Bad Romance*，歌曲中的一个舞蹈有一个怪兽手势，粉丝们在台下从头到尾跟着做这个手势，所以 Lady GAGA 就对台下的粉丝说“你们这些小怪兽”。

② 她还成立了 Born This Way 基金会，呼吁大家关注情绪健康，这一呼吁和第三性别议题一样打破了专业性、涉足公共议题的自我呈现方式。Lady GAGA 接受时尚杂志访问时，自曝自己于 2013 年年底曾患抑郁症。她忆述称当时自己情绪非常低落，只感到愤怒、怀疑、伤感，“几乎感觉不到自己的心跳……就像即将死亡”。幸好她终于克服困难，她称相信自己、音乐、歌迷和家人，令她走出了人生谷底。

Swift)也采用第三性别议题呈现自己的公众人物形象。泰勒在 2019 年的福布斯影响力女性排行榜上居于第 71 位,上榜理由除了热卖单曲之外,还因为她发行的单曲《你应该冷静下来》(*You Need To Calm Down*)(图 3-10)表达了对当年美国国会和上议院通过的平权方案支持。[①] 当年 5 月这一法案的修订备受瞩目,其中最大的一个变化就是修订者在在 1964《民权法》(美国法典第 42 卷 2000d)第 301 条、第 601 条"或国籍"之前插入了"性别(包括性取向和性别认同)"的字样[②],从而在法律层面保护了女性在公共教育、就业等诸多方面的公平权力。

图 3-10 文化领域名人就第三性别议题发表的内容

左图:美国歌手 Lady GAGA 在脸书发布第三性别议题相关视频

右图:美国歌手泰勒·斯威夫特为支持平权法案修改发布的单曲封面

相比演艺和娱乐界的精英女性较为积极主动地参与公共议题,体育界的女性在自我呈现方面有更强的专业性,性别议题在她们的自我呈现中被相对

---

① 福布斯排行榜 2019 年榜单第 71 位的泰勒·斯威夫特上榜介绍[EB/OL].(2020-04-03)[2020-05-08]. https://www.forbes.com/profile/taylor-swift/? list = power-women # 12bcdf3518e2.

② 美国国会政府网 2019 年方法案修改公示[EB/OL].(2019-03-13)[2020-05-08].https://www.congress.gov/bill/116th-congress/house-bill/5/text.

弱化,但是在大众媒体上这却是无法回避的永恒话题。比如,大威廉姆斯不仅是网球界的传奇人物,更是女性、运动员、非裔等因素杂糅在一起后的媒体宠儿。[①] 大众媒体热衷于宣称她打破了竞技体育中传统专业教练训练模式的神话,光靠父母的培训和自身的资质就能取得惊人成绩。而她本人却很少在社交媒体上回应自己激起的关于性别、族裔等的讨论,她在平台型媒体上的自我呈现以自己的生活及社交关系(如图 3-11)、代言品牌等内容为主,表现出较强的女性化资本和较弱的领导力气质,并且有明显的商业包装的风格。她在推特和脸书上都积极地宣传自己#lookgoodplaywell 的理念,并且在接受采访、公布训练、获奖信息时,为自己的奢侈品牌@EleVenbyVenus 做推广。

图 3-11 美国运动员大威廉姆斯的自我呈现

左图:大威廉姆斯在脸书上的头像

右图:大威廉姆斯在推特上发布帖子为法国的加勒王子酒店做宣传

大威廉姆斯对社交媒体的使用是高度商业化和个人化的,这与在媒体界具有影响力的女性脱口秀主持人奥普拉·温弗瑞的社交媒体使用特征比较类似,不过她们在应对大众媒体时选择的策略截然不同。奥普拉明显地将社交

---

① SPENCER N E. Venus Williams, racism and professional women's tennis[J]. Sport stars: the cultural politics of sporting celebrity, 2001:87.

媒体和大众媒体区分开，在社交媒体上展现生活和感受，在大众媒体上则经常就公共问题发声，其中包括男女平等议题、儿童议题，体现其个人作为公众人物的社会关怀与担当。

奥普拉脸书的呈现内容以个人生活、朋友社交为主，较少涉及政治和社会话题。涉及政治和社会话题时，她选择更多地借助自己作为媒体人的影响力来发出声音，如通过大众媒体的采访报道、自己创建的"OWN 频道"的节目、参加性别平等社会运动等方式表达自己的观点，争取更多的关注。例如，她曾经自曝因为她是单身女性，也没有生育小孩，所以不能得到平等的涨薪机会。她比较了和自己相同工作岗位、相同工作时长的男性主持人，发现对方的收入是她的两倍。在各种场合，她经常谈论性别报酬不平等的状况，并且在有机会的时候为周围的女性雇员争取更平等的报酬。[1]

奥普拉不仅在媒体业务领域成就颇丰，还积极参加各类倡导和争取社会公平的运动，性别平等和儿童问题都是她关心的范畴。奥普拉生于 1954 年，在福布斯全球影响力女性排行榜上，奥普拉曾分别位于第 12 位(2015 年)、第 21 位(2016 和 2017 年)、第 20 位(2018 年)。她在社交媒体上的影响力，是她在现实生活的影响力的延展。在社交媒体上，她能够尊重和区分各类媒体的传播特征，并会学习和善用各种新兴技术；而在现实生活中，她切实关注公共事务和公共议题，通过自己的影响力发声，试图为实现更美好的公共生活做出自己的努力。2013 年，奥普拉制作了一档访谈节目，关注那些没有生父陪伴长大的儿童的成长经历，该节目通过访谈个人故事的方式，回应更为宏大的社会问题——根据统计局调查数据，没有生父陪伴成长的儿童辍学和两次入狱的比例，是其他正常家庭生活的儿童的 7 倍之多。该访谈节目除了电视直播

---

① CITIZEN G. Oprah was told she wasn't "entitled" to equal pay when she started out [EB/OL]. [2020-06-25]. https://www.globalcitizen.org/en/content/oprah-equal-pay-empowerment-award/.

图 3-12　脱口秀主持人奥普拉在脸书的自我呈现与儿童议题发声

左图:奥普拉的脸书头像

右图:奥普拉在脸书上提议关注没有生父陪伴的儿童

之外,还通过奥普拉的脸书账号以文字直播的方式呈现①,这种跨平台的播出方式在 2013 年是勇敢且超前的,也为她的节目赢得了三千余次的分享和上千条评论,很多关注者通过爱心和哭泣的表情来表达自己的感动,也有人在回帖中诉说了自己的个人经历和观看节目后产生的情感共鸣。这些发自内心的对公共生活的关注和行动,既与她的个人生活和成长经历密切相关,又是她本职工作的延伸,但无论是主观意愿还是无意而为,这些举措都使她在女性化资本和竞争化资本之外,形成了一套独特的自我呈现风格。

本章小结

第三章对精英女性在社交媒体上自我呈现的整体数据分布状况进行了描

① 脱口秀主持人奥普拉在脸书上为访谈节目同时做直播,号召人们对没有生父陪伴长大家庭中的儿童成长境况做出关注[EB/OL].[2018-09].https://www.facetime.com/oprahwinfrey/photos/a.252617427219/10151611073737220/? type=3&theater.

述性分析,勾勒了政治领域、经济领域和娱乐文化领域的精英女性在“女性化资本”和“竞争化资本”这两种策略上的表现。并且,本章捕捉到数据中透露出的“第三性别议题”呈现内容,对其进行了多案例比较分析。总的来说,第三章提出了精英女性在平台型媒体上自我呈现的三种进路,及其与各类平台技术可供性之间的关系。

第一种进路是女性化资本的呈现。不同领域的精英女性在脸书上呈现出来的女性化资本有显著的差异,表现为:经济金融领域的“抑制”特征、政治领域的“稳妥”特征、文化传媒娱乐领域的“多元”特征。同时,精英女性的所属领域和技术可供性之间还会产生交互影响,图片、文本和视频类型在不同领域内对性别化资本呈现的影响程度不同。

第二种进路是竞争化资本的呈现。竞争化资本与女性化资本并非互斥或替代的关系:经济领域女性在女性化资本方面最为抑制,在竞争化资本方面呈现水平也相对较低;文化领域的精英女性在女性化资本方面比较随性,包罗了性感裸露与冷静理性等各种风格,在竞争化资本方面没有刻意强调;政治领域的精英女性在两条路径上的水平都更高,既不压抑女性化资本又注重强调竞争化资本,显然这一领域的女性精英在被平台型媒体中介化后的信息生态中,表现出更强的沟通意识和更为成熟的沟通技巧。

第三种进路是参与“第三性别议题”的公共讨论和倡导。在性别议题、性别难题和第三性别议题理论概念的观照下,我们聚焦政治领域的两位精英女性、经济领域的四位精英女性和娱乐媒体领域的三位精英女性在平台型媒体上进行自我呈现时所采用的技术策略。她们都采纳了第三性别议题作为自我呈现的一种策略,但在具体操作上侧重点略有不同。值得注意的是,平台型媒体和传统大众媒体的传播逻辑不同,深谙其中传播规律的传播者能够更好地调用各种技术可供性的潜力。从自我形象整饰方面,无论是主动出击还是无意而为之,第三性别议题的内容在连接力(转发和分享)及黏合力(点赞和评论)方面都表现不俗。

总的来说,新兴传播技术对精英女性女性化资本和竞争化资本呈现的影响,难以用简单的“或者/还是”的对应关系来描述,技术可供性本身有差异,而各行业的精英女性对自身性别气质和领导力气质的呈现也具有高度的流动性。因此,我们应该采用“既/又”的框架来看待其中的流动性和多样性,既要看到总体上精英女性对女性化资本的抑制,又要看到超链接技术、视频、话题提及等新兴技术的可供性在和情感强度的相互作用之下,能够提振自我呈现中对竞争化资本的呈现。更重要的是,“或者/还是”是一个封闭式的结构,对可能性给出了确定的选项;而“既/又”则是一个开放式的结构,让我们在看到“女性化资本”和“竞争化资本”作为自我呈现的两种策略的同时,也提出将“第三议题”策略作为精英女性自我呈现的第三种选择,并且召唤后续研究能够在“既/又”这一思考传播技术与社会变迁的框架视角下探索更多的可能性。

第四章 专业性还是知名度:精英女性社交媒体呈现中的“名人政治”

近几十年来,“明星化”或“名人化”(celebrification)现象随着广播、电影、电视等大众媒体的兴起逐渐出现在各个领域。在政治新闻中,政治人物的个性、风格成为报道的焦点,形成明星光环,甚至连政治人物创造的符号和象征行动都具有新闻价值;媒体更关注政治人物的修辞和行动,反而忽略了他们对政策的努力以及公众对其施政好坏的评价。[①] 在商业领域甚至科研领域,有着突出外表或个性的“明星商人”“明星学者”成为媒体的宠儿。在文化娱乐领域,帕丽斯·希尔顿也开启了并非歌手或演员而是单纯的明星成名之路,而中国近两年出现的“明星人设”或“流量明星”更是这种“名人化”潮流的体现。关于职业女性的新闻报道往往会侧重于展现女性的外貌、着装、个性特征等传统“女性气质”,这被学者总结为“琐碎化”。在这里,“名人化”和“琐碎化”在有关精英女性的报道中出现了交叉,二者均将目光置于被报道者的私人领域:如外貌、家庭生活、性格、出身、背景,等等。

如果说这种报道方式是来自大众媒体的性别偏见,那么掌握了社交媒体

① PLASSER. Global political campaigning: a worldwide analysis of campaign professionals and their practices[M].New York:New York Praeger,2002:124.

话语权的精英女性,是否会通过这样“名人化”“琐碎化”的方式进行自我呈现?她们在使用社交媒体时,如何平衡专业性和知名度?

本章着重从“名人政治”的视角出发,对精英女性——特别是政治领域精英女性——在社交媒体中的自我呈现方式展开研究,具体将从以下四个问题切入,对其在“名人政治”方面的表现进行检视。

第一,精英女性自我呈现的主要场域是什么?是社会议题、职业等公共领域,还是日常生活、家庭等私人领域?

第二,就信息传播行为而言,精英女性是着重事实的理性表述还是强调观点、情感等的表达?

第三,精英女性是否强调个人特质的呈现?包括呈现其形象魅力、外表仪容、个人风格等。

第四,精英女性在社交媒体使用中是否强调拟社会互动的呈现?如通过与其他具有社会和文化资本的名人或支持者互动,彰显人脉和营造社会关系。

在具体的研究材料方面,本章采用构造周抽样的方法,获得 2015 年至 2018 年四年间来自政治领域(18 人)、经济领域(10 人)和文化领域(10 人)精英女性在社交媒体中的帖子 404 条(分别是 197 条、63 条和 144 条),这些帖子包括文字、图片、视频等不同文本形式,其中,超过半数的帖子(203 条,50.6%)以“文字+图片”的方式呈现,“文字+视频”的帖子则占比 21.9%,其社交媒体表达呈现出多种文本符号相结合的特征。编码员分别对 404 条帖子中的文字内容、图片内容和视频内容进行了编码与统计。

第一节　名人政治、性别与印象管理

第一章中提到,19 世纪以来大众媒介的发展助推了名人政治的兴起。亨德森在对美国人崇敬的对象进行考察时指出,从内战以来的 19 世纪末至 20

世纪,美国人崇拜的对象按照时间顺序排列分别是:具有传奇色彩的英雄(larger-than-life heroes)、文化偶像(culture icons)和名人(celebrity personalities),人们对偶像的选择从关注他们的成就(achievement)变为仅仅关注他们的名气(fame)。[①] 马歇尔(Marshall)在考察了诸多对于"名人现象"的阐述后给出了关于"名人"较完整的定义:名人是指这样一些人,他们通过大众媒体享有更多的公开表现和传播的权利,在公共舞台上,他们可以有更多的表演机会,而其他的大众只能扮演观众的角色。[②] 丹尼尔·布尔斯廷(Daniel Boorstin)则更加一针见血地指出,名人就是那些因为有名气而为人们所知的人。(The celebrity is a person who is well known for his well-knowness.)[③]在本书中,名人政治与性别这一因素产生交叉,进而对精英女性在社交媒体平台上的自我呈现和印象管理产生影响。

一、名人的印象管理与销售表现

戈夫曼在《日常生活中的自我呈现》中提出了"自我呈现"(presentation of self)这一概念,用于指代人们对自我形象的建构和传播,他还提出了"印象管理"(impression management)的概念,即管理和控制他人对自己所形成的印象,而这种印象管理又是通过理想化表演、误解表演、神秘化表演和补救表演来实现的。[④] 科纳(Corner)认为,政治人物通常会有意识地"销售表演"(selling the performance),通过参与实现计划好的表演——包括私人领域的

---

① HENDERSON A. Media and the rise of celebrity culture[J]. OAH magazine of history, 1992,6(4):49-54.

② MARSHALL P D. Celebrity and power[M]. Minneapolis: University of Minnesota Press,1997:136-138.

③ BOORSTIN D J. The image: a guide to pseudo-events in America[M]. New York: Vintage,2012:59.

④ GOFFMAN E. The presentation of self in everyday life[M].New York: Garden City Press,1959:87-89.

表演——来配合媒介体系互动的密度,从而凸显个人特质[①];通过"销售表演",政治人物能够"购买名声"(purchase the celebrity),这样,政治力量就不再是正当的或被政治机构所独占的财产,政治人物从而完成了从"政客"向"名人"的转型。[②] 熊彼特(Schumpeter)将这种借由销售表演、获取名声而得到权力的政治人物称作"理性的演员",通过这种表演,政治人物均投射为具有自觉与策略运用等特性的政治角色,政治人物透过和媒体的互动,再现的不仅是政治角色本身的特征,还包括其他的政治故事,即结合其他人、事所产生的特殊故事。[③]

根据邱宜仪、苏蘅的研究,政治名人大多具有以下特色:(1)政治主体性从公共政策或政党转移至从政者个人身上;(2)政治人物是理性主控姿态的表演者;(3)政治人物的成名或获得名声,要符合媒介运作的筛选、聚焦和强化等惯例。[④] 其中,大众媒体是政治名人自我呈现和进行印象管理的重要中介。

过往研究发现,媒介对政治名人的报道框架通常包含四个要素:个人特质(personal quality)、背景故事(backstage story)、拟社会互动(parasocial interaction)和政治风格(political style)。"个人特质"是政治人物身上与政治无直接关系的层面,包含政治人物的形象魅力、外表仪容、健康体能、个人风格、兴趣嗜好等内容。"背景故事"则强调政治人物与他人不同的生活成长经验,包括其家庭故事、教育背景、从政经历三项内容。"拟社会互动"可以被定义为"媒体操纵者与受众之间的关系",通过这种互动,政治人物能够达到亲近公

① CORNER J. Mediated persona and political culture: dimensions of structure and process [J]. European journal of cultural studies, 2000,3(3):386-402.

② STREET J. Celebrity politicians: popular culture and political representation[J]. The British journal of politics & international relations,2004,6(4):435-452.

③ PELS D. Aesthetic representation and political style: re-balancing identity and difference in media democracy[M]//CORNER J, PELS D. Media and the restyling of politics: Consumerism, celebrity, cynicism. Thousand Oaks, CA: Sage,2003:41-66.

④ 邱宜仪,苏蘅.政治名人与媒体:马英九报道的新闻框架初探[J].新闻学研究,2006(10):36.

众、建构关系的目的,并且可以让自己看起来像普通人一样。① 拟社会互动具体包括提供信息、彰显社会人脉、参与互动、营造关系等四项内容。“政治风格”方面,政治人物的修辞技巧、政治情感甚至脸上的表情、姿势、服装等都是其风格的表现,政治风格被认为包括政治姿态、领导能力和品行道德三部分内容。② 名人政治的报道框架不仅反映了大众媒体报道政治人物时的偏好,还能够为政治人物自我呈现和印象控制提供参考,特别是对长期被大众媒体歪曲呈现的女性政治人物而言更是如此。

二、女性名人的媒介形象

政治、经济、科技等公共领域历来被视作典型的男性主导领域,但 20 世纪以来的女权运动正在挑战其中曾经稳固的性别结构。本书第一章曾提到,名人政治的一大特征正在于流行化(popularization)和个人化(personalization),即私人领域的个人议题与公共领域的政治议题产生交融。这种趋势似乎意味着,作为传统私领域代表的女性能够在政治领域获得更大的优势与声音。在媒体对职业女性的报道中,往往过分强调相貌、形体、衣着等与传统的女性气质相关的私领域的个人属性,即“浅薄化”或“琐碎化”(trivialization),③这正与名人政治的个人化不谋而合。针对这一情况,性别研究和政治学领域的学者发现,名人政治产生了双重性别化的影响,这种影响对于女性而言可以说是机

---

① GILES D. Parasocial interaction: a review of the literature and model for future research [J]. Media psychology, 1974(4):279-305.

② 邱宜仪,苏蘅.政治名人与媒体:马英九报道的新闻框架初探[J].新闻学研究,2006(10):36-38.

③ LIND R A, SALO C. The framing of feminists and feminism in news and public affairs programs in US electronic media[J]. Journal of communication, 2002,52(1):211-228; PONTEROTTO D. Trivializing the female body: a cross-cultural analysis of the representation of women in sports journalism[J]. Journal of international women's studies, 2014,15(2):94-111.

遇与挑战并存。

从历史的维度来看,相比男性,女性更难以获得名望或名声。首先,名望(fame)和名声(celebrity)都依赖于他人的认可或者一定程度的公共可见度,而后者在男性和女性中本来就有着不平均的分配。其次,从更加细分的理论角度看,名望和名声是有差异的,“名望”在传统社会中早已有之,根植于出众的和被公众所承认的成就,而“名声”则是 20 世纪以来大众媒体的产物;①在这种区分之上,人们更倾向于认为,“名望”专属于男性,因为它和公共成就相关,而“名声”则更是女性的领域,因为它更多和“是什么”而非“做什么”相关,或者说“名望”更和生产相关而“名声”更和消费相关。② 有关公共领域的研究也发现,女性被有力地排除在通过演讲获得名声的活动之外,这不仅因为女性作为私人领域中个人的话语和社会地位,也因为社会对她们的言论内容和言论的方式有着明显的限制;那些早年参与政治方面公共演讲的女性被认为在进行不恰当的行为,特别是当她们的演讲内容与政府公职、科学或法律相关时,她们很容易被贴上妓女、歇斯底里者和女巫的标签。③ 20 世纪 90 年代有关希拉里的媒介形象的研究发现,在政治漫画中,希拉里通常被置于沉默的地位:她被戴上口套、嘴唇被拉上拉链、待在有气洞的盒子里,这些漫画向读者传达出这样的信息:如果希拉里保持沉默,这个国家就会发展得更好。④ 可以说,名人政治从一开始对女性就是不利的。

从普遍情况来看,大众媒体对于女性的呈现方式出现了刻板印象

---

① GILES D. Illusions of immortality: a psychology of fame and celebrity[M]. London: Macmillan,2000:146-148.

② MARSHALL P D. Celebrity and power. Fame in contemporary culture[M]. Minneapolis: University of Minnesota Press,1997:237-239.

③ JAMIESON K H. Eloquence in an electronic age. The Transformation of Political Speechmaking[M]. New York: Oxford University Press,1988:79-83.

④ TEMPLIN C.Hillary Clinton as a threat to gender norms: cartoon images of the first lady[J]. Journal of communication inquiry,1999,23(1):20-36.

化、琐碎化甚至边际化的特征,女性往往被塑造为性感尤物、母亲、家庭主妇等少数特定角色。① 而对于女性参政,无论中西传统文化,均对此保持着敌意与疑虑;②而如今,女性仍然承受着现实和媒体双重“他者化”的压力,倪炎元以美国第一位女性副总统候选人费拉罗(Geraldine Ferraro)和英国首相撒切尔夫人为例指出,费拉罗象征着美国女权运动向政治顶峰迈进,但她却遭到媒体百般的挑剔与污名化,撒切尔夫人因从不致力于女性参政机会的改善而受到媒体的肯定,这反映了女性政治精英的媒体再现非常复杂,不仅涉及女性政治精英本身,还涉及主流意识形态对性别议题、女性主义、女性参政实践等的论述和迷思。③ 陈玫霖在研究台湾报纸对女性政治人物的报道时发现,大多媒体对女性政治人物的关注点仍放在私人领域,她们的生活习惯、外表和婚姻状况成为媒体报道的重点。而即使是报道和大选有关的新闻,媒体也倾向于报道女性候选人怎样争取选票(how they were doing in polls)和她们的竞选活动是如何展开的(how well their campaign is being run)。④约恩纳·埃弗里特(Joanna Everitt)在考察了 1993 年、1997 年、2000 年媒体对加拿大领导人选举的报道后总结道,政治候选人多被框架为刻板印象中的男性行为方式,如对抗或政治化,媒体对女性候选人的报道也不成比例地侧重于其好斗的方面,而忽略其相对低调的行为方式⑤,即其政治观念本身并不被关注,女性候选人传统的“政治个性”或行事风格才是在由男性主导的社会结构中媒体关

① BAEHR H, GRAY A. Turning it on: a reader in women and media[M]. London and New York: Arnold,1996:58-60.

② RIVERS C. Slick spins and fractured fact: how cultural myths distort the news[M]. New York: Columbia University,1996:49-51.

③ 倪炎元,台湾女性政治精英的媒体再现[J].新闻学研究,2001(1):121-125.

④ KAHN K F, GOLDENBERG E N. Women candidates in the news: an examination of gender differences in US senate campaign coverage[J].Public opinion quarter,1991(55):180-199.

⑤ GIDENGIL E, EVERITT J. Conventional coverage/unconventional politicians: gender and media coverage of canadian leaders' debates, 1993, 1997, 2000[J]. Canadian journal of political science, 2003,36(3):559-577.

注的对象。

推特、脸书等社交媒体的出现为女性名人重塑公共形象提供了新的平台和机遇。美国学者曾对 2012 年参议员选举过程中四位具有较强可比性和竞争性的不同性别和种族的候选人的社交媒体呈现进行研究,研究发现,不同性别的候选人在推特和脸书上的竞选信息并没有太大差异,其差异性小于竞选人的党派差异性;但在与潜在支持者的互动等社交方面,女性候选人往往表现得更为积极。① 事实上,这一差异也符合传统性别气质对女性亲和力与社交能力等非政治专业素养的要求。

第二节 弱化的“名人政治”和“标准化”的女性领袖

一、公共领域中专业、理性的女性政治人物

文献综述里提到,女性政治领导者在自己能够掌控的形象管理的空间内尽可能不提及个人性格和家庭生活而尽量在公共空间中行动,②这一强调公共领域、淡化私人领域的特征也出现在精英女性的社交媒体自我呈现中。精英女性在脸书上发出的文字文本中,近 90%的内容属于涉及专业或职务以及一般社会事件等公共领域,而对于政治领域的精英女性而言,公共领域的内容比重则高达 95.8%,与其职务或专业相关的内容比重更是超过四分之三,仅 4.2%的内容与日常生活、家庭、个人等私领域相关(见表 4-1)。精英女性在社交媒体上对自我视觉形象的空间建构与文字内容类似。在其发布的图片中,85.

---

① JUST M R, CRIGLER A N. Gender and self-presentation in social media: an analysis of the 10 most competitive 2012 U.S. senate races[A]. In APSA 2014 Annual Meeting Paper, 2014: 14-19.

② VAN ZOONEN L. The personal, the political and the popular: a woman's guide to celebrity politics[J]. European journal of cultural studies, 2006, 9(3): 287-301.

9%的内容属于工作或工作以外的公共领域，而对于政治领域的精英女性而言，这一比重更是高达93.7%。

表4-1 脸书帖子文字内容公私领域分布情况

所处领域	精英女性(%)	政治领域精英女性(%)
公领域——专业或职务相关	64.9	76.7
公领域——一般社会事件	24.9	19.0
私领域——日常生活/家庭/个人	10.1	4.2
合计	100.0	100.0

相比经济和文化领域，政治领域的精英女性更强调自己在公共领域的呈现和行动。这是因为相较于经济和文化领域，政治领域是更典型的“男性领域”，政治家或政客对于女性而言更是一种“非常规选择”(non-standard choice)，因此，女性人物会更加注意避开传统的“女性气质”，强调理性、公共等传统政治价值。这一特征还体现在精英女性的文字表达中。本书将帖子的内容分为以事件为主、以态度为主和以情感为主三类，据统计，精英女性的大部分发帖内容是对自己参与的活动或事件进行描述(65.1%)，四分之一的发帖内容是对某一事件进行评价或判断等态度表达，仅不足10%的内容抒发了较强烈的好恶情感的内容。而政治领域精英女性的表达则更体现出了“就事论事”的理性风格，聚焦活动或事件的文字帖占比高达72%，表达情感的内容仅占5.8%(见表4-2)。

表4-2 脸书帖子文字内容类型分布情况

内容形式	精英女性(%)	政治领域精英女性(%)
事件	65.2	72.1
态度	25.1	22.1
情感	9.7	5.8
合计	100.0	100.0

以我国香港特别行政区现任特首林郑月娥为例，下面是其 2018 年 12 月 19 日发布的一则图文帖的文字部分，该帖介绍了她当天参加的一场公共活动以及活动中的主要人物及活动的意义，并在文末添加了与此项活动相关的标签。其中，林郑月娥的每篇帖子都会带上她的中文名和英文名的标签。这样以描述所参加的活动为内容的帖子构成了以林郑月娥为代表的大量女性政治领袖社交媒体发帖的主要内容。

> 今日主持「香港牽動我的心」美術創作展開幕禮時，碰到兩個我相熟嘅粵劇小演員——利文喆同陸瑞徽，因為其中一幅由中央美術學院張教授創作嘅畫，就記載咗去年國家主席習近平視察香港時嘅情景，包括喺西九文化區欣賞兩個小朋友表演。畫中人仲有多位同主席喺八鄉少訊中心見面嘅少年警訊，難怪警隊一哥今日都有出席畫展。
>
> ＃香港牽動我的心 ＃中央美術學院 ＃八鄉少訊中心 ＃林鄭月娥 ＃CarrieLam

与文字内容的类型相一致，从文字风格上看，精英女性并不像普通人在社交媒体上那样习惯大量使用表情、图标和重复的标点符号（例如：“!!!!!!”或“?????”），甚至像感叹号这样的标点符号也并不经常出现。特朗普的女儿伊万卡·特朗普（Ivanka Trump）是为数不多的较多使用图标和表情符号的精英女性，而她使用的图标也以美国国旗和他国国旗等指向特定事物的图标为主（如图 4-1），而非用于表达情感的表情图标；在讲述家庭生活时，伊万卡才会使用诸如红色桃心这样的图标。精英女性——特别是政治领域的精英女性——通常使用非常规范的词句和语法，进行严谨的表达。

总体而言，从其在社交媒体发帖的场域、内容类型和风格来看，精英女性

图 4-1　2018 年 12 月伊万卡·特朗普的一条关于美国和瑞士的经济合作的帖子

大多将自己塑造为理性、干练的专家形象,以显示她们在自己的专业和职业领域孜孜以求的状态,尤其是政治领域的女性领袖,努力实践着一种"去女性化"的传播实践。

二、个人特质:"去风格化"的政治领袖

个人特质是政治人物与政治无直接关系的层面,包含形象魅力、外表仪容、健康体能、个人风格、兴趣嗜好等内容。在社交媒体上,精英女性除了通过帖子传递有关某项活动或事件的特定"硬核"信息,还会通过精心选择的社交

媒体头像照片、首页背景照片以及随帖子发出的照片、视频以及文字信息传递出关于本人的魅力、风格、品位等软性信息。在这部分中,我们对精英女性在社交媒体图片中的形象,包括其着装、发型、配饰等进行编码,分析其呈现出的个人特质。

从着装上看,精英女性发布的帖子的图片中衣着类型为正装/半正式职业装的有91条,占比66.4%,休闲装、运动装占比21.9%,十分之一的图片上女性身着具有时尚设计感的、剪裁和色彩独特的时髦品牌服装,总体而言,精英女性理想的着装风格以稳妥、大方为主。与先前公私领域部分的发现类似,政治领域的精英女性更偏好正式/半正式的职业服装,此类着装的照片占总数的76.5%。在社交媒体上发布的视频中,精英女性身着正装或职业装的比重更高,达到了87.5%,在政治领域精英女性发布的视频中,这一比重更高达92.5%。在本书的研究样本中,时髦着装或身着品牌时装的仅有伊万卡·特朗普、现任挪威首相厄纳·索尔伯格(Erna Solberg)和现任智利总统米歇尔·巴舍莱三人。

表4-3　脸书图片中精英女性的着装类型

服装类型	精英女性(%)	政治领域精英女性(%)
正装/半正式职业装(西装外套、西装裙)	66.4	76.5
休闲装运动装(T恤、运动服、polo衫、牛仔服饰、沙滩裤等)	21.9	18.5
时髦着装或品牌时装(具有时尚设计感的服装、常有大胆、独特的剪裁与色彩等)	10.2	4.9
无法辨识	1.5	0
合计	100.0	100.0

精英女性以正装或职业装为主的着装风格也决定了其身体裸露程度较低。在其于脸书发布的照片中,除脸部和脖子外没有身体裸露的照片占总数

的近三分之二，仅露出手臂和小腿的一般裸露则占到将近三分之一，仅 4.4％的照片出现了性感裸露，而政治领域的精英女性中完全没有性感裸露。在精英女性发布的视频中，84.7％的人物形象是无裸露的，剩下 15.3％则属于一般裸露，政治领域精英女性在视频中裸露程度的分布与整体情况基本相同。由此可见，身体并非精英女性进行自我展演的重点，她们在视频中呈现出的形象更趋于保守。

表 4-4　脸书图片中精英女性的身体裸露程度

裸露程度	精英女性(％)	政治领域精英女性(％)
无裸露	63.5	65.4
一般裸露(仅露出手臂、小腿)	32.1	34.6
性感化裸露(露出大部分肩膀、乳沟、胸部或大腿)	4.4	0.0
合计	100.0	100.0

从着装的色彩来看，以黑白灰为主的中性色系和以青、蓝、紫为主的冷色系最受精英女性的喜爱。在全部样本中，精英女性身着中性色系和冷色系衣服的照片分别占比 45.6％和 36.8％，身着红、橙、黄等暖色系服装的比重仅占 17.6％；而政治领域的精英女性身着冷色系服装的比重更是高达 44.4％。中性色系和冷色系服装给人以冷静、严肃、庄重的印象，不似暖色那样包含较充沛而强烈的情感，因此，中性色系和冷色系服装也是男性政治人物的首选。

此外，耳环、项链、手链、戒指、胸针等饰品也是人们常常用来彰显个人性格特征的重要物品。编码统计发现，在精英女性发布于脸书的照片中，40.6％的照片中女性佩戴了一件饰品；在 24.8％的照片中，女性没有佩戴任何饰品；在剩下的三分之一的照片中，女性佩戴了两件及以上饰品。有关精英女性配饰的词云图(图 4-2)显示，除功能性的眼镜外，耳环、戒指、手表、项链、胸饰是最受欢迎的饰品。政治领域的精英女性的配饰情况与整体状况基本一致，配饰数量最多的是智利总统米歇尔·巴舍莱,她在一张照片中同时佩戴了眼镜、耳环、项链、胸饰、戒指和手环共六件饰品。

图 4-2　精英女性所佩戴饰品的词云图

除服装、饰品等外部装饰品外,发型也是人们,特别是女性表现和塑造风格特征的重要手段。一般而言,长发更能够凸显温柔、可爱、美丽等"女性气质",因而更受广大女性的喜爱。但正如上文提到的,职业领域特别是政治领域往往推崇专业、理性等风格,因此,"女性气质"不仅不被鼓励,更是被一定程度地限制。根据本研究对精英女性发布在社交媒体上的照片中的发型分析,超过一半(55.5%)的女性为肩膀以上长度的短发,长发发型则以散发为主(38.7%),束发所占比重很低(5.8%)。与前述情形类似,政治领域的精英女性则更偏好去性别化的短发造型,将近80%的图片中女性为干练的短发造型,以长发束发造型出现的仅有克罗地亚总统科琳达·格拉巴尔-基塔罗维奇(Kolinda Grabar-Kitarović)。

表 4-5 脸书图片中精英女性发型分布

发型	精英女性(%)	政治领域精英女性(%)
肩膀以上的短发	55.5	79.0
长发-散发	38.7	16.0
长发-束发	5.8	4.9
合计	100.0	100.0

身体是向社会展示个人最直接的存在,个人对自己身体的呈现一定程度上体现了他的自我认同的核心。福柯认为,“这种新的客体对象是自然的肉体、力的载体、间的载体。这种肉体可以接纳特定的具有特殊的秩序、步骤、内在条件和结构因素的操作。……肉体也被呈现给新的知识形式。这是一种操练的肉体,是一种被权威操纵的肉体,而不是理性机器的肉体”①。发型、服装、饰品正是人们在社会文化和权力结构等影响下装点和呈现身体的重要方式。总体而言,在仍旧以男性和“男性气质”为主体的政治场域中,大部分女性政治领袖践行着一种标准化的、中性化的形象和性格塑造,她们通过简约的短发、职业套装和配饰以及有限的身体裸露,建构着干练的、克制的政治领袖的形象,凸显个人性格和风格特征的“名人政治”现象并不明显。

三、拟社会互动:亲切的领袖与高效的同事

“拟社会互动”可以被定义为“媒体操纵者与受众之间的关系”,通过这种互动,政治人物能够达到亲近公众、建构关系的目的,并且让自己看起来像普通人一样。② 在传统媒体时代,政治人物会借助有限的公共活动积极与公众互动,通过媒体镜头传达亲和力,缩短与公众之间的距离;在社交媒体时代,政

① 福柯.规训与惩罚[M].北京:生活·读书·新知三联书店,1999:159.

② GILES D. Parasocial interaction: a review of the literature and model for future research [J]. Media psychology, 1974(4):279-305.

治人物能够更有效地借助网络平台与其他政治人物以及公众展开互动,强调亲和力,巩固普通人的形象,例如,不少政治人物社交媒体主页的背景照片都展示着其与普通公民个体或与公众群体进行互动的场景。

首先,政治人物会在文本信息中提及他人或直接通过“提及他人”(@)这一功能圈出他人,强调自己与他人之间的关系。根据本研究的编码,在精英女性发布在社交媒体上的文字中有一半左右(52.4%)提及了他人,政治领域的精英女性提及他人的比重与整体情况无显著差异。整体而言,在被提及的人物中,42.5%为同属一个专业领域的他人,即有着较为密切工作关系的他人,亲属则只占8%左右;对于政治领域的精英女性而言,她们提及本专业领域人的频率更高,在提及的所有人中占比52.7%,即其展现出的工作联系更为密切。

表4-6　脸书帖子中精英女性提及他人的情况

提及他人的类型	精英女性(%)	政治领域精英女性(%)
本专业领域的人	42.5	52.7
非本专业领域的人	43.0	34.1
亲属及血缘关系亲人(包括配偶、子女和其他亲人)	8.1	7.7
其他	6.5	5.5
合计	100.0	100.0

其次,从精英女性在社交媒体上发布的图片来看,与他人展开拟社会互动也是重要主题。尽管绝大多数精英女性以单独一人的、胸部以上的照片作为头像,但有40.9%的女性以与他人的合照或者只有他人的照片作为首页的背景,以此强调自己与他人的互动关系;这一比重在政治领域的精英女性中更是高达50%,这也是包括男性政治家在内的精英人士常见呈现方式(参见图4-3)。而在精英女性日常发布的图片中,她们与他人互动的频率则更高,仅23.4%的照片为其个人独照,女性政治人物的独照比重低至18%。

图 4-3 从上到下分别为前美国总统巴拉克·奥巴马、美国众议院议长南希·佩洛西和香港特首林郑月娥的脸书头像和首页背景照片

就整体状况而言,本研究并未在政治领域精英女性身上发现突出的“名人政治”特征,精英女性在社交媒体上塑造的形象更突出地表现为去性别、去个性的标准化特征。2019 年 4 月 9 日,英国首相特蕾莎·梅在脸书上发布了她与德国总理默克尔的合影(图 4-4),这张图片可以看作当前女性政治领袖媒介形象的缩影:没有过多造型的利落短发、中性色系和冷色系的职业套装与数量有限且形态简约的饰品,以及在公共领域开展职业范围内的工作。

这也印证了此前范·祖伦关于名人政治对男女政治人物差异化影响的论断,即男性政治家可以通过名人政治跨越公共领域和私人领域的界限,构筑一

图 4-4　英国首相特蕾莎·梅 2019 年 4 月 9 日在脸书上发布的与德国总理默克尔的合照

种新的位于政治、文化和个人交叉点上的新型公民身份;而女性政治家如果过度暴露私人领域,则会引发公众对其不够专业或不够理性的质疑。① 因此,当奥巴马在脸书主页的自我介绍中将自己定义为“父亲、丈夫、前总统、公民”(Dad, husband, former President, citizen)时,大量女性政治家只是将自己标注为“政治家”(politician)。

第三节　“非硬核”女性政治领袖的“名人政治”

尽管绝大多数女性政治领袖尽量避免将自己的妆发、服饰、家庭等话题置于社交媒体和公众目光的中心位置,而选择去性别化地、中规中矩地呈现自我,但也有一些政治领域的精英女性以凸显身体、家庭生活和其他女性特质的

---

① VAN ZOONEN L. The personal, the political and the popular: a woman's guide to celebrity politics[J]. European journal of cultural studies, 2006,9(3):287-301.

方式制造名人效应，建构自己的公共形象。

在2018年福布斯全球影响力女性排行榜中排名第24名的伊万卡·特朗普就是这样一位“政治名人”。作为美国现任总统特朗普的女儿，1981年出生的伊万卡从2018年以来停止了其先前在时尚设计领域的工作，担任公共政策方面的总统顾问。这份工作对于“第一女儿”来说，是史无前例的。[①] 而伊万卡在社交媒体上的自我呈现方式更是与以往的女性政治人物有较大差异。从自我呈现的空间属性来看，伊万卡并不回避家庭生活等私人领域，与其他政治人物不同，伊万卡脸书主页的背景照片就是与儿子的合影（见图4-5）；在主页的自我介绍中，除了提及自己的公共职务和身份，“妻子、母亲、妹妹、女儿”（wife, mother, sister, daughter）还被她排在最前面；而在伊万卡发布的帖子中，除了不可避免地提到父亲，她也经常分享与母亲、姐姐、丈夫、孩子等其他亲属有关的故事，在家庭成员生日、母亲节、结婚纪念日等特殊时日，她更是会发布图文加以纪念，并常常使用红色桃心的表情图标。从个人特质的表露来看，与短发的、偏好中性色系和冷色系的单色职业套装的女性政治领袖不同，伊万卡留着披肩长发，化着精致的妆容，偏好红色、黄色、橙色、粉色等暖色系以及有这些颜色点缀的裙装（即使是正装，也有较强的设计感），伊万卡常常脚踩10公分的细跟高跟鞋，身体裸露程度较高，这些特质可能与伊万卡在时尚界的从业经历相关。通过这些方式，伊万卡成功地塑造出一个年轻、漂亮、家庭与事业兼顾的现代职业女性的形象。

具有此类自我呈现特征的女性政治人物还包括美国前第一夫人米歇尔·奥巴马以及2008年参选美国副总统的参议员萨拉·佩林。米歇尔与伊万卡一样，以总统家人的身份为公众所熟知，并以其衣品、性格等获得了极高的人气，米歇尔还辅助奥巴马从政以及协助民主党参与公共活动。而萨拉·佩林

---

① FORBES Power Woman List 2018：＃42 Ivanka Trump[EB/OL].(2018-02-02)[2020-03-20].https://www.forbes.com/profile/ivanka-trump/? sh=277927d450c3.

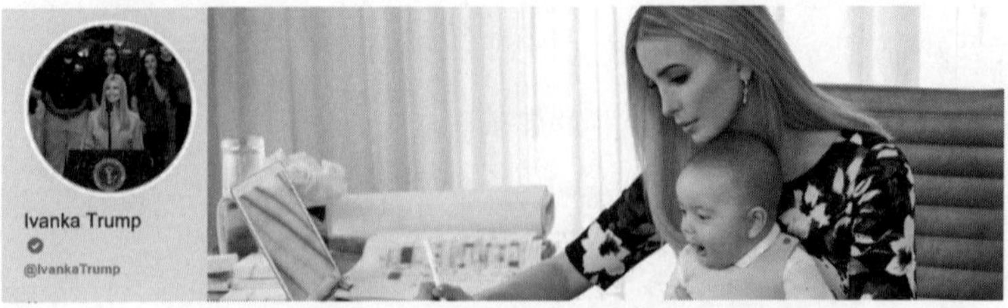

图 4-5　伊万卡·特朗普的脸书头像与背景照片

虽然自身就是公职人员,但早年参加选美比赛以及参与电视真人秀节目的经历使其从一开始就有很强的“明星”色彩,与其他女性政治人物不同,在佩林发布的照片中,相当一部分是她以自拍的方式完成的“糊”照(参见图 4-6)。比起那种专业拍摄的“大片”,自拍在普通公众特别是年轻人中更为常见,佩林的自拍照片本身就可以被看作一种她与公众进行拟社会互动的手段。

图 4-6　萨拉·佩林在脸书上发布的自拍照片

与安哥拉·默克尔、特蕾萨·梅、希拉里·克林顿等女性政治领袖相比,伊万卡、米歇尔和萨拉·佩林等明星政治人物更年轻,其社交媒体呈现方式更接近年轻人,另外,她们也都显得不够“硬核”:她们往往因为家属身份在政治领域“半路出家”,通过容貌、衣品、性格等特质建立“人设”,获得较高人气,但是论及她们在政治领域的理念和表现,似乎就乏善可陈。在娱信(infortainment)盛行的社交媒体时代,软性的娱乐信息比硬新闻有着更强的生命力,这为政治名人的出现及其影响力的扩散提供了机遇和平台,特朗普的当选也反映着这一“名人政治”的趋势。尽管这一趋势特征在当今的主流女性政治领袖身上并不明显,但是,随着女性政治人物逐渐年轻化及其对新兴信息传播技术熟悉程度的加深,未来的女性政治领袖是否会表现出更明显的名人政治的趋势,还有待进一步观察。

第四节 案例分析:美国前国务卿希拉里·克林顿的社交媒体自我呈现

一、人生经历和媒体形象

希拉里于 1947 年 10 月 26 日出生于美国伊利诺伊州芝加哥的一个商人家庭。在共和党父亲休伊·罗德姆的影响下,希拉里早年曾是共和党的支持者。1965 年,希拉里入读美国最好的女校——七姐妹联盟院校之一的卫斯理学院(Wellesley College),并在大一时就当选该校青年共和党俱乐部的主席。但是受到民权运动、越战风波以及女权运动的影响,希拉里逐渐向女权主义、平等主义和反战主义方向靠拢,并且成了“学院里独一无二的人物:一个领导者,关心社会、惹人喜爱、口才出众、工作努力、学习刻苦且风趣幽默。”[①]在希拉里之前,卫斯理学院并没有学生代表发言的传统,但在 20 世纪 60 年代美国社会运动的冲击下,希拉里在 1969 年大学毕业时,成为第一个在卫斯理学院

① 伯恩斯坦.希拉里传:掌权美国的女人[M].北京:中信出版社,2008:20.

毕业典礼上发表演讲的学生，她对执政者的反驳以及激昂的反战语调赢得了《生活》杂志的注意，随后，戴着大眼镜、穿着条纹裤的希拉里出现在了杂志报道中(参见图 4-7)。

图 4-7　1969 年出现在《生活》(*Life*)杂志上的希拉里[①]

同年，在耶鲁大学 235 名新生中，希拉里作为 27 名女生中的一员入读法学院，在这里，希拉里邂逅了未来的人生伴侣——比尔·克林顿。1973 年，希拉里从耶鲁法学院毕业，随后前往阿肯色州，成为一名律师；1975 年，希拉里与比尔·克林顿结婚，刚结婚时，希拉里拒绝改为丈夫的姓氏，这一行为在保守的阿肯色州被认为是缺乏传统家庭观念的激进表现。1980 年，克林顿在竞选州长时败选，为了避免自己的举动影响丈夫和自己的政治前途，希拉里做出

① ROTHMAN L, RONK L. Hillary Clinton's first national splash: LIFE magazine in 1969[EB/OL].(2016-02-04)[2018-05-23]. http://time.com/4361626/hillary-clintons-first-national-splash-life-magazine-in-1969/.

让步,更名为“希拉里・克林顿”。在担任阿肯色州第一夫人的 12 年间,希拉里关注教育改革,并活跃于儿童福利组织中,为克林顿的执政提供了重要辅助。1992 年,比尔・克林顿当选美国总统,希拉里则成了“第一个在白宫西翼拥有自己办公室的第一夫人”,她也被普遍认为是“美国历史上最有实权的第一夫人”(most powerful First Lady in history)①,希拉里参与制定和执行了不少教育和医疗政策及措施。然而,希拉里作为第一夫人也并非一帆风顺,医疗改革的失利、白水事件的调查以及比尔・克林顿的桃色新闻都给希拉里的政治生涯和人生经历带来了巨大考验。

2000 年 11 月,希拉里当选美国纽约州参议院议员,成为第一位获得公职的第一夫人和纽约州的第一位女性参议员,正式开启了以希拉里作为主体的政治道路。2007 年,60 岁的希拉里在个人网站上宣布开始组建竞选总统研究委员会,表示将要加入 2008 年总统职位的竞争,尽管拥有雄厚的政治资本和资金支持,希拉里还是在民主党内初选时败给了政坛新秀贝拉克・奥巴马,奥巴马的非裔面孔及其对社交媒体的充分使用和调动吸引了大量的年轻选民。尽管在竞选时针锋相对,希拉里还是在奥巴马当选总统后应后者之邀担任了其第一任政府时期的国务卿。四年国务卿生涯中,希拉里出访了 112 个国家,飞行 150 多万公里,超过 400 天在飞机上度过,成为美国历史上出访次数最多的国务卿。2015 年,希拉里通过社交媒体推特发布影片,正式宣布参加 2016 年美国总统选举,尽管她击败伯尼・桑德斯,获得了民主党提名资格,但在与共和党候选人唐纳德・特朗普的最终对决中,由于“电邮门”以及健康状况等争议,希拉里最终败北,无缘成为美国首位女性总统。

---

① STEVENSON P W. The 19 times Hillary Clinton has been on Time magazine's cover [EB/OL]. (2016-02-04) [2018-05-30]. https://www.washingtonpost.com/news/the-fix/wp/2016/02/04/the-19-times-hillary-clinton-has-been-on-time-magazines-cover/?noredirect=on&utm_term=.7a59034d2b80; http://time.com/3817687/hillary-clinton-time-covers/.

出众的政治才能和坚韧的毅力使得希拉里从大学时代就得到大众媒体的关注。1992 年成为第一夫人后，希拉里更是成为全球媒体聚光灯的焦点。《时代》周刊曾超过 20 次将希拉里作为封面人物，记录了其从第一夫人、参议员、国务卿再到总统候选人的全过程(参见图 4-8)；福布斯则多次将希拉里列入全球有影响力女性的排行榜。① 根据本章的定义，希拉里无疑是一位具有名人(celebrity)气质的政治家，曾经报道了水门事件的《华盛顿邮报》记者伯恩斯坦这样描述她，“在这样一个极度崇拜名人的国度里，希拉里・克林顿已然成为这个时代与众不同的人物——达到了即使是富兰克林・罗斯福、戴安娜王妃、艾森豪威尔或者埃里诺・罗斯福也从未达到过的高度”②。

图 4-8　从左到右分别是 1993 年、1999 年、2009 年和 2016 年《时代》周刊的封面，记录了希拉里作为“最有实权的第一夫人”、参议员、国务卿和总统候选人的不同政治角色

在大众媒体的报道中，走入白宫的希拉里不再是学生时代戴着大眼镜、略显书呆子气的女学霸，她在事业上的成就和女权主义者的身份为大众媒体报道第一夫人带来了巨大挑战。从玛莎・华盛顿(Martha Washington)起，大众媒体对第一夫人的关注点就集中于其社交和文化活动中的角色，相关报道通

① “＃65 Hillary Clinton”[EB/OL].(2017-07-25)[2018-06-30].https://www.forbes.com/profile/hillary-clinton/＃27855ec64cd7.

② 伯恩斯坦.希拉里传：掌权美国的女人[M].北京：中信出版社，2008：Ⅷ.

常围绕以下五个方面展开：其中三个方面与理想中上层中产阶级女性在支持和辅助方面的“女性能力”有关，包括丈夫的陪同者，引领时尚、仪式和社交活动的把关者以及与慈善工作相关的高贵角色；另外两个方面涉及总统的政治权力，包括协助制定、发展和影响某些议题的政策制定以及直接发挥政治影响力。① 在 1992 年美国总统大选阶段，为了使自己的形象满足大众媒体和公众对“第一夫人”的期待，希拉里也开始尝试改变自己，在媒体面前塑造了更加柔和的公共形象，她的朋友托马森旗下的好莱坞制作公司特意派出三名形象设计师，分别负责希拉里的头发、化妆和服装，以便帮助她树立“更加柔和、自然和性感”的形象，这种新的形象果然引起了八卦人物杂志的关注和报道，②但从报道内容来看，这些报道“非常单薄，内容重复，而且缺乏必要的背景知识”③。

入主白宫后，希拉里在公共领域的活跃表现使得她难以被置入传统的第一夫人报道框架，媒体才不得不以新的方式报道她。④ 因此，在 1992 年至 2000 年，大众媒体呈现出了多元的甚至是矛盾的第一夫人形象：希拉里有时被刻画成一个由事业女性成长起来的“可怕的”女权主义者，有时则是一个全能的第一夫人——一个传统的“好妈妈”以及“随时陪伴在丈夫身边”然而丈夫却是偷腥者的“好妻子”。⑤ 2000 年以后，以更加独立和具有主体性的身份走入政坛的希拉里更是被塑造成了一个坚韧的、冷酷的、野心勃勃的、不真诚的、

---

① WINFIELD B H. Who elected her anyhow? The first lady as a campaign issue[M]// NORRIS P. Women, the media and politics. New York: Oxford University Press, 1997: 166-179.

② 伯恩斯坦.希拉里传：掌权美国的女人[M].北京：中信出版社，2008：129.

③ 伯恩斯坦.希拉里传：掌权美国的女人[M].北京：中信出版社，2008：119.

④ GARDETTO D C. Hillary Rodham Clinton, symbolic gender politics, and the New York Times: January - November 1992[J]. Political communication, 1997(14): 225-240.

⑤ BURRELL B. Public opinion, the first ladyship, and Hillary Rodham Clinton[M]. New York: Garland, 1997: 178-180; JAMIESON K H. Beyond the double bind: women and leadership[M]. New York: Oxford University Press, 1995: 69-72.

精力旺盛的以及作风强硬的女性政治领袖。[①] 在 2008 年希拉里参选总统期间,为突出希拉里的上述特征,不少媒体以漫画或合成图片的方式将希拉里塑造成人与机器合体的"赛博格"(cyborg)形态甚至是怪物(monster,见图 4-9),以凸显作为"铁娘子"的希拉里女性气质的缺失。[②] 总而言之,当前社会中的性别刻板印象和希拉里团队的视觉解构及重构策略,以及媒体的报道惯例共同塑造了希拉里的媒介形象及其在公众心中的社会角色和领导力风格。

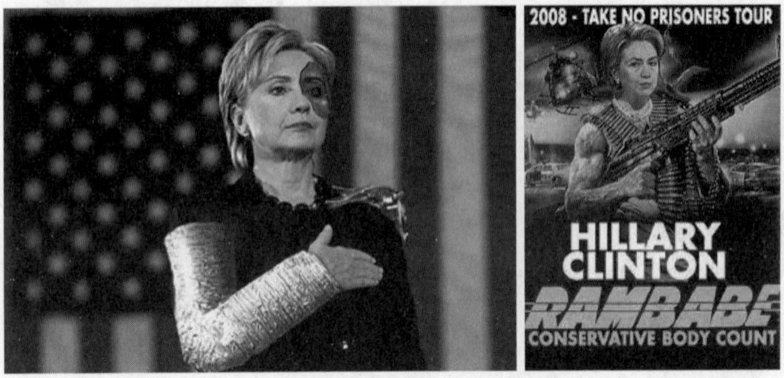

图 4-9 媒体通过电脑合成技术将希拉里塑造为去性别化的半电子人"赛博格"(cyborg)

---

① EDWARDS J L. Visualizing presidential imperatives: masculinity as an interpretive frame in editorial cartoons, 1988-2008[M]//EDWARDS J L. Gender and political communication in America: Rhetoric, representation, and display. Lanham, MD: Lexington Books,2009:233-250;EDWARDS J L, CHEN H. The first lady/first wife in editorial cartoons: rhetorical visions through gendered lenses[J]. Women's studies in communication, 2000(23):367-391.

② 有关希拉里被塑造为赛博格的新闻报道:"The Hillary Clinton is a Cyborg Meme"[EB/OL]. (2008-05-24) [2016-07-06]. http://cyborgblog. headlesschicken. ca/2008/06/hillary-clinton-is-cyborg-meme.html.对希拉里被塑造为赛博格现象的学术研究:RICHARDS R S. Cyborgs on the world stage: Hillary Clinton and the rhetorical performances of iron ladies[J]. Feminist formations, 2011:1-24; RITCHIE J. Creating a monster[J]. Feminist media studies, 2013(13):1, 102-119.对希拉里的漫画形象的研究:EDWARDS J L, MCDONALD C A. Reading Hillary and Sarah: Contradictions of feminism and representation in 2008 campaign political cartoons[J]. American behavioral scientist, 2010, 54(3):313-329.

二、希拉里的社交媒体使用策略

2008 年美国总统大选时,政坛新秀奥巴马在民主党党内初选阶段战胜了拥有雄厚政治资源和资金支持的希拉里,这一胜利被很多人认为是由于奥巴马善用脸书、推特等当时刚刚流行起来的社交媒体从而吸引到大量年轻选民和小额多笔竞选资金的原因,[①]维基百科上甚至有“社交媒体上的巴拉克·奥巴马”(Barack Obama on Social Media)的词条。[②] 美国的政治大选甚至政府治理都由此进入了社交媒体时代。[③]

此后,美国及全球的政治领袖都不得不对这一新兴媒体形式重视起来,希拉里也不例外。希拉里于 2013 年 8 月在推特上开设账号,目前已有超过 2,380 万粉丝,共发布推文超过一万条。当前的脸书主页创建于 2015 年 4 月,当时她正式宣布参加来年的美国总统大选;目前,希拉里在脸书上有超过 962 万粉丝,超过 971 万人次点赞。

在两个社交媒体平台上,希拉里使用了相同的照片作为头像和主页背景图(见图 4-10)。头像图片中,希拉里侧脸 45 度,目光笃定地望向照片的左前方,她发丝整齐、妆容精致,佩戴了耳环、项链等饰品,虽然是抿嘴微笑的表情,但是也显示出坚毅果敢的气质。无论从色调、光线、拍摄角度还是主体的表情和动作来看,这张精心设计的肖像照片都像极了传统贵族的肖像油画,这也与希拉里作为一名老派的传统政客的身份相符。不同于高贵典雅的肖像照片,

---

① COGBURN D L, ESPINOZA-VASQUEZ F K. From networked nominee to networked nation: examining the impact of Web 2.0 and social media on political participation and civic engagement in the 2008 Obama campaign[J]. Journal of political marketing, 2011, 10(1-2):189-213.

② Barack Obama on Social Media[EB/OL].(2018-03-25)[2018-10-12]. https://en.wikipedia.org/wiki/Barack_Obama_on_social_media.

③ BERTOT J C, JAEGER P T, HANSEN D. The impact of polices on government social media usage: issues, challenges, and recommendations[J]. Government information quarterly, 2012,29(1):30-40.

图 4-10　左图为希拉里在推特和脸书上使用的头像,右图为其两个社交媒体平台中的背景图片

背景照片中,希拉里与一位非洲裔男孩用手机玩起了自拍,照片的左边边缘还有一位正在用手机拍照的非洲裔女性;在这个情境下,希拉里不再抿嘴微笑,而是自然地露齿而笑,显得更加亲切、慈祥。事实上,少数族裔、儿童、女性以及 LGBTQ 性别少数者等社会边缘人群是希拉里从大学以来就着力关注的对象,正如伯恩斯坦所说,“非要从希拉里的政治、宗教及社会观点发展过程中找出一条主线的话,那就是她矫正美国种族主义悲剧的信念和决心。”“在所有应该得到帮助的人中,希拉里最想帮助的是孩子。”①因此,这样一张与非洲裔儿童和女性互动的照片能够很好地反映希拉里本人的政治关注点和政策导向,背景照片中轻松自然的氛围也中和了肖像照片的严肃与庄重,使其本人的性格和身份特征能够更加平衡地呈现。此外,这张照片被调为黑白色调,使得照相的这一刻被凝固,更增添了隽永和历史沉淀的意味。

在希拉里参加 2016 年美国总统大选期间,推特和脸书都成了她塑造个人形象和传递政策信息的重要平台。与线下竞选活动相呼应,希拉里结合特定的节日、重要历史节点和竞选时间表,在两个社交媒体平台上发布了大量竞选文字、图片、视频以及新闻链接等。在一年半左右的竞选期间,希拉里共更换

① 伯恩斯坦.希拉里传:掌权美国的女人[M].北京:中信出版社,2008:12,34.

头像 62 次，其中包括 26 张以希拉里名字首字母“H”为主体的竞选宣传图片（见图 4-11），希拉里以不同的造型和图案设计向美国不同族裔、不同性别、不同地区的公众表达敬意和友谊，以及传达节日祝福；另外，希拉里的头像照片还包括 36 张以自己的照片为主体、配合她在不同地区和不同时间的造势活动的照片，特别是在大选投票前的最后三天，配合倒数的天数，希拉里每天更换头像，吸引公众的注意。竞选期间，希拉里也多次更换社交平台上的背景照片（见图 4-12），不同于头像照片中单独的人像，背景照片多为希拉里在线下宣传造势活动中与支持者在一起的合影或支持者群体的信息。这些图片正反映了政治领导人通过自媒体“操弄”自身公共形象、对抗大众媒体建构的重要方式。

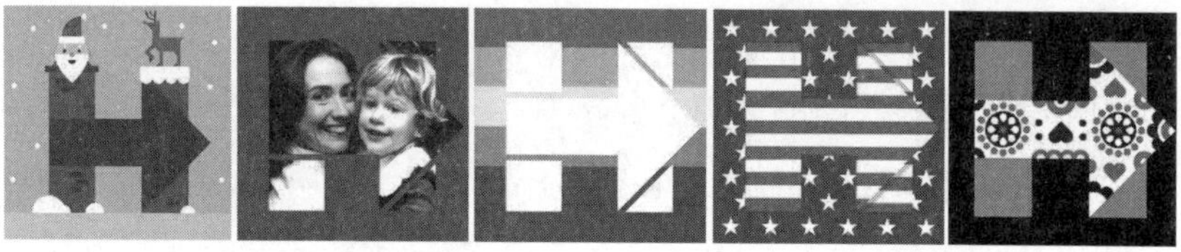

图 4-11　以希拉里名字首字母 H 为主题的头像照片，照片主题分别为庆祝平安夜、庆祝母亲节、倡导性别少数群体的权益、庆祝美国国庆日以及为吸引拉丁族裔选民

图 4-12　以希拉里本人照片为主体的头像照片，由左到右分别更换于在内华达州进行线下造势时、在纽约州进行线下造势时以及大选投票倒数最后三天

尽管希拉里发布在推特和脸书上的内容大体相同，但她在两个社交平台所呈现和传递的信息并不完全一致。相比之下，希拉里使用推特的频率更高，推文内容多为不配图的文字推送或者对某些新闻、视频的评论转发，不少推文

会提及（“@”）其他个人或机构，而推文内容多是对某重大新闻或政策进行评论和回应，为某些政治候选人助威呐喊以及倡导美国公民积极参与投票（见图4-13）。此外，倡导女性权益也是身为女权主义者的希拉里在推特上的重要声音。相比之下，希拉里对脸书的使用方式和传递的信息更为多样，内容基调更加轻松活泼，配图和配视频的比重也更高。总体而言，推特更像是希拉里发布新闻的工作平台，而这一内容上的差异也与两个社交平台的自身定位和优势有关。

图 4-13　希拉里在 2018 年美国中期选举期间鼓励美国公民参与投票

三、名人政治中的希拉里：在“政治”与“名人”间保持平衡

过往的研究者发现，依托“名人”而实现的政治现象具有以下特色：“政治主体性从公共政策或政党转移至从政者身上；政治人物是理性主控姿态的表演者；政治人物的成名或获得名声，要符合媒介运作的筛选、聚焦和强化等惯例。”[①]在政治领域奋战多年的希拉里有着巨大的社会影响力，积攒了极高的

① 邱宜伊，苏衡．政治名人与媒体：马英九报道的新闻框架初探［J］．新闻学研究，2009（99）：1-45．

人气,是位不折不扣的“名人”,但其政治理念等也非常清晰,可以说是在“政治”和“名人”中找到了较好的平衡点。例如,相比默克尔、特蕾莎·梅等主流女性政治领袖,希拉里因为更早进入政坛以及有着一位前总统丈夫,早年“第一夫人”的身份使其家庭生活特别是夫妻关系一直以来都更多地曝光在媒体和公众面前,因而更具“名人”色彩;但是,相比米歇尔·奥巴马、伊万卡·特朗普等第一夫人和第一女儿,希拉里作为政治家的独立身份更加鲜明,她的政治理念更加明确坚定,职业成就更高,为研究社交媒体时代的政治名人的学者们提供了绝佳的研究对象。

在本研究所涉及的各领域的精英女性中,希拉里在脸书上发布帖子的数量排名第二,使用频率较高。从文本形式来看,希拉里偏好文字文本,句法、标点规范优美,几乎从不使用表情、图标以及缩略语等;除竞选总统阶段经常发布单人照片外,希拉里发布的为数不多的照片多为参加社会活动时与他人的合照或者他人的独照,涉及家庭成员的照片并不多,在这些照片中,也多是与丈夫比尔·克林顿共同参加政府活动或其他公共活动时的情景。

从文本内容来看,希拉里发布的帖子主要包括以下方面:时事点评、活动分享及预告和政策理念表达。在时事点评方面,希拉里就当前美国面临的内政、外交事务、社会问题以及刚刚发生的与她的兴趣息息相关的新闻发表观点,或者转载分享她在其他媒体上发表观点的文章或视频,例如,2019 年 4 月,女性科学家凯蒂·博曼(Katie Bouman)提供算法,让人类第一次目睹黑洞的真容后,希拉里发布图文帖子,向凯蒂和其他科学家表达祝贺;她还在美国女性足球运动员亚历克斯·摩根(Alex Morgan)打入职业生涯第 100 粒进球后对其表示祝贺,这与希拉里长期关注职业女性有着密切的联系。活动分享和预告是希拉里目前在社交媒体上最主要的发帖内容,希拉里以“文本+图片”“文本+视频”的方式记录或预告自己参与的公共活动、发表的公开讲话等,通常只是在提及围绕克林顿基金会的演讲或募捐活动时,希拉里才会发布她与比尔·克林顿的合照或全家三口人的合影。除了这两类与具体活动或事件紧密相关的帖子，希拉里还会发帖表达自己所倡导的政治理念，呼吁围绕性别、种族等的社会公正，例如，转发评论一些性别类非政府组织的宣传视频，对当前的性别歧视、偏见等现象展开批评，或通过回溯历史来观照当前的社会现象。因此，并不像当前的一些流行女权主义者(popular feminist)[①]将性别平等作为一种“时尚的”、标榜个性的或能够为自己带来人气的话语，希拉里对女性权益的倡导是她一直以来的政治观念。

相比公共事务，希拉里较少分享自己与家人的互动或者记录家庭生活的点滴。仅仅在感恩节、圣诞节、元旦、复活节等重要节日时，她才会在脸书上分享一些包含丈夫、女儿的照片，配的文字内容往往并不局限于家庭生活，而是论及全美国或全世界的社会情境。例如，2018 年感恩节时，希拉里发布了女儿小时候一家三口的照片，配文“来自我们家庭的对你们家庭的感恩节祝福”，并未过多分享家庭生活，而是借自己的家庭向公众送去祝福。再如，2018 年的最后一天，希拉里发布了全家人紧紧相拥的照片，配文却与家庭毫无关系，而是对过去一年的美国社会进行总结并展望即将到来的 2019 年(如图4-14)。

总体而言，希拉里·克林顿在社交媒体中的自我呈现在“政治”与“名人”之间进行了较好的平衡。究其原因，希拉里在较长的政治生涯特别是在早期作为第一夫人期间已经积攒了较高的知名度和人气，全美国甚至全世界都对这个第一家庭有充分的了解；因此，现在的希拉里并不需要像那些初入政坛的女性政治新秀那样，通过高频率的媒体曝光和自我披露来为公众所熟知以及吸引自己的支持者，而是专注于政治理念的倡导和公共政策的实施等硬核领域。

① CRISPIN J. Why I am not a feminist: a feminist manifesto[M]. Brooklyn: Melville House Publishing, 2017: 101-105.

图 4-14　希拉里在脸书上发布的跟家人有关的图片和文字

本章小结

本章从“名人政治”的概念和视角出发，对精英女性特别是政治领域的精英女性在社交媒体中的自我呈现展开研究。通过对女性政治领袖脸书的页面设置和发帖情况进行编码和分析，研究发现，政治领域精英女性身上并没有非常明显的“名人政治”特征，其在社交媒体上塑造的形象更突出地表现为去性别、去个性的标准化，她们也不过多地曝光家庭成员和私人领域的生活，并不着力从形象和身体方面塑造个人特质，而是大多以短发、中性色系或冷色系的职业套装等规避“女性气质”，呈现出干练的、理性的专家形象。这与男性政治家通过主动曝光家庭生活、赢得公众好感形成了鲜明对比，再次印证了名人政治对男性政治家和女性政治家的不同影响。相比之下，更年轻的、以家属身份进入政坛或者转行进入政坛的不“硬核”的女性政治人物的社交媒体呈现则表现出更鲜明的“政治名人”的特征,以伊万卡·特朗普、米歇尔·奥巴马为代表的“第一女儿”“第一夫人”则更愿意曝光私人领域的生活和强化自身的家庭角色,以更加精致的妆发和着装吸引媒体和公众的目光,树立“人设”,赢得支持。

通过对希拉里·克林顿的从政经历、大众媒介形象和当前社交媒体的使用情况进行分析,本章发现,作为一名“硬核的”职业政治家,希拉里当前在社交媒体上自我呈现的重点虽然在于政治理念和政策本身,但在其最初作为“第一夫人”进入公众视野时,希拉里也非常注重外表、家庭身份等个人特质的塑造和展演;而在其开始参选参议员、参加总统大选以及担任国务卿期间,她则将更多的精力投入职业本身;目前,她则在“名人”和“政治”之间保持着微妙的平衡。如果以希拉里的经历来观照和对比其他女性政治人物的社交媒体自我呈现,可以发现,对于女性政治人物而言,“名人政治”或许是一种阶段性策略:女性政治人物在初入政坛时通过“名人”策略迅速获得关注和支持,当注意力资源积累到一定程度,她们就更专注于政治和职业本身。但这仅仅是本章根据个案做出的猜测,从生命历程的角度看,政治人物的名人策略究竟会有怎样的变化,信息与传播工具会为其带来怎样的影响,还有待更加系统的考察。

第五章　售卖性感还是隐藏身体：精英女性的视觉性别表演

20 世纪 30 年代,德国哲学家海德格尔(Martin Heidegger)在《世界图像的时代》一文中,以欧洲科学技术的高速发展为背景,对现代社会的科学、技术、文化和世界的本质进行观照和思考,他认为,人对于主体性和世界观的认识发生了巨变,并预言“世界图像的时代”正在到来。海德格尔所说的世界图像“从本质上看来,并非意指一幅关于世界的图像,而是指世界被把握为图像了”,“根本上世界成为图像,这样一回事标志着现代之本质”。[①] 在高速移动互联网和影像拍摄设备飞速发展的今天,“图像世界”不再是一个是否存在的可讨论话题,而成了一个无可辩驳的事实。在摄影技术出现早期,人们多认为照片是对世界的精确还原,能够清晰而忠实地再现自然,“图片似乎并不是用于表现世界的作品,而是世界本身的片段,”而后人们逐渐认识到“照片跟绘画一样,同样是对世界的一种解释”[②]。拍摄行为本身就是一次事件,是对被拍摄对象的干预和入侵。拍摄并非记录,它是一种阐释,是在拍摄者的认知结构下对世界的一种重新组合和结构,其中渗透的是意识形态和权力。

---

① 海德格尔.世界图像的时代[M]//林中路,孙周兴,译.上海:上海译文出版社,2007:91.

② 桑塔格.论摄影[M].黄灿然,译.上海:上海译文出版社,2012:13.

长期以来,在由男权主导的社会中,女性作为被凝视的对象而存在,因此,精英女性的视觉形象被性别歧视和偏见所渗透的传统媒体所主导,那些不符合传统性别气质的视觉元素会成为媒体关注的重点。于是,如何在媒体前管理和"操弄"自己的公共形象成为精英女性不得不面对的问题,社交媒体的出现为精英女性突破大众媒体的媒介化政治和父权框架以及掌控自己的视觉形象提供了重要平台。因此,发布于社交媒体的图片和视频往往反映着使用者想要传递给公众的形象和价值观,折射着使用者心中理想的自我形象和社会对精英女性的期待。

第一节 图像转向背景下的女性公众人物的视觉形象

20 世纪 90 年代,米歇尔首次提出了"图像转向"(pictorial turn)的概念,用以描述关于理解社会生活方法的"文化的转向"。米歇尔将"图像转向"定义为"对图像的一种后语言学的、后符号学的再发现,把图像当作视觉性(visuality)、机器(apparatus)、体制、话语、身体和喻形性(figurality)之间的一种复杂的相互作用"①。桑塔格认为,照片具有"提供证据"的功能,"真确性的假设赋予照片权威性、兴趣性和诱惑性"②。视觉文本对文化表征和文化记忆的形塑与维系有着深远的影响,包括绘画艺术、档案照片、新闻摄影、纪录片、纪念碑在内的各类视觉文本无一不在传递事实信息、唤起观者的情感认同,从而推动观者的道德行为。③

---

① 米歇尔.图像转向[A]//陶东风.文化研究:第 3 辑.天津:天津社会科学院出版社,2002:17.

② 桑塔格.论摄影[M].黄灿然,译.上海:上海译文出版社,2012:10.

③ VAN ECK C. Classical rhetoric and the visual arts in early modern Europe[M]. Cambridge University Press,2007:57.

一、公众人物的视觉形象管理

近年来的电视政治传播研究表明,视觉符号在传递社会和政治信息方面有着重要作用①,特别是在选举活动中,投票者依据这些信息来形成他们关于候选人及其政党的看法。② 非语言形式的交流,如候选人的形体、姿势以及情感表露提供了有助于解释其意图的关键信息和他们对于某职位合适性的明确指示。③ 霍华德和霍夫曼指出,美国独立战争期间,关于主要政治领袖的肖像画和雕塑通过光影、色彩以及画面要素构成等符号语言,有效传达了美利坚合众国的政治理念和成功制造了一种全新的民族国家认同④。有研究者将政治人物的非语言行为区分为决断风格(agonic style)和享乐风格(hedonic style),前者涉及表现出攻击性、威胁性或竞争性的行为,诸如挑衅的手或手臂动作、指责或挥动拳头等,表示要挑战已建立的权力关系;享乐行为则是为了强化社会地位,显得更加友好和安心,表达了政治人物与观众的亲密关系或联系,包括向人群挥手、竖起大拇指或戴帽子等行为。⑤ 图像也表达着政治人物的立场,作为精心制作的对于政治理念的展示,图像还可以扩大、挑战、完善或替代

---

① LESTER P M. Visual communication: Images with messages (4th ed.)[M]. Belmont, CA: Wadsworth, 2005:19-20; SCHILL D. The visual image and the political image: a review of visual communication research in the field of political communication[J]. Review of communication, 2012(12):118-142.

② EKMAN P, FRIESEN W V, O'SULLIVAN M, et al. Relative importance of face, body, and speech in judgments of personality and affect[J]. Journal of personality and social psychology, 1980(38):270-277.

③ BUCY E P, GRABE M E. Taking television seriously: a sound and image bite analysis of presidential campaign coverage, 1992—2004[J]. Journal of communication, 2007(57):652-675.

④ HOWARD A D, HOFFMAN D R. A picture is worth a thousand words: building American national identity through art[J]. Perspectives on political science, 2013,42(3):142-151.

⑤ BUCY E P, GRABE M E. "Happy warriors" revisited hedonic and agonic display repertoires of presidential candidates on the evening news[J]. Politics and the life sciences, 2008,27(1):78-98.

政治人物的品质和价值观[1],这些功能都使得图像成为政治说服的有效工具。

在视觉文化的氛围中,政治很大程度上变成了一种中介化的行为(mediated experience)[2],正如默里·爱德曼所说:"对于大多数人来说,大多数时候,政治是由电视新闻、报纸、杂志放在脑海中的一系列图片。"[3]因此,"照片机会"(photo opportunities),如新闻发布会或预定采访,成为西方媒体记者编辑和政治人物之间的各种机构化活动的不可或缺的部分。媒体甚至会在非官方的时间、地点进行拍摄,例如,当政治人物吃三明治、在街上散步或在私人聚会上与朋友和家人聊天时,这些图像能够很好地展示政治人物的后台行为。[4] 对此,政治人物也发展出或显性或隐性的策略,与媒体的视觉框架策略协商或抗争。[5] 而社交媒体的出现,则为包括政治人物在内的精英进行有效的视觉传播创造了机遇。

二、女性公众人物的视觉形象

笔者在第一章中提到,大众媒体在报道职业女性时,往往表现出"琐碎化"倾向,关注职业女性的家庭、容貌、衣着等私人领域,而忽视其在公共领域中的表现。例如,从玛莎·华盛顿(Martha Washington)起,美国的"第一夫人"就

---

① KROGSTAD A, STORVIK A. Picturing politics: female political leaders in France and Norway[J]. Historical reflections/réflexions historiques, 2012,38(3):129-152.

② CARPINI D, MICHAEL X, WILLIAMS B A. Let us infotain you: politics in the new media environment[M]//BENNETT L W, ENTMAN R M. Mediated politics: communication in the future of democracy. Cambridge: Cambridge University Press, 2001:160-181.

③ EDELMAN M J. The symbolic uses of politics[M]. University of Illinois Press,1985:104-106.

④ HOLLY W. Tabloidization of political communication in the public sphere[M]//WODAK R, KOLLEr V. Communication in the public sphere. Berlin: de Gruyter, 2008:317-342.

⑤ LUNDELL A K. The fragility of visuals: how politicians manage their mediated visibility in the press[J]. Journal of language and politics, 2010,9(2):219-236.

被塑造为时尚、仪式和社交活动的把关者，[①]对于女性政治人物而言，其视觉形象与性别交叉，直接影响着公众对其个性特征和专业能力等评价。乔安娜·埃弗里特等学者曾将政治人物的非语言行为区分为决断风格和享乐风格，通过考察不同性别政治人物非语言行为对选民的影响，他们发现，当她们使用决断风格的（态度鲜明的、明确表达观点的或者上下起伏的）手部运动时，得到的正向评价就会减少；而当男性做同样的动作时，得到的好感度则会上升。当女性政治人物是冷静、克制的，她更有可能获得来自男性投票人的选票；而当男性候选人表现出很有决断力的非语言信号时，他更有可能获得来自男女投票者的支持。[②]

因此，从政治到经济再到体育文化各个领域的精英女性都非常注重媒体形象的塑造。例如，对于希拉里来说，从 20 世纪 80 年代做律师起，外在形象就是她一直面临的挑战，《希拉里传》中曾这样描述她的外形困境：

> 希拉里的秘书都嘲笑她试图建立职业女性形象的努力："首先，她不穿丝袜，事务所里的老妇女们简直吓呆了。她是女性律师的滑稽版。她的卷发很古怪，两条大眉毛横跨她的前额，看起来就像是两只大青虫。我们笑得都要哭出来了。上庭的时候，她想要看起来漂亮一点儿，会佩戴一些可怕的塑料首饰。她还会穿上高跟鞋，可是她根本就不会穿高跟鞋走路。在她身上找不到任何一点儿女人味、女性化的东西。"希拉里的体重也是一个常常被谈起的话题。如果能够

---

① WINFIELD B H. Who elected her anyhow? The first lady as a campaign issue[M]// NORRIS P. Women, the media and politics. New York: Oxford University Press, 1997: 166-179.

② EVERITT J, BEST L A, GAUDET D. Candidate gender, behavioral style, and willingness to vote: Support for female candidates depends on conformity to gender norms[J]. American behavioral scientist, 2016, 60(14): 1737-1755.

瘦几磅,她看起来会更漂亮,可是她就是没有办法甩掉这几磅肉。“她总是在节食。她上班的时候会带上一大袋生菜,然后一天都吃这些东西,”她的秘书说。[①]

曾有学者对1980年至2010年间法国和挪威两国女性政治人物的媒介形象进行了梳理和分析,共总结出七种具有代表性的女性形象:(1)穿裙子的男人和石头做的女人,(2)狐狸精(seductresses),(3)不同类型的母亲,(4)对过去的女英雄的模仿,(5)穿红色衣服的女性,(6)魅力女性(glamorous women),(7)利用讽刺性的女性气质的女性。其中后三种——分别强调颜色、魅力和讽刺——被认为是女性政治家以女性感官性感来强调权力地位的新策略。[②] 而在体育文化等领域,媒体对性感身体和女性气质的强调有过之而无不及,大量研究表明,在对女性运动员进行报道时,无论书面文本还是视觉文本,媒体对女性气质和异性恋特征的强调都远超过对其运动能力的强调。[③] 针对这种媒介呈现,曾有研究人员向36名女性运动员展示了从女性在赛场上的能力到场外软色情的图片,请她们从中选出最能够代表自己及其运动的图像以及能够提升公众对她们的运动的图像。研究结果表明,运动能力被认为是最能代表自我/体育和增加尊重的绝对选择,但同时也有47%的受访者认为,软性色情最能够提升公众——特别是男性——对女性运动的兴趣,即肯定“售卖性感”

---

① 伯恩斯坦.希拉里传:掌权美国的女人[M].北京:中信出版社,2008:74.

② KROGSTAD A, STORVIK A. Picturing politics: female political leaders in France and Norway[J]. Historical reflections/réflexions historiques, 2012,38(3):129-152.

③ WEBER J, BARKER-RUCHTI N. Bending, flirting, floating, flying: a critical analysis of female figures in 1970s gymnastics photographs[J]. Sociology of sport journal, 2012(29):22-41; DANIELS E, WARTENA H. Athlete or sex symbol: what boys think of media representations of female athletes[J]. Sex roles, 2011(65):566-579.

(sex sells)的价值。[①] 然而,需要指出的是,在这些凸显身体的软性色情图片中,女性几乎总是处于被动的位置,她们高度健美的身体和肌肉组织并不会得到凸显,女性的身体仍然作为被观看的对象而存在[②];与此同时,研究也表明,这些以软性色情方式呈现女性运动员的图像几乎没能提高观看者对女性运动的兴趣。[③]

综上所述,视觉形象对于女性公共人物的媒介呈现和公众认知有着更重要的意义,而女性对其自身公共形象的认知与建构也在很大程度上受到社会主流性别观念和期待的影响,她们将对于身体和性别特质的展示作为形塑视觉形象的重要构成,而这又会反过来对公众的社会性别观念产生影响,正如苏珊·桑塔格所说:"照片在教导我们新的视觉准则的同时,也改变并强化了我们对什么才值得看和我们有权利去看什么的观念。"[④]

三、本章研究思路和研究问题

互联网和社交媒体的出现,为精英女性更加自主且高效地进行视觉传播提供了机遇。基于此,本章将对精英女性在社交媒体中的自我形象建构及其背后的社会、文化因素和性别结构进行深入剖析。在本研究抽取的精英女性发布在脸书的404篇帖子中,仅以文字方式呈现的帖子为67篇,占比16.7%,这意味着其他83.3%的帖子均包含图片、视频等视觉信息;此外,10.9%的内

---

① KANE M J, LAVOI N M, FINK J S. Exploring elite female athletes' interpretations of sport media images: a window into the construction of social identity and "selling sex" in women's sports[J]. Communication & sport, 2013,1(3):269-298.

② KANE M J, MAXWELL H D. Expanding the boundaries of sport media research: using critical theory to explore consumer responses to representations of women's sports[J]. Journal of sport management, 2011(25):202-216.

③ ANTIL J H, BURTON E, ROBINSON M. Exploring the challenges facing female athletes as endorsers[J]. Journal of brand strategy, 2012,1(3):292-307.

④ 桑塔格.论摄影[M].黄灿然,译.上海:上海译文出版社,2012:7.

容仅为图片或视频,不包含任何文字文本。

基于以往视觉文化研究的研究路径和方法,本章将通过以下路径展开研究。首先,本文将对图像文本本身的内容进行编码和分析。吉莉恩·罗斯(Gillian Rose)在《视觉方法论:如何理解视觉材料》(*Visual Methodologies: An Introduction to the Interpretation of Visual Materials*)一书中曾指出,对图像文本本身的分析可对其图像构成(compositional)要素做逐一解读,例如,从艺术表现形式上看,研究者可统计其色彩、色调、灰度、亮度、景别、构图等基本特征;从图像内容构成来看,研究者可分析其中的人物、背景的具体属性。范·祖伦曾提到,拍照角度、照片中女性与他人的互动情况以及衣服的选择等三方面因素也通过影响女性气质的表达而成为精英女性视觉构成的重要构成①,这也为研究图像文本的构成提供了重要指标。其次,在图像文本内容的基础上,本文还将结合文化语境(cultural context)对图像身处其中的性别结构和权力结构进行分析,正如穆勒(Marion G. Müller)所说,"相比用于制造文本含义的规则,用于制造视觉含义的规则更加去标准化,更依赖于语境,"②上文提到的关于挪威和法国女性政治人物的视觉形象的研究表明,国家"文化资源"(cultural repertoires)对于造成两国女性政治人物的形象差异产生了巨大影响,比较不同的政治社会能够促使我们了解政治领域审美化的自我表现所蕴含的隐含意义和先决条件。③ 本研究涉及来自18个国家的精英女性,这为我们理解民族国家性别文化的差异及其造成的影响提供了重要背景。通过这三项层层递进的研究路径,本章将着重解决以下问题:

(1)从图像的基本构成元素来看,精英女性在社交媒体上的自我呈现是什

---

① VAN ZOONEN L, HARMER E. The visual challenge of celebrity politics? Female politicians in Grazia[J]. Celebrity studies, 2011,2(1):94-96.

② MÜLLE M G. What is visual communication? Past and future of an emerging field of communication research[J]. Studies in communication sciences,2007,7(2): 13.

③ KROGSTAD A, STORVIK A. Picturing politics: female political leaders in France and Norway[J]. Historical reflections/réflexions historiques, 2012,38(3):129-152.

么样的?

(2)从图像所处的文化语境来看,哪些因素和权力结构形塑了精英女性在社交媒体上的自我呈现?

第二节 精英女性社交媒体头像中的性别气质光谱

在66位精英女性中,57位选择以自己的独照作为头像,除网球运动员塞雷娜·威廉姆斯(Serena Williams,小威廉姆斯)使用了视角更加主观的仅包含面部的正面自拍,其他女性选择了较为正式的他拍照片作为头像。在包含他人的头像中,两位政治领域的精英女性选择了与支持人群的合影,聚焦公共领域,强调职业身份;其他四位经济和文化领域女性的头像则是与丈夫、儿女等家人的合影,凸显家庭角色。此外,还有一人的头像照片内容为静物或风景。

从人物发型来看(详见表5-1),在48%的头像照片中,女性为肩部以上的短发,近45%的女性披散着长发,仅五位女性选择了长发束发的发型。在不同领域中,女性在发型选择上表现出了巨大差异:在政治领域,近三分之二的女性选择肩部以上的短发,30%的女性选择披散的长发;在经济领域,选择短发和披散长发的女性比重相当,均为47.6%;而在文化领域,选择披散长发的女性占比三分之二,选择短发的女性仅13.3%。头像照片中,佩戴0-2件首饰的女性最多,占比87%,而马祖姆达尔-肖等人(Kiran Mazumdar-Shaw & Ngozi Okonjo-Iweala)则分别佩戴了5件和6件饰品。总体而言,政治领域精英女性的“去女性化”特征更明显,而文化领域精英女性的“女性气质”最强烈。

表 5-1　社交媒体头像中精英女性的发型分布

领域	长发-散发(%)	长发-束发(%)	肩部以上短发(%)
政治	30	6.6	63.3
经济	47.6	4.8	47.6
文化	66.7	13.3	13.3
总计	44.6	7.7	47.7

一般来说，照片中人物是否看向镜头能够表现出其交流意愿和主体特征。当其看向镜头，意味着交流感更强；而当其望向其他方向，则更强调人物本身所处的情境及其与他人的互动。在所有精英女性的头像照片中，44%的精英女性没有看向镜头，53%的女性看向了镜头，不同领域的女性在是否看向镜头上表现出了较大的差异：在政治领域，60%的精英女性没有看向镜头，这类照片通常是其在公共活动现场的照片，或者是精英女性看向斜上方的肖像照片；在经济领域，76.2%的女性选择看向镜头；在文化领域，二者的比例则基本相当，未看向镜头的照片多为有较强设计感的艺术照。从头像图片的景别来看，51.5%为胸部以上的特写，另有37.8%的图片为腰部以上的近景，这意味着头像图片都以突出人物主体特别是面部特征和表情为主，这也符合“头像”的定义。

在首页背景图片中，精英女性自己本人的照片占27%，与他人的合影占33.3%，30%的人选择以静物、风景作为首页背景。其中，政治人物选择与他人的合影作为背景图片的比重最高，这样的背景图片更强调政治人物与公众之间的关系及其职业身份，而文化领域的精英女性更多以自己本人或者静物、风景的照片作为首页背景。

总体而言，作为自我呈现的“门面”，精英女性社交媒体的头像较鲜明地体现出不同领域的差异：在政治领域，精英女性多采取精干的“去女性化”的短发造型，身着职业套装，在胸部以上的特写照片中，精英女性以坚毅、自信的眼光看向斜前方，照片背景中时常会出现虚化的国旗、国徽等政治符号，强调理性的政治专家的主体角色，首页背景图片则以精英女性及其支持者的合影为主，突出其受人爱戴和支持的交往特征，头像和背景相辅相成(参考图 5-1)；在经济领域，长发和短发的精英女性平分秋色，人物多以露齿的笑容看向镜头，除职业套装外，相当比例的商界精英也身着夹克、开衫等服装，配合以胸前抱臂、叉腰、手托下巴等经典的“商务造型”，另外一些商业精英女性与丈夫、孩子等家庭成员共同出现，显示出积极、阳光、自信的态度，相比政治精英，商界精英更加日常化、生活化，背景图则常常与其事业内容相关(参考图 5-2)；在文化领域，精英女性多以披散的、有造型的长发以及较浓的妆容示人，身体暴露程度较高，会佩戴明显的饰品，不少女性使用了更具质感的黑白照片，强烈突出了个人风格(style)，她们的社交媒体首页背景图片往往也是自己的特写照片，突出长相和妆容(参考图 5-3)，更具传统的女性气质。

图 5-1 通用电气前任副总裁贝丝·科姆斯托克(Beth Comstock)的脸书头像与首页背景

图 5-2 现任波兰众议院议员、前任总理贝娅塔·席多(Beata Szydlo)的脸书头像与首页背景

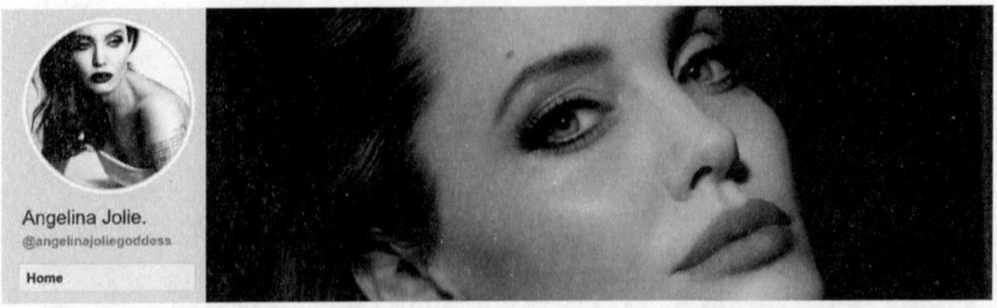

图 5-3　美国演员安吉丽娜·茱莉(Angelina Jolie)的脸书头像与首页背景

精英女性头像图片的差异与其所处的职业领域有很强的关系。从传统上看,政治领域是典型的男性领域,该领域中男性的占比——特别是在高层的占比——远高于女性,受到"霸权男性气质"的支配①;包括体育、娱乐、传媒、出版在内的文化领域则是较典型的女性领域,女性的比重和可见度都更高,传统的女性气质同时作为被凝视的对象以及主体性的彰显更加凸显;而经济领域处在二者的中间地带,尤其是近些年,女性企业家不断涌现,"杂糅的"性别气质正在成为主流。此外,不同领域对能力的差异化要求也造成不同领域的精英女性的年龄有着较明显的差异,在本书的研究对象中,政治、经济和文化领域精英女性的出生年份范围分别为 1938—1981 年、1946—1984 年以及 1949—1989 年,平均年龄分别为 60 岁、56 岁和 50 岁。

传统的女性气质或女性化资本总是基于年轻、肤白貌美、苗条、异性恋的身体,②而随着年龄的增长(aging),这种以容貌和身体为中心的霸权式的女性气质也会趋于弱化,③从而构成本研究中发现的精英女性形象的差异。由此,从政治到经济再到文化,构成了一个"男性气质"渐弱、"女性气质"渐强的性别光谱。

---

① 康奈尔.男性气质[M].柳莉,等译.北京:科学社会文献出版社,2003:39-41.

② BORDO S. Unbearable weight: feminism, western culture, and the body[M]. California: University of California Press,1993:79-82;BRUMBERG J J. The body project: an intimate history of American girls[M]. New York: Vintage Books,1997:120-125.

③ WINTERICH J A. Aging, femininity, and the body: what appearance changes mean to women with age[J]. Gender issues, 2007,24(3):51-69.

第三节 精英女性的交往形象建构

在本书所涉及的人物日常图片中,14.5%的图片为发帖人的独照,仅20%的照片不包括发帖人的独照,另有65%的照片为发帖人与他人的合影。在图像的形式特征方面,以拍摄的垂直角度来看,精英女性日常发布的图片中有76.6%以平视的角度拍摄,仅13.1%和10.2%的图片分别以仰拍和俯拍方式呈现,这意味着发布者更倾向于以平等的身份与社交媒体用户进行交流互动,而不刻意凸显权力地位等;从拍摄的水平角度来看,与头像中正面照占据绝大多数不同,在包含精英女性本人的照片中,发布人面朝照相机的比重仅为56.9%,侧面照片的比重高达41.6%,这同样意味着,发布者不再是图片的绝对中心,其他人物以及女性与其他人物的互动也是图片发布者希望强调的内容;精英女性在图片中的位置也印证了这一点,在57%的图片中,发布者位于照片正中的位置,在40%的图片中,女性则居于照片两侧三分之一的位置,照片并未刻意凸显女性的绝对核心地位。如果说头像是建构理想个人主体形象的主要平台,那么日常发帖中的图片则为我们提供了审视精英女性脑海中理想社会互动的重要途径。

一、精英女性的身体形象

精英女性日常发布的照片所呈现出的性别光谱与头像呈现出的性别光谱类似,不同领域间精英女性呈现出的身体形象差异也更大。从发型来看,在精英女性日常发布的图片中,短发造型的出现频率更高(56.3%),特别在政治领域,80%的图片中精英女性留着长度在肩部以上的短发,短发造型出现频率在经济和文化领域则分别为36.8%和13.9%,与之相对应的是,在这两个领域中,披散长发的女性所占比例分别为63.1%和75%。从着装类型来看,在政治领域和经济领域的精英女性日常发布的图片中,身着正装或半正式的职业装的比重均超过四分之三,仅5%左右的照片中女性身着时髦服装或品牌服装;在文化领域,仅36.1%的照片中女性身着正装或半正式的职业装,四分之一的照片中女性身着时髦服装或品牌服装。从服装色彩来看,精英女性整体以中性色系着装为主(46.2%),冷色系和暖色系分别占比37.3%和16.4%,在经济领域和文化领域,超过半数的照片中女性身着中性色系服装,分别占比52.6%和65.7%,其次是冷色系服装,女性身着暖色系服装的照片占比最低。但在政治领域,45%的图片中女性身着蓝、紫等冷色系服装,其次是中性色系(36.3%),女性身着红、黄等暖色系服装的照片比重为18.7%,高于其他两个领域中暖色系服装的比重,这部分印证了此前研究中提到的女性政治人物对能够彰显性别气质的红色衣服的偏好(women in red)。① 而从裸露程度来看,文化领域精英女性的裸露程度最高,4.4%的照片中女性为性感裸露,另有32.6%的照片为一般裸露,而政治和经济领域的精英女性则无性感裸露的照片,一般裸露的照片比重也均在35%以下。

总体而言,从身体的呈现方面,各领域精英女性并未明显出现先前研究所提到的"售卖性感"现象,特别是在长期以来由男性和霸权性男性气质主导的政治领域和经济领域,精英女性会以更加去女性化的形象策略来适应职业对于理性、冷静等专业气质的强调。

二、精英女性视觉形象的空间特性

精英女性在社交媒体上对空间的呈现能够折射出其"名人策略"的使用程度,不同领域精英女性的空间呈现表现出了较大区别。在政治领域精英女性发布的图片中,仅6.4%的图片展现了家庭、日常生活等私人领域,图片对工作

① KROGSTAD A, STORVIK A. Picturing politics: female political leaders in France and Norway[J]. Historical reflections/réflexions historiques, 2012,38(3):129-152.

领域的呈现占据了绝对优势地位,比重高达 78.7%,工作以外的公共领域呈现占比近 15%;经济领域精英女性的空间呈现与政治领域相似,其对工作和工作以外公共领域的呈现分别占比 69.6%和 17.4%,仅 8.7%的图片展示了日常生活和家庭等私人领域;文化领域精英女性的空间呈现则表现出较大差异,超过五分之一的图片呈现了发布者的私人领域,该领域女性对私生活曝光程度更高,展现工作和工作以外的公共领域的图片则分别占比 42.6%和 31.5%。总体而言,文化领域的精英女性更常采取曝光私人生活的方式来表达个性、树立人设,而政治和经济领域的精英女性更倾向于呈现自己在职业领域和其他公共领域的表现。

三、精英女性视觉形象的交往特征

上文提到,相比社交媒体头像侧重对用户主体特质的呈现,日常发帖中的图片、视频等图像则以表现用户的社会交往情况为重点。本书对精英女性在其所发布的影像中的互动空间、互动对象以及互动形式、身体形态等进行了编码和统计,分析其视觉形象中的社会交往特征。

在图像信息中,不同景别意味着图像对人物主体、人物间互动及背景环境等不同方面的强调。总体而言,精英女性所发布照片的景别占比由高至低分别为全景(42.6%)、中景(28.7%)、近景(16.9%)和特写(11.8%),照片对人物间互动和大环境的强调多于对精英女性个体的强调。特别是在政治领域,接近半数(49.4%)的图片为全景拍摄,强调主体人物与他人的互动及其所在的环境,其功能与政治精英女性首页背景常用的与支持者在一起的照片功能相一致,而经济领域和文化领域仅有 26.3%和 36.1%的图片为全景拍摄;在经济领域,腰部以上的近景图片所占比重最高(42.1%),对人物主体的强调程度较高;而在文化领域,特写(27.8%)的比重仅次于全景(36.1%),相比近景,特写图片更强调人物的长相和表情的细节,在明星的写真中更为常见。由此可推断，相比经济领域和文化领域的精英女性，政治领域的精英女性更注重呈现与他人的互动和自身所处的情境。

在社交媒体图片呈现出的交往对象方面，在超过半数（51.8%）的精英女性与他人的合照中，其合影对象既包括男性也包括女性，其次是单个男性（19.6%）和男性群体（16.9%），合影对象为女性个体（6.3%）和女性群体（5.4%）的照片比重较低。这一特征在政治领域精英女性的合影照片中更为明显，接近60%的合影对象同时包括男性和女性，将近四分之一的合照中，合影对象为男性群体，精英女性与单个男性的合影占合照总数的11.6%，与单个女性和女性群体的合照仅占 2.9%和 1.4%；文化领域精英女性的合照对象则与政治领域的表现呈现出较大差异，她们未曾发布过仅与两位及两位以上男性的合影，她们与单个男性合影的比重较高（38.4%），合影对象为单个女性（15.4%）以及女性群体（11.5%）的比重均超过 10%，合影对象为女性的比重明显超过其他领域；而经济领域精英女性合影对象的状况则居于两者之间。

表 5-2　不同领域精英女性合影对象的分布

合影对象	政治领域	经济领域	文化领域	总计
	百分比（%）	百分比（%）	百分比（%）	百分比（%）
单个女性	2.9	5.9	15.4	6.3
两位及以上女性	1.4	11.8	11.5	5.4
单个男性	11.6	23.5	38.4	19.6
两位及以上男性	24.6	11.8	0	16.9
男性和女性	59.4	47.1	34.6	51.8
合计	100.0	100.0	100.0	100.0

总体而言，不同领域精英女性的互动对象呈现出较大差异，政治领域精英女性与同性合影频率较低，与异性合影所占比重较高，经济和文化领域的这一性别差异则没有如此明显；考虑到精英女性的合影对象特别是单人合影对象

主要为同事,合影对象的性别化差异分布在某种程度上反映出,在各个领域的职业发展顶端女性所占比重都较低,而这种现象在政治和经济领域更为明显;从另一个角度看,在职业领域精英女性与男性个体或群体合影也是在传统的性别权力结构中彰显“权力”的一种方式。

此外,本文还对精英女性在合影时是否出现弯腰、低头等使自己看起来姿态更低、态度更谦卑的身体姿势进行了编码。数据显示,就经济领域和文化领域而言,在超过 11%的照片中,精英女性出现了弯腰、低头等动作;而在政治领域内,仅在 7.1%的图片中女性出现过此类动作。由此可以推断,政治领域的精英女性更少显露出谦卑的、服务性的态度,而更多表现出平等的甚至强势的态度。

就整体交往特性而言,从政治到经济再到文化领域的精英女性所展现出的特征仍是女性气质渐弱的光谱。政治领域精英女性更注重以全景方式展示自身在公共领域内与他人互动交往的情况,而非以近景或特写彰显个人或身体;在合影对象中,男性无论个体抑或群体都占据绝对优势地位,这显示了该领域性别分布不均等,也凸显出精英女性独有的权力地位;从身体语言来看,相比其他领域的精英女性,女性政治领袖较少表现出弯腰、低头等表示服务性和谦卑态度的动作,这与政治领域对“决断风格”而非“享乐风格”的推崇相一致。文化领域的视觉交往形象则更加“女性化”,以小景别凸显人物个体及其身体和面容特征。更多文化领域的精英女性表现出与女性合影,更多弯腰、低头、身体靠近合影对象等彰显亲密友好关系的身体语言。

第四节　案例分析:脸书首席运营官桑德伯格的自我呈现

一、人生和职业经历

谢丽尔·桑德伯格1969年8月28日出生于美国华盛顿特区的犹太人家庭。1991年,桑德伯格毕业于哈佛大学,在经济学家劳伦斯·萨默斯的指导下完成学位论文,取得经济学学士学位。毕业后,桑德伯格成为萨默斯在世界银行的研究助手,接触了印度的麻风病、艾滋病等健康项目。1993年至1995年,桑德伯格于哈佛大学商学院获得MBA学位。

从商学院毕业后,桑德伯格进入麦肯锡公司担任管理顾问;1996年,桑德伯格进入美国财政部,成为时任克林顿政府财政部副部长劳伦斯·萨默斯教授(桑德伯格的本科论文指导老师)的特别助理,在萨默斯被任命为部长后,桑德伯格成为其首席幕僚,工作内容"包括帮助萨默斯教授管理其办公室日常工作及140亿美元的预算";2001年,随着克林顿政府执政结束,桑德伯格结束其在财务部的工作,进入正在成长中的谷歌公司,担任刚刚成立的"业务部"经理,伴随着谷歌的发展壮大,桑德伯格也成长为谷歌全球在线销售和运营部门的副总裁,负责其广告及出版产品的网上销售以及产品与图书搜索等销售业务①;2008年3月,桑德伯格离开谷歌,加入硅谷当时另一个正在崛起,但尚未找到盈利策略的社交媒体公司——脸书,担任首席运营官,负责公司市场营销、业务发展、人力资源、公共政策和沟通等方面的业务,桑德伯格加入脸书两年后,公司实现了盈利;2012年,桑德伯格成为脸书的第八名董事会成员,也是脸书的第一名女性董事。

---

① 桑德伯格.向前一步:女性、工作及领导意志[M].北京:中信出版集团,2018:43-45.

凭借在商业领域的出色表现和巨大成就,2013 年,桑德伯格荣登《时代》周刊封面,被《时代》周刊评选为全球最有影响力的人物之一(参见图 5-4)。她还多次跻身福布斯全球影响力女性排行榜。除了在职业领域的突出成就,桑德伯格还积极为女性特别是职业女性的权益发声,她参加了大量公开活动,发表演讲,鼓励女性克服恐惧和不自信,积极打破“玻璃天花板”等结构性阻碍。2010 年 12 月,桑德伯格发表了题为“为什么女性领导者那么少”的演讲,讲述了自己在职业生涯中目睹的一些男女不均衡发展的“怪象”;2011 年以来,桑德伯格在巴纳德学院的毕业典礼、哈佛大学商学院开学典礼和毕业典礼上多次发表主题演讲,论及女性领导力相关话题。

图 5-4 2013 年,桑德伯格登上《时代》杂志封面

2013 年,桑德伯格出版《向前一步:女性、工作及领导意志》(*Lean In: Women, Work, and the Will to Lead*)一书,她在该书中以自身的人生和职业经历鼓励女性勇于接受挑战,满怀热情地追求自己的人生目标,并提出以下建议:女性应当克服内心的恐惧,向前一步,勇敢进取;平衡工作和生活,“让你的另一半成为真正的'人生搭档'"；制定短期目标和长远梦想，拥有更加开放的心态。同年，桑德伯格还创办了同名慈善组织"向前一步基金会"(Lean In Foundation，网址：leanin.org)，该基金会试图通过为女性提供持续的激励和支持来帮助其实现人生目标，主要实现方式是：社区、教育和社交圈(即能够碰头分享经历和共同学习的小型同辈组织)。目前，该基金会已建立了来自170个国家的40,000多个LeanIn圈子，为女性相互守望、提高职业技能以及可以不必感到抱歉地野心勃勃地追逐自己的人生目标提供平台。

二、桑德伯格的社交媒体使用概况

谢丽尔·桑德伯格自2001年起进入互联网行业，在使用社交媒体进行日常交往和形象塑造方面走在了大多数女性领导者的前列。2007年12月30日，桑德伯格使用脸书发出第一条信息，这一时间正是桑德伯格与未来的老板马克·扎克伯格相遇后的几天；2008年2月1日，桑德伯格发出了第二条脸书状态更新：从谷歌离职；2008年3月1日，桑德伯格以她和扎克伯格在沙发上轻松聊天的合影发出了第三条脸书状态更新：入职脸书(图5-5)。

图5-5　左图为2008年2月1日桑德伯格从谷歌离职的状态更新；右图为同年3月1日她入职脸书的状态更新

然而,加入脸书并没有让桑德伯格更多地使用这一社交媒体平台。事实上,在2008年至2010年,桑德伯格在脸书上的信息更新频率都非常低,内容大多和在脸书的工作有关,在为数不多的更新中还有将近一半是被其他同事“圈出”的。但这种现象在2010年年末到2011年年初发生了变化,在桑德伯格的运营下,脸书首先出现盈利。背靠商业上取得的巨大成功,桑德伯格也开始在更广阔的社会文化领域发挥自己的影响力,2010年12月,TED演讲“为什么女性领导者那么少”让更多人认识了这位身居高位同时也是两个孩子母亲的桑德伯格,脸书上出现了更多“提到”桑德伯格的信息,而桑德伯格也开始和更多来自不同领域的人产生互动和交流。

2011年,桑德伯格在事业上迈上了新台阶:她在这一年进入了福布斯最有影响力女性榜单,并位列第五,仅次于德国总理默克尔、时任美国国务卿希拉里·克林顿、时任巴西总统迪尔玛·罗塞夫(Dilma Rousseff)和百事公司首席执行官卢英德(Indra Nooyi)①。也是在这一年年末,桑德伯格入选《时代》周刊评选出的当年“重要的人”(People who mattered)。② 伴随着事业上的进展,桑德伯格也开始更加频繁地在社交媒体上更新信息。除了发布和转发与脸书有关的信息,她还开始展示工作以外日益增多的公共活动,例如,在巴纳德女子学院的毕业典礼上发表讲话、在沃尔玛开展培训讲座、在华盛顿国会与数位女性议员举行论坛,以及在海军学院(Naval Academy)发表演讲等。她在社交媒体上互动的对象也从脸书员工扩大到奥普拉·温弗瑞等娱乐文化人士以及克莱尔·麦克卡斯基尔(Claire McCaskill)等政治人物。另外,也是从

① HOWARD C. The world's 100 most powerful women: this year it's all about reach[EB/OL]. (2011-08-24)[2019-06-25]. https://www.forbes.com/sites/carolinehoward/2011/08/24/the-worlds-100-most-powerful-women-this-year-its-all-about-reach/#71a4ee601ba1.

② TOWNSEND A. Sheryl sandberg[EB/OL]. (2011-12-14)[2019-06-25]. http://content.time.com/time/specials/packages/article/0,28804,2101745_2102309_2102614,00.html?fbclid=IwAR2e-9CAl8nNUs9p3vaK3bfobzLkhHbA3nWAhzVkqOdQYOYIH9_w2Uaz1P8.

2011 年起，桑德伯格开始在社交媒体上发布有关其私人生活和感情的信息，例如，发图文纪念去世的外祖母罗莎琳德·艾因霍恩(Rosalind Einhorn)，以及发图文记录与丈夫戴夫·戈德伯格(Dave Goldberg)的旅行等。

此后，桑德伯格都保持着较高的更新社交媒体的频率，发布内容也大体和上述三个方面相关，特别是为职业女性权益鼓与呼的社会活动占据了较大篇幅。随着 2013 年其著作《向前一步》的出版以及同名公益组织的建立，桑德伯格作为职业女性楷模和权益争取者的角色更加丰富，社会活动的数量也随之而增长。特别是 2018 年下半年以来，LeanIn 基金会推出播客节目《倾斜》(*Tilted*)，桑德伯格亲自担任主持人，对美国娱乐、文化、经济、科技等各领域女性展开访谈，探讨社会和经济发展中的性别歧视和不平等问题。在这种情况下，桑德伯格在社交媒体上对这些出版物、节目和相关社会活动都进行了较大力度的推广，发布和转发了大量相关信息以吸引公众注意力，并与来自社会各界的人士展开互动。在个人生活方面，桑德伯格在其丈夫戴夫·戈德伯格去世前常常发布有关两人日常生活的信息，以及转发有关戈德伯格工作的信息。2015 年 5 月，戈德伯格意外去世，随后桑德伯格将其首页背景图片更换为二人结婚时甜蜜地相视而笑的照片(图 5-11)，一个月后，桑德伯格在脸书上发表长文纪念逝去的丈夫，并讲述了自己在过去 30 天内与悲痛对抗的经历。尽管桑德伯格现在很少在脸书上分享个人生活，但在一些重要的时间节点(例如戴夫的生日、圣诞节等)，桑德伯格仍会以图文的方式悼念逝去的爱人。

总体而言，谢丽尔·桑德伯格是个非常活跃的脸书用户，她善于利用社交媒体来打造个人的公共形象、与他人建立联系以及对自己所在的公司和事业进行推广。目前她在脸书上已经有超过 214 万粉丝。相比其他女性领导者，桑德伯格对社交媒体的使用也有其自身的特点：首先，不同于当前大多数女性领导者(例如米歇尔·奥巴马)在脸书上的账户以“主页”(Page)或“社区”(Community)方式呈现，桑德伯格的账户属于更像普通人使用的、经过验证的

“人物”类型,这使得其社交媒体账户有更强的个人色彩和更加人性化的表达,而不似其他人的“主页”那样有较强的机构运营的色彩;其次,不同于大多数女性领导者会同时运营脸书和推特账号(两个平台的头像、首页背景图片、内容均一致),桑德伯格虽然在 2009 年注册了推特账号,但仅发布推文 17 条,大部分推文均发布于 2013 年推出新书《向前一步》时,而最后一条推文也是停止于 2013 年 3 月,这大概与桑德伯格在脸书任职有关。因此,有关桑德伯格社交媒体中的视觉呈现的案例研究主要围绕其脸书账号中的图像展开。

三、桑德伯格在社交媒体中的视觉呈现

作为一名活跃的社交媒体用户,桑德伯格上传、编辑和分享了大量包含她本人的照片和视频,在照片、漫画、视频等视觉图像逐渐构成人们的日常生活环境的时代,这些视觉元素也直接形塑着公众有关个人、机构甚至国家和文化的印象与想象。基于对桑德伯格在脸书的头像、首页背景照片、上传相册的照片和分享照片的分析,并以桑德伯格的《向前一步》封面照片及新闻媒体对其的报道作为参照,不难发现,桑德伯格通过压抑身体上的“女性气质”和彰显性格上的“女性气质”,构建了她理想中的“成功,也要受欢迎”的精英女性形象。

(一)深色职业套装下的去性别化

在脸书相册中,桑德伯格出席绝大多数公开场合活动的着装都是深色连衣裙或者深色(如黑色、深蓝色或深咖啡色等)西装搭配浅色裙子,在为数不多的正式场合,她也穿过大红色或橘红色的职业套装,并以黑色细跟高跟鞋与之搭配;在配饰方面,除了简单的耳钉外,基本没有项链、胸针等其他装饰物;在发型方面,桑德伯格留着齐肩的中长发,几乎未有过大改变,她从不束发,也没有明显的烫染等修饰,她的深棕色直发与其高度职业的着装风格非常搭配;在妆容方面,桑德伯格通常会选择几乎让人无法察觉的淡妆。上述着装和妆发风格无疑都在隐藏女性的身体,淡化桑德伯格的性别特征。相比 2013 年《时

代》周刊封面上身着略显性感的酒红色 V 领贴身连衣裙和酒红色鱼嘴高跟鞋的照片(参考图 5-4),社交媒体中由桑德伯格主动展演的形象无论从色调还是款式上看都更加中性,趋向于抹除女性的身体特征。

图 5-6　2018 年 4 月桑德伯格出席脸书 Community Boost 活动

这类高度职业化的装束通常出现在她出席与脸书相关的正式活动或与政府官员交流的场合,在与“向前一步”基金会有关的推动职业女性发展和保障职业女性权益的社会活动中,特别是在与女性合影时,桑德伯格的着装则会更加轻松和生活化,服装的颜色更浅,款式也更日常化。例如,她会身着白色、米色和蓝色的针织衫或 T 恤,佩戴造型更加复杂的耳环以及项链等更具“女性特征”的装饰品,在妆容方面,唇色也会更鲜亮(参见图 5-7)。即便如此,桑德伯格的着装也基本不会凸显其身体特别是胸部特征。

职业女性在不同社会场合的不同着装反映了社会对职业女性的性别期待,而大众媒体报道中对女性着装的过分关注——“琐碎化”(triviliza-

图 5-7 2018 年 3 月,桑德伯格在一场争取性别少数群体权利的活动中与跨性别作家、电视节目主持人珍尼特·莫克(Janet Mock)合影

tion)——也是这一现象的反映。正如《登上巅峰的女性》一书所说:“女性要遵守严格的着装规范,不能有太多褶边,或者不能太女性化,也不能太男性化。一份研究显示,‘无论男女都认为一个着装欠考虑的女候选人,也就是在举止和衣服样式上都欠考究的女候选人,通常能力、领导力和专业性都较差。’”① 正如 2007 年,希拉里·克林顿首次参加总统竞选时就曾经因为领口过大而引起媒体的过度反应,《华盛顿邮报》就以“着 V 型领口不慎露乳沟”为题对希拉里进行了报道。

① 贺黛安,张妙清.登上巅峰的女性:女性领导力发展与生活平衡[M].北京:电子工业出版社,2014:178.

(二)邻家女孩:“要成功,也要受欢迎”

在社交媒体中,相比日常上传的生活和工作照片,用户对自己头像的选择和设计则是其在互联网空间中的虚拟人格的重要外在表现,是用户对自身理想形象的自我表达,在某些情况下也能够反映其自我赋权的情况。

如果说身着深色职业套装的形象凸显了桑德伯格在职场中的巨大成就,其脸书头像中温婉、平易而又不失自信的形象则是桑德伯格心中理想的女性形象。巧合的是,其脸书头像与其蜚声全球的鼓励女性向职业高峰攀登的著作《向前一步》的封面照片有着异曲同工之妙(参见图 5-8)。两张照片皆以大光圈虚化背景来凸显照片的主体人物。从景别上看,两张照片皆为典型的胸部以上的近景,正面拍摄,强调照片主体的长相和面部表情,绝大多数公众人物在拍摄社交媒体头像照片时均会选择这一景别和拍摄角度;从面部表情来看,两张照片皆为桑德伯格标志性的露齿微笑,近乎没有的妆容使她看起来更加亲切、自然,有效地拉近了与观看者之间的距离;从配饰方面来看,两张照片中,桑德伯格均佩戴了款式简单的耳钉,此外并无其他装饰,简约大方;从着装上看,两张照片均为日常衣着,T 恤和针织衫大概是每位女性衣橱中的必备单品,头像中的红色 T 恤使得桑德伯格看起来更加自信、热情,而图书封面中的

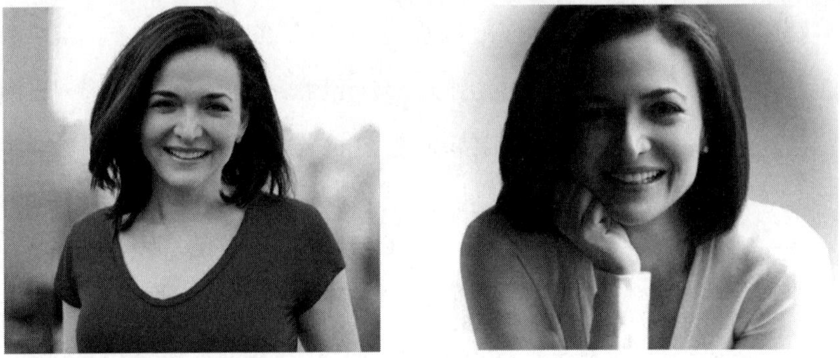

图 5-8　左图为桑德伯格脸书账户的头像照片;右图为桑德伯格著作《向前一步》的封面照片

白色针织衫则能够凸显桑德伯格作为女性领导者的清新利落，托腮的动作更给她带来一种乖巧的感觉。总体而言，两张具有较强自我呈现意味的照片建构出不同的“影响力女性”(power women)的邻家女孩的形象。

这一形象设定与桑德伯格在《向前一步》中提出的“要成功，也要受欢迎”这一理想相对应。[①] 该书提到了2003年哥伦比亚大学商学院的一项实验，这项实验研究发现：对于男性而言，成功度与受欢迎度成正比，而对女性来说则成反比。当一个男性成功了，他会同时受到男性和女性的欢迎；而当一名女性成功了，她则不是“你想雇用或为之工作的那种人”[②]，她通常会被评价为“并不怎么受同僚喜欢”“太过好强”“不好合作”“有点儿喜欢权力”或“无法让人信任，甚至很难取悦”。而这样的偏见仍深深地根植于当前既有的性别角色偏见，斯坦福大学领导力和组织行为研究领域的教授黛博拉·格林菲尔德(Deborah Gruenfeld)解释说：“我们根深蒂固的文化传统将男性与领袖特质相关联，将女性与抚育特质相关联……我们不仅相信女性充当的是抚育者的角色，还相信这是她们首要的角色。但一个女人做了某些事情显示出她最突出的特质不是亲和力，就会给人带来负面印象，让人觉得不舒服。”[③]

2013年桑德伯格登上《时代》周刊的封面照片似乎就是对这一“成功但不受欢迎”的女性的最佳阐释：照片中，桑德伯格虽然身着女性化的连衣裙和鱼嘴鞋，但面部表情并非她最常见的露齿大笑，而是更显凌厉和威严的抿嘴微笑，稍稍上扬的下巴更显露出她的强大气场(见图5-4)。与这张照片相对应的则是封面文字“不要因为她成功就憎恨她”(Don't hate her because she's successful)，这似乎就在暗示：因为她的成功，不少人都憎恨她。故而，在《时代》

---

① 桑德伯格.向前一步：女性、工作及领导意志[M].北京：中信出版集团，2018：43-45.

② HEILMAN M E, WALLEN A S, FUCHS D, et al. Penalties for success: reactions to women who succeed at male gender-typed tasks[J]. Journal of applied psychology, 2004, 89(3): 416-427; EAGLY A H, KARAU S J. Role congruity theory of prejudice toward female leaders[J]. Psychological review, 2002, 109(3): 573-598.

③ 桑德伯格.向前一步：女性、工作及领导意志[M].北京：中信出版集团，2018：31.

周刊的封面上,图片和文字构成了一组相互矛盾的互文:文字告诉你不要因为成功而憎恨女性领导者,但是这位女性领导者看起来确实难以接近、令人疏远。

此外,从大众媒体和网民对女性领导者的命名中,也能够看出公众以及社会对其产生的偏见、排斥甚至恐惧。美国《华盛顿邮报》记者尚卡尔·韦丹曾经系统整理了网民对第一批世界级女性政治领袖的贬义称呼,例如,"英国的玛格丽特·撒切尔被称作'母鸡阿提拉';以色列第一位女总理果尔达·梅厄被叫作'内阁中唯一的男人';美国总统理查德·尼克松称印度第一位女总理英迪拉·甘地为'老巫婆';德国现任总理安哥拉·默克尔则被戏称为'德国铁娘子'"①。

在基于性别偏见的职业分工和职场歧视等结构性因素尚未能被打破的情况下,桑德伯格表示,"大多数人,包括我自己,都真的希望被人喜欢,不仅仅是因为这样会带来好心情,赢得人们的喜欢也是成功的一个关键因素,不管是在职场中还是在个人发展上"②。故而,在专业、精英之外,互动、友爱、亲和力就成为桑德伯格脸书照片中的另一大主题。如上文所述,桑德伯格的每张照片几乎都是露齿而笑,在早期,还能够看到其同事上传的抓拍桑德伯格的"黑照",对于这些照片,桑德伯格照单全收,并无太大的"偶像包袱"。从拍照动作来看,由于桑德伯格的照片几乎都是和他人的合影,因此她与其他人的互动性通过交谈、搂肩、拥抱等姿势得到了充分展现(如图 5-9)。尤其值得注意的是,在拍照时桑德伯格注意与所有合影对象"接近":在和比自己个子低的人交流时,她都会身体前倾或下蹲,甚至是跪下;而在与他人进行常规合影时,她都会倾斜身子和头部,使自己更加靠近合影对象,从而传达出友好、亲近的含义。

---

① VEDANTAM S. "Nicer sex" image at play in politics[EB/OL].(2007-11-13)[2019-06-25]. https://www.chicagotribune.com/news/ct-xpm-2007-11-13-0711120690-story.html.

② 桑德伯格.向前一步:女性、工作及领导意志[M].北京:中信出版集团,2018:32.

图 5-9 左图为桑德伯格与 Budweiser 公司首席执行官的合影;右图为桑德伯格与奥普拉·温弗瑞在脸书的交流活动上拥抱

桑德伯格对友善信息的传递在参与性别相关主题的活动以及与女性合影时表现得更加突出(见图 5-10)。如上文所说,在参加性别相关主题的活动时,桑德伯格的着装更加随意,会佩戴更多的饰品;拍照时也不再采取笔直站立的姿势,而是更加放松地“摆放”自己的身体,如跪着、弯腰或下蹲;拍照的方式也不再是单一的他拍,而是更具个性化的“自拍”。这些举动无疑都更加拉近了她和其他人之间的关系,传达出友善交往的信息。

图 5-10 左图为桑德伯格参加联合国妇女领导日的活动;右图为桑德伯格参加公司内的“脸书 Women”活动

（三）妻子和母亲：家庭生活中的桑德伯格

在桑德伯格心中，家庭有着至高无上的地位。在《向前一步》一书中，桑德伯格就是从自己的外祖母谈起，论及原生家庭环境对自己产生的巨大影响的。而在书的第八章"让你的另一半成为你真正的'人生搭档'"中，桑德伯格更是直接谈到同为互联网公司高管的丈夫分担家务对自己事业的巨大助益。故而，在桑德伯格的脸书相册中，也常常能看到家庭成员的身影。

丈夫戈德伯格在桑德伯格的脸书中占据着显著的地位。时至今日，桑德伯格脸书首页的背景图片仍然是她与戈德伯格在婚礼上甜蜜地相视而笑的照片(见图 5-11)。在这张照片中，桑德伯格身着白色吊带礼服，发丝飘动，眼波流转，深情地望向戈德伯格，显示出其他照片中罕见的妩媚的"女人味"；戈德伯格则身着黑色西装，侧身望向桑德伯格。虽然照片上无法直接看到二人的身体动作，但可以猜测出，二人正挽着手，像是要开始翩然起舞。在戈德伯格意外去世后的第三天，桑德伯格将原本与"向前一步"基金会有关的封面照片换作这张照片，并沿用至今，可见她对亡夫的深切思念。除了这张封面照片，桑德伯格还会在丈夫的诞辰日发布二人此前的照片加以悼念，在发布或转发

图 5-11　桑德伯格脸书主页的封面照片

一些涉及二人的好友的新闻时，桑德伯格也会提及与丈夫的往事。在桑德伯格看来，“我的事业和婚姻之间有着密不可分的关系”。稳固而和谐的婚姻正是桑德伯格在事业上的重要后盾，而上述这些图片和文字传达出的正是这样一个享受爱情和婚姻的幸福女人的形象。

除了提及爱人，桑德伯格还经常在脸书中提及自己的父母、外祖母以及妹妹和弟弟，分享家庭生活的她与普通的社交媒体用户无异。但值得注意的是，桑德伯格作为女性领袖，会将家庭活动的分享进一步促成对其平权思想或社会话题判断的分享，例如，与亡夫的母亲等一同发起亡夫名义的奖学金，又或是将女儿校园辩论的细节作为自己观点分享的切入口。

总体而言，作为脸书首席运营官的桑德伯格是一位极其活跃的社交媒体用户，脸书不仅是她开展公关和推广工作的展示平台，更是她建构和发挥社会影响力的公共舞台，她发布的图文生动有趣、感情充沛，带有明显的个人色彩。桑德伯格发布和转发了大量图片概念视频，建构起独特的专业又平易近人的女性领导者形象。一方面，她以大量职业套装、一成不变的中短发和浅淡的妆容从身体上和外貌上隐藏女性特质，力求凸显在工作中的专业性和严肃性，呈现出去性别化的特征；另一方面，她也通过灿烂的露齿笑容、丰富的身体语言和日常化的着装来传达出友善的、具有亲和力的信号；而且，像大多数女性一样，桑德伯格也高度重视家庭生活，从这些维度来看，她的形象塑造又带有了较强的女性气质。在身体上对女性气质的压抑和在性格与精神上对女性气质的强调似乎构成了一组矛盾，但这事实上也暗含西方哲学史中“身体-精神”的二元论，以及“身体-精神”与“女性-男性”的对应关系①。因此，对身体维度上女性气质的压抑和对精神性格方面对女性气质的彰显在某种程度上也印证了“身体-精神”的高下之别。从某种程度上看，桑德伯格在其社交媒体平台上展

① LLOYD G. The man of reason："male" and "female" in western philosophy[M]. Abingdon：Routledge Press，2002：317-318.

示的特别是通过图像传达出的自我形象未能完全摆脱传统性别观念的影响,但是对于一位女性领导者而言,这恐怕也是在当前性别文化中最佳的生存之道。

四、对于新自由主义女性主义的反思

一些性别研究者将以桑德伯格为代表的女权倡导者发出的主张称作"新自由主义女性主义"(Neoliberal Feminism)。2012年,曾任美国政策规划司司长的安妮-玛丽·斯劳特(Anne-Marie Slaughter)在《大西洋杂志》上发表了一篇题为《为什么女性还是不能拥有一切?》(*Why Women Still Can't Have It All*)的文章①,这篇文章在美国激起了热烈的讨论,成为《大西洋杂志》史上阅读受众最广泛的文章。随后,桑德伯格出版的女权主义宣言书《向前一步》,迅速成为《纽约时报》最畅销的书籍。随着斯劳特和桑德伯格作品的出版,越来越多有权势的知名女性宣称自己成为女性主义者。过去被避之不及的"女性主义者"身份接连被有权势的上层女性所接纳,这引发了公众和学者的关注。性别研究者凯瑟琳·罗森贝格对这些文本进行细读后发现,工作与家庭的平衡和幸福等词取代了以往女性主义者的传统关键词——"独立""权利""自由""社会正义"。罗森贝格将这种女性主义称作"新自由主义女性主义",并指出,这种女性主义是一种高度个体化的女性主义,它劝告女性个体规划自己的生活,以实现"工作与家庭的愉悦平衡";它还煽动女性将自己视为人力资本,鼓励她们投资自己,从而获得权力,变得"自信";最终,它产生了一种新的女性主义主体,一再要求女性完全自理、为自己的幸福承担全部责任。②

---

① SLAUGHTER. Why women still can't have it all[EB/OL].(2012-07-20)[2019-07-03]. https://www.theatlantic.com/magazine/archive/2012/07/why-women-still-cant-have-it-all/309020/.

② ROTTENBERG C. Neoliberal feminism and the future of human capital[J]. Signs: journal of women in culture and society,2017,42(2):329-348.

桑德伯格在社交媒体上的自我呈现也突出了新自由主义女性主义的典型特征。她的图片传达出的正是光鲜的中上层阶级女性的生活:工作与家庭之间的平衡、个人生活的幸福、事业成功和受他人欢迎的双赢局面。而她的著名口号“向前一步”更是聚焦个体,对女性个人提出要求,而在某种程度上忽视了结构性的社会不公正,这使得那些不符合成功女性形象的人被视为失败者,“不快乐的重担落在了个别女人的肩上”①。类似的视觉展演在不少精英女性社交媒体上的自我呈现中都能看得到,伊万卡·特朗普、米歇尔·奥巴马等上层中产阶级女性在社交平台中及其著作中(如伊万卡·特朗普的《工作女性》和米歇尔·奥巴马的《成为》)传递出来的也是这种“工作与家庭的愉悦平衡”的常态和治理模式。

本章小结

本章从身体显露和社会交往两个角度分析了不同领域精英女性在社交媒体中的视觉呈现。从功能上看,社交媒体头像聚焦用户本身,展示着精英女性本人的性格、气质、个人风格,而日常发帖中的图片则更强调用户与他人交往互动的情况及其所处的情境,是对精英女性社会资本的呈现。

总体而言,不同领域精英女性的社交媒体形象有较大的区别:在政治领域,精英女性多采取精干的“去女性化”的短发造型,身着职业套装,在胸部以上的特写照片中,以坚毅、自信的眼光看向斜前方,照片背景中时常会出现虚化的国旗、国徽等政治符号,强调理性的政治专家的主体角色;在经济领域,人物多以露齿的笑容看向镜头,除职业套装外,相当比例的商界精英也身着夹克、开衫等服装,配合以胸前抱臂、叉腰、手托下巴等经典的“商务造型”示人,

① 贝莱斯.凯瑟琳·罗滕贝格:新自由主义女性主义[J].国外理论动态,2019(10):1-8.

相比政治精英，经济领域的精英女性更频繁地分享私人家庭生活，形象上也更加日常化、生活化；在文化领域，精英女性多以披散的、精心设计的长发造型以及较浓的妆容示人，身体暴露程度较高，多佩戴明显的饰品，突出长相、妆容以及强烈的个人风格，更符合传统的女性气质。从政治到经济再到文化领域，构成了一个"男性气质"渐弱、"女性气质"渐强的性别光谱。

从交往特征来看，政治领域的精英女性更注重以全景方式展示公共领域内与他人互动交往的情况，而非以近景或特写彰显个人或身体，在合影对象中，男性无论个体抑或群体都占据绝对优势地位，这显示了该领域性别分布不均等，也凸显出精英女性独有的权力地位；从身体语言来看，相比其他领域的精英女性，女性政治领袖较少表现出弯腰、低头等表示服务性和谦卑态度的动作，这与政治领域对"决断风格"而非"享乐风格"的推崇相一致。文化领域的精英女性视觉交往形象则更加"女性化"，照片多以小景别凸显人物个体及其身体和面容特征，更多与女性合影，以及展现出更多弯腰、低头、身体靠近合影对象等彰显亲密友好关系的身体语言。

这些外形和交往方面的特征凸显了当前仍不平等的性别结构及其造成的不同领域内差异化的性别分布，这导致行业（政治、经济、文化）也被带上了不同的性别色彩。而在导致视觉呈现的差异方面，除了不同职业的性别气质在发挥作用外，年龄也是视觉表征的关键影响因素。在未来的性别与传播研究中，老人传播的理论框架和研究思路或许也应被纳入考虑范围。①

---

① 蔡琰，臧国仁.老人传播研究之回顾与展望[J].西南民族大学学报(人文社科版)，2007(1)：148-151.

第六章 情感表演还是理性铺垫:精英女性如何面对情感化公众

21世纪以来,过分悲观和乐观的女性主义技术批判逐渐被"相互建构"路径所取代。"相互建构"的分析路径主张,在理解性别与技术之间的互动关系时,需要避免简化论。也就是说,不仅是将性别视为传统调查研究中的一个人口统计学变量,而且采取更为复杂的、解释的视角,认为在科技和女性之间存在着一种更为流动和灵活的关系,将科技——特别是信息传播技术——同时看作性别关系的原因和结果。[①]

自20世纪90年代以来,性别可以被看作"表演"(performance)[②],是变动中的社会关系的产物。从这一视角出发,对于科技和性别以及建构主义更全面的认识使得新的研究路径能够避免出现性别本质主义和技术决定论的问题,同时也呼吁研究者在对"性别与信息技术"这一问题的理论概念阐释和模型建构中不再简单地将性别视为一个事先给定的自变量,而是把它放在自变

① OUDSHOORN N, ROMMES E, STIENSTRA M. Configuring the user as everybody: gender and cultures of design in information and communication technologies [J]. Science, technology & human values, 2004, 29(1): 30-64; WAJCMAN J. From women and technology to gendered technoscience[J]. Information, communication and society, 2007, 10(3): 287-298.

② BUTLER J. Gender trouble[M]. New York: Routledge, 2002: 127-130.

量和因变量的位置上同时考察,观察其在不同的场域、背景、社会条件下,如何与其他社会要素发生关系。在这种具有“交叉性”视角的思路中,探索多种要素之间的相互作用,以及这些相互作用对社会性别建构与认知的影响。

社会性别建构与信息传播技术之间的交互影响,在女性的媒介呈现上得到最为生动的体现。长久以来女性与技术之间被建构的天然张力,和研究者对新兴媒介技术特别是互联网技术对于调和这种传统张力所寄予的厚望,在全球范围内的“精英女性”这一特殊的群体身上是如何被呈现和调整的?在平台型媒体更加普遍地嵌入社会结构的过程当中,信息传播技术从作为承载信息沟通的渠道,转变为具有特殊格式的“可供技术”,精英女性在自我呈现的过程中,采取的呈现策略是强化还是弱化女性气质?女性气质和作为“名人政治”的品位表演、关系资本之间,又面临着怎样的权衡取舍?在自我呈现逐渐模糊了公共领域和私人领域的分割界限的过程当中,情感的呈现在公共领域和私人领域之间是否有所差别,抑或是否以同等的分量得以体现?这些特征是否能够唤起“情感公众”的共鸣?其政治意涵又如何?

在本章中,我们分三个小节来回答上述问题。第一节对精英女性“情感表演”的特征加以分析,第二节对情感呈现在不同“场域”的展演进行数据分析和论证。这两个部分的论证资料都来自内容分析的量化数据处理。在第二节的后半部分,我们讨论了精英女性在平台型媒体上进行情感陈列的政治意涵,并在第三节以智利总统米歇尔·巴舍莱具有代表性的情感呈现作为案例,分析其如何在平台型媒体上构建精英女性的形象,将拟人化互动的情感展演逐渐调适成为呼吁情感受众参与到公共议题的解读中来的感染力呼吁。也就是说,根据平台型媒体的传播技术特征调试自己的呈现方式,逐渐将黏合力转化为连接力。应用方面,本章会对情感传播及其效果进行分析,解析出具有号召力的情感呈现方式;理论方面,本章从“性别与技术”的角度对社会科学自20世纪90年代以来的“情感转向”进行解读和回应。

第一节 精英女性的"两极化"情感表演

社交媒体用户在平台上进行的情感呈现,多以正面情绪为主。与既有的研究相比可以看到,精英女性的情感展现也以正面为主(58.5%),中性/无情感呈现的比重占近三成(28.3%),而且尽量避免负面情感的呈现(悲伤、恐惧、愤怒、鄙视),分布如图 6-1 所示。

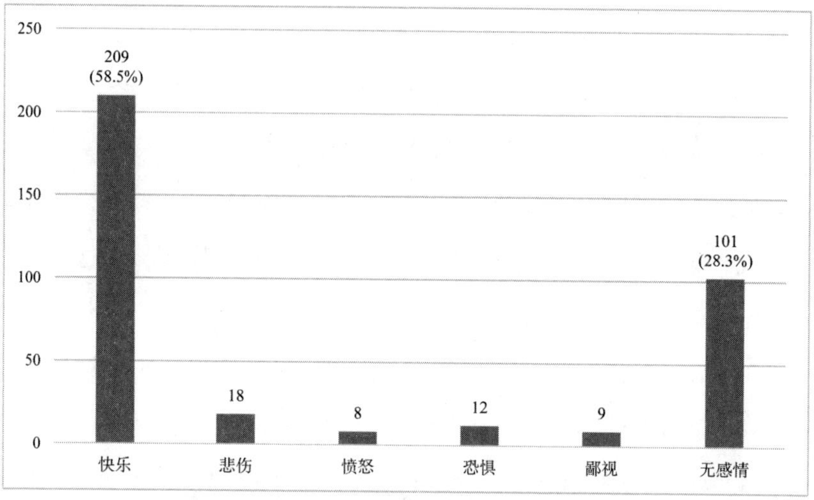

图 6-1 精英女性在社交媒体上的情感呈现(N=357)

从社交媒体上的自我呈现文本中体现的情感强度来看,仅有将近 10%的精英女性表现出中等强度的情感,而 80%的精英女性在文本中尽力维持平和的情感表达,她们通过波澜不惊的叙述方式隐藏情感,这与大众媒体时代通过"无情感"的方式来树立权威感和领导力的策略是一致的。其情感分布状况如表 6-1 所示。

表 6-1　精英女性自我呈现文本的情感强度分布状况

情感强度	频数	百分比(%)	有效百分比(%)
轻度情感强度	325	80.4	91.0
中等情感强度	31	7.7	8.7
高度情感强度	1	0.2	0.3
总计	357	88.4	100

(备注：总计 N=404，由于部分帖子仅发布图片视频而没有文本，造成缺失值 47)

一、精英女性的"两极化"情感表演

不同的社会细分领域形成具有各自文化属性和组织特色的场域，情感呈现在各个场域中的程度从表面效度上看会有差异。那么，对于精英女性的自我呈现而言，这种差异是否显著？

表 6-2　精英女性自我呈现文本中的情感分布(以行业场域分类)(N=357)

情感	领域分类(频数)			
	政治	经济	文化	总计(357)
快乐	54.3%(102)	72.4%(42)	58.6%(65)	58.5%(209)
悲伤	5.3%(10)	5.2%(3)	4.5%(5)	5.0%(18)
愤怒	2.7%(5)	0.0%(0)	2.7%(3)	2.2%(8)
恐惧	3.2%(6)	5.2%(3)	2.7%(3)	3.4%(12)
鄙视	3.7%(7)	0.0%(0)	1.8%(2)	2.5%(9)
无情感	30.9%(58)	17.2%(10)	29.7%(33)	28.3%(101)

注：9 个单元格(50.0%)的期望计数小于 5，最小期望计数为 1.30，Fisher 检验。

由上表统计数据显示可以看出，"快乐"和"无情感"是主要的两种情感呈现类别。在 357 个最终样本量中，由于有 9 个单元格(50.0%)的期望计数小于 5，最小期望计数为 1.30，研究采用计算精确概率。分析可知，不同场域(政治、经济、文化)在不同情感的呈现上不具有统计学意义(Fisher's Exact Test=9.899,$p=0.415>0.05$),也就是说,三种行业领域的精英女性在平台型媒体上的情感呈现并没有显著差别。

再具体到政治、经济、文化这三个领域的情况中进一步分析,我们发现,在政治、经济和文化领域,精英女性都表现出较高程度的正面情绪,其中在经济领域的精英女性表露出来的情感两极化趋势最为明显。

二、案例解读经济领域的两极化情感展演

经济领域的精英女性在社交媒体上开展自我呈现时,会更加倾向于采用具有情感特征的词汇、标点、表情和拟声词,或者采纳零度偏离的语法规则,契合到平台型媒体技术所支持的表达文化中,因此呈现出来的正面情感和负面情感比其他两个领域的精英女性呈现出的情感更加强烈。其正面情感大多是轻快的正面措辞,负面情感中与“悲伤”和“恐惧”相关的情绪文本也分别占5%,政治领域和文化领域的精英女性在自我呈现文本中几乎不会出现这两类负面情绪。

根据自我呈现文本所涉及的发言主题来分析,经济领域精英女性的自我呈现内容围绕在“公共领域(专业职务)”方面展开,占六成的比例(63.8%),“公共领域(普遍社会事件)”占三分之一(31%),而较少涉及与“私人领域(个人日常、家庭关系)”相关的内容。在公共领域的发言中,对“性别议题”的倡导是兼顾情感表达和自我呈现的方式。例如,梅琳达·盖茨(Melinda Gates)将公益活动作为自己的事业,她的社交媒体页面也多是对人类未来、传染疾病和性别平等等社会相关的公共议题的呼吁。例如,图 6-2 这一条梅琳达·盖茨在自己的脸书上分享的正面情绪的漫画,共收到 1,894 次点赞、121 条评论和295 次分享。在这条帖子中,她转发了一幅漫画,并配上了自己的评论:

性别不平等往往是不可见的。这幅漫画很聪明,让人们看到了性别不平等议题。(Gender inequality is often invisible. These clever comics bring it to light: http://m-gat.es/1Jxuobu)

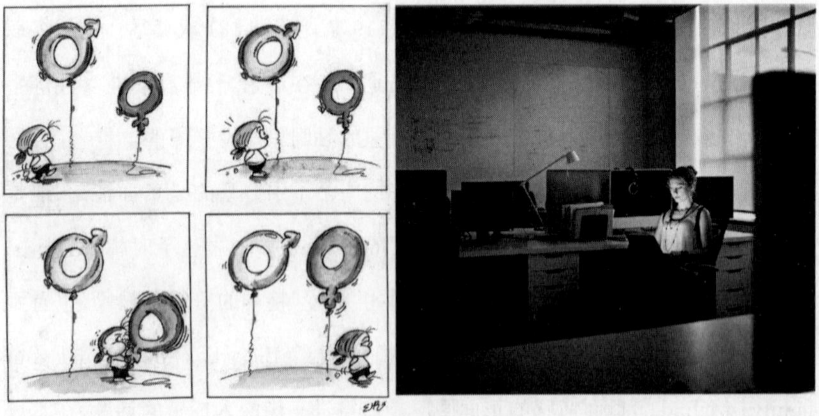

图 6-2　梅琳达・盖茨脸书发表文本并转发配图
(左图:转发联合国妇女署等举办漫画比赛获奖作品,高兴正面情绪)
(右图:转发福布斯关于女性身体健康的报道,悲观负面情绪)

这幅漫画转发自联合国妇女署(UN Women)及其欧洲委员会、比利时发展合作组织(Belgian Development Cooperation)和联合国儿童基金会(UNRIC)共同举办的关于性别平等的漫画比赛的获奖作品网站。漫画没有语言交流的障碍,梅琳达借助这一不依靠文本的传播,以轻快的情感传达自己的立场并分享对于性别平等议题的关注,不仅获得了网友的认可与点赞,还有益于自己作为精英女性正面的、积极的自我形象的建构。

2016 年 7 月,梅琳达转发了《福布斯》杂志发表的一则新闻《熬夜对女性身体损伤大于男性》(*Working Long Hours Is Way Worse For Women's*

Health Than For Men's)①,并配发了自己的评论:

"对于女性来说,工作之外的时间,还有很多照顾家人的工作在等着她们。她们可能就没有时间照顾自己了。"(It may just be that they don't have time to take care of themselves because they spend much of their time outside of work on caretaking.)

这则评论同样得到了1,641次点赞、119条评论和181次分享。有很多职业女性在这条帖子下面留言,分享了自己是如何在母亲、妻子和职业女性等多重角色中感受到挑战,又是如何尽力在有限的时间里取得平衡的。

值得注意的是,尽管梅琳达·盖茨在这些帖子中分享的是负面情绪,但是在留言中,却能够引起大量的"正面情绪"的回应,很多人表达了对梅琳达·盖茨关注性别平等、贫穷和疾病等相关议题的"大爱"精神的赞赏和鼓励,也有她的粉丝留言:"上帝保佑你和你的家人,梅琳达。"(Blessings to you and your family, Melinda.)负面情感的正面回应是值得进一步深入探讨的话题,在本章第二节中我们会略有涉及。

第二节 情感的场域展览:愤怒的"公我",快乐的"私我"

情感受到"身份地位"的约束,精英女性的情感展演受到其阶层地位的影响,就如同阶层地位会对自我呈现的形象产生影响,从而有选择地开展"印象管理"一样,阶层身份同样会使人们对自己呈现的情感展开"情感管理"或称"情感整饰"(Emotion Management)。"人们积极地采取'情感整饰',使他们

---

① Forbes. Working long hours is way worse for women's health than for men's[EB/OL]. (2016-06-17) [2017-07-10]. http://fortune. com/2016/06/17/women-health-work/?linkId = 26289685&fbclid = IwAR0 _ Xu4ddQx6U8ouDJIm6Q2VoXMJaypJjhYcNScvEavddC7q8IrRZDxqp9g.

的人格与所从事的跟社会公众打交道的工作保持一致。"[①]不仅在社交媒体上是这样,在现实生活中也是如此。

总的来说,她们在平台型媒体上的情感展演表现出根据发言的场域进行区分的趋势:在私人生活领域的发声以轻快愉悦的正面情绪为主,在公共领域的发声以去情感化的表达为主。值得注意的是,就公共事务问题产生的情感即便是负面消极的,也有可能得到正面的回应。在本节中,我们将上述特征概括为:愤怒的"公我",快乐的"私我",并且根据不同领域及其对平台技术的使用来进行更细致的分析讨论。

一、公私领域的情感整饰

精英女性的情感展演除了在政治、经济和文化等不同领域有所区分,情感的"场域"特征还首先体现在公共领域和私人领域之间的差异。精英女性在社交媒体上的自我呈现内容中,选择性呈现"家庭"和"关系"等话题时,一般选择带有情感的表述,并且更多会以"主动流露"的方式来呈现轻松愉悦的正向情感。相对地,精英女性在发表对公共议题的观点时,会选用中性的、不带情感的表述,并且更多会以"主动给予"的方式来呈现去情感化的中性情感(表6-3)。

由领域分类与情感分类变量的统计分析可知,不同领域分类的情感表现差异具有极显著的统计学意义(Pearson $\chi^2=30.247$, $p=0.000<0.001$),并且不同领域类型与情感分类之间存在弱强度相关(Cramer's $V=0.206$, $p=0.000<0.001$)。

① HOCHSCHILD A R. The managed heart: commercialization of human feeling[M]. California: University of California Press, 2012: 198-201.

表 6-3　不同文字内容领域下精英女性的帖子中情感分类呈现分布统计（N=356）

领域分类	情感分类（频数）			总计
	正向情感	负向情感	中性情感	
公共领域-专业	59.3%（137）	10.0%（23）	30.7%（71）	100.0%（231）
期望频数	135.0	30.5	65.5	
调整后标化残差	0.5	−2.5	1.3	
公共领域-事件	43.8%（39）	25.8%（23）	30.3%（27）	100.0%（89）
期望频数	52.0	11.7	25.3	
调整后标化残差	−3.2	4.1	0.5	
私人领域	88.9%（32）	2.8%（1）	8.3%（3）	100.0%（36）
期望频数	21.0	4.8	10.2	
调整后标化残差	3.9	−1.9	−2.8	

注：1 个单元格（11.1%）的期望计数小于 5，最小期望计数为 4.75，采用卡方检验。

由于该分析涉及多重比较，本研究选择调整后标化残差的绝对值以 3 为界。当大于 3 时，我们认为该数值的观测值与期望值之间的差异存在统计学意义。由表 6-2 可见，领域分类为公共领域-普遍社会事件在负向情感的观测频数大于期望频数，调整后标化残差为−4.1，差异存在统计学意义，说明发布帖子领域为公共领域（普遍社会事件）的精英女性倾向于表达负向情感。领域分类为公共领域-普遍社会事件在正向情感的观测频数小于期望频数，调整后标化残差为 3.2，差异具有统计学意义，说明发布帖子领域为公共领域（普遍社会事件）的精英女性不倾向于呈现正向情感。

领域分类为私人领域-日常生活/家庭/个人在正向情感的观测频数大于期望频数，调整后标化残差为 3.9，差异存在统计学意义，说明发布帖子领域为私人领域-日常生活/家庭/个人的精英女性倾向于表达正向情感。

仅以文字形式的自我呈现内容来进行数据分析显示（图 6-3），精英女性自我呈现以快乐为主，无情感流露次之。在统计的 356 则文本中，有超过一半的文本以正向的快乐情感呈现为主,大约有四分之一的文本是无情感呈现的。

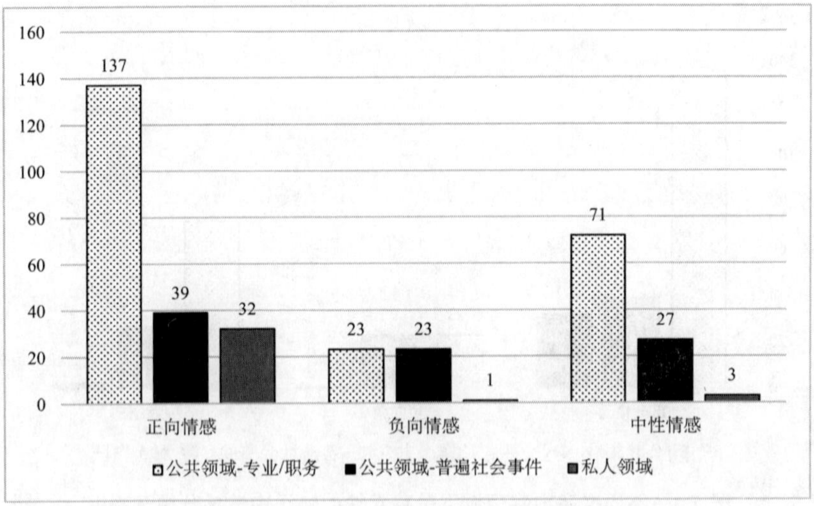

图 6-3　精英女性自我呈现文本的情感分布情况(N=356)

在剩下的四分之一中,几乎全都是以悲伤情感为主,其他类型的负面情感(恐惧、鄙视和愤怒)几乎不存在。快乐的情感最为普遍,这符合已有文献对自我呈现的功能及目的的预判,即自我呈现是为了辅助个人的形象管理和情绪整饰,公众人物的品位和形象建构又尤为重要,呈现正面的情感有助于这一目标的实现。不过同时我们注意到,如果以公共领域和私人领域划分来看(表 6-3),负向的情感主要集中在针对公共领域的议题上,而超过一半的私人领域内容都以正面的情感呈现为主。那么,公共领域和私人领域的情感呈现本身又有哪些特征,就需要回到数据和个案来进一步解读。

精英女性的自我呈现中通过暴露日常生活来增进亲近感和信任感是常见的方式。已有研究证实,通过诚实的自我暴露,促进线上关系的亲密度[①],是

① GIBBS J L, ELLISON N B, HEINO R D. Self-presentation in online personals: the role of anticipated future interaction, self-disclosure, and perceived success in Internet dating [J]. Communication research, 2006,33(2):152-177.

切实可行的操作手段。

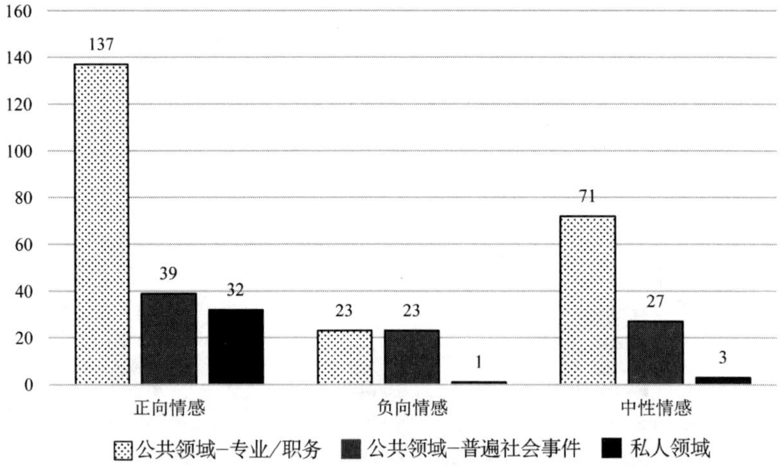

图 6-4　不同文字内容领域下精英女性的帖子中情感分类呈现图

如图 6-4 所示,无论是对于涉及专业/职务的公共领域、涉及普遍社会事件的公共领域,还是涉及个人事件的私领域,都以正面的情感作为自我呈现中主要的情感展演类型。但是我们同时也应该注意到,在负向情感的展演中,公共领域的出现比例明显超过了私人领域,而其中对普遍社会事件的关注上三种情感的分别变动不是特别大。换句话说,当涉及与自己专业相关同时又与公共事务相关的议题时,精英女性有表达负向情感特别是愤怒情感的倾向。因为这种愤怒情感的展演不是针对个体,而是针对与公共事务密切相关的不确定的大多数人的,所以并不会和自我形象呈现中的"快乐私我"构成冲突,反而能够给个人自我呈现的印象管理带来更多的公共感和层次感。

更进一步,我们还需要从技术可供性的角度分析其对情感展演的影响。"技术可供性"(technology affordance)视角的学者希望消解"被动的技术/主动的人"的人本主义立场,他们也并不支持"技术发展决定社会发展"的偏激技术决定论,而希望分析技术使用者和技术之间的互相建构。这种分析包括两方面问题:第一,精英女性如何使用平台型媒体技术?更具体地说,就是使用转发、评论、点赞、超链接、话题标签和提及他人"等技术,与精英女性自我呈现中构造自我形象的性别气质、身份地位和情感表露之间,有怎样的相互影响?第二,平台型媒体的技术为精英女性的自我呈现提供了什么"技术支持"?这些可供使用的技术中,一些是可以使用却未被使用的,一些是被纳入日常使用的,还有一些是偶尔使用的。然而,就算是那些被纳入日常使用的可供技术,也有可能带来意料之外的"非意图"传播效果。

在平台型媒体上,可观可测的技术可供性包括三个方面:第一个是由WEB1.0时代发展而来的技术,包括文本、图片、视频、超链接;第二个是由WEB2.0时代发展而来的技术,包括转发、评论、点赞、话题标签、提及某人等媒介手段;第三个是算法和算法推荐系统,这是支撑平台运作的重要技术基础,但是算法条件的运作难以直接通过内容分析测量,也尚且不是精英女性自我呈现中的主动选择,所以在本研究中尚未将第三层面的技术可供性纳入分析。在本研究的设计中,我们将技术可供性划分为3个维度,分别是:(1)迁移的可供技术;(2)视觉的可供技术;(3)关系的可供技术。具体操作化见第二章第三节,对技术可供性在自我呈现影响力中的调节作用分析见最后一章的第一节。在本章第三节中,我们会对公共领域和私人领域话题中精英女性自我呈现的特征做出分析,大致来说,通过对"参与话题#"等平台技术的使用,精英女性在涉及专业领域事务和普遍公共事务的问题上,发出了自己的声音,参与到了广泛的政治讨论中。

二、精英女性情感陈列的政治意涵

由上可知,运用平台技术可供性参与到公共事务的讨论中去,精英女性在这个过程中可以进行情感的展演和整饰,以正向情感为主增进与潜在受众的陪伴感,同时能够在关键议题上表达愤怒、悲伤等负向情感,增加个人呈现中的个人化特征,从而增进与情感公众的沟通与交流。

情感化沟通和情感化公众的转变具有更深层次的政治意涵,这种不同于以往理性辩论的"中介化政治",使得平台型媒体上的精英们在承担公共事务代言人角色的过程中,出现了明显的情感转向,这种转向又和前面两章强调的性别气质、视觉表达、名人政治等要素一起,对现代媒介化政治中的"理性/情感"二元辩证框架有了新的启发。

首先,我们需要从视觉化和情感化之间的相互作用来理解情感化政治转向。H. 格蕾丝(Grace,2013)写作的《视觉马赛克:遍在媒体里的文化、审美与情感》提出了一个很有趣的概念:"微观视觉"(particulate vision)。作者采用了人类学的方法,探讨了当代生存条件是由无处不在的"智能手机"和社交媒体平台共同组成的这一问题,表示人们的感受呈现原子化的特征(atomization of contemporary experience),展示了这种新兴的媒介样态,以及随之而来的分布式创造力和主观性正在使日常生活发生巨大的改变。格蕾丝将这种称之为"普通感觉"(general aesthesia)的审美情感置于大的时代变迁的视域下来加以考察,以论证当下视觉化传播语境中,这种轻快情感的"微观视觉"文化嵌入整个社会中去的步调、节奏及重要意义。① 这里也呼应了卢嘉等(2017)的研究,他们发现,在社交媒体上对公共议题的讨论与表达普遍呈现出情感化的特征。具体而言,(1)账户的粉丝数量越多,情感表达越多;(2)女性用户比男性用户的情感表达多;(3)情感和逻辑论证二者之间相关关系并不显著。这一研究发现进一步驳斥了传统观念中将"感性"与"理性"相对立的观点,为激进路径——认为理智和情感是一个持续过程的不同阶段,情感的铺垫为理智的产

① GRACE H. Culture, aesthetics and affect in ubiquitous media: the prosaic image[M]. New York:Routledge,2013:87-90.

生奠定了基础[①]——提供了实证数据的支持。[②]

其次,我们需要注意到情感政治的结构化特征。有研究将国内微博讨论的情感化特征概括为“奖赏与惩罚”的双重结构,研究基于 2017 年 29 个热门网络话题的 20 多万条微博,针对用户身份(线上和线下、个人和机构)与其情感表达之间的作用机制进行研究,归纳出社交媒体上网络用户的情感和身份表达的双重结构,并分析微博用户的线上身份鼓励、而线下身份抑制情感的表达,个人身份释放、而机构身份约束情感的表达,呈现出一种双重结构的状态。[③] 这些结构化要素的特征,部分在精英女性的自我呈现中得到再次印证。例如,精英女性作为各行业的舆论领袖,在涉及公共事务的时候勇于表达悲伤和愤怒等负向情感,并且在政治话题上更多地表达出消极情感。

最后,从社会学情感转向和“情感化公众”(affective public)这一理论脉络的视角来分析精英女性平台化呈现中情感要素的政治意涵,需要透过显性的内容分析,挖掘这一叙事脉络背后的情感线索和叙事技巧。情感化公众正是希望通过具有类似属性特征的系列现象的描述和解剖,探讨互联网传播技术的普及、特别是对社交媒体的普遍采纳给政治传播带来的影响。P. T. 克劳福(Clough,2007)在《情感转向:社会的理论化》(以下简称《情感转向》)一书中,汇编了 13 篇文章,对发端于 20 世纪 90 年代的“情感转向”做出了探讨与回应。在开篇的前言中,哈迪特对“情感”进行了介绍。他认为,社会中和技术哲学中的情感问题,需要以跨学科、多方法的介入来推进。《情感转向》中的多篇文章都采用了实证研究方法,探讨了如医护人员、模特等职业中“情感劳动”的

① BARBALET J M. Emotion, social theory, and social structure: a macrosociological approach[M]. Cambridge:Cambridge University Press,2001:97-101.

② 卢嘉,刘新传,李伯亮.社交媒体公共讨论中理智与情感的传播机制:基于新浪微博的实证研究[J].现代传播(中国传媒大学学报),2017,39(2):73-79.

③ 陈安繁,金兼斌,罗晨. 奖赏与惩罚:社交媒体中网络用户身份与情感表达的双重结构[J].新闻界,2019(4):27-44.

影响及功能,还有一些研究采用了微生物学、热力学、信息科学和电影研究来重新思考身体和技术方面的影响;也有研究聚集消极情感,比如有文章在移民和战争的背景下对创伤进行了反思性的探讨。值得注意的是,在克劳福主编的这本聚焦"情感"的论文集中,所有文章都对这一类实践所蕴含的政治可能性进行了认真的理论思考。[①] D.B.古尔德(Gould,2009)在《感动的政治:对抗艾滋病行动中的情感》(*Moving Politics: Emotion and ACT UP's Fight Against AIDS*)一文中,以对抗艾滋病的公益行动组织"行动起来"(ACT UP)作为研究对象,描述了这个组织的起源与发展。古尔德提炼出一个核心的要素"情感",作为贯穿整本书的关键要素,她认为既有的大量社会运动研究都忽略了"情感"要素。她总结出在政治激进主义中发挥重要作用的情感:从愤怒到盼望,骄傲到羞耻,谦卑到绝望。在具体实践的抗议风格中,情感是分析"争议政治"时常被忽略的理解角度,不论是喧闹的示威、有计划的闯入,还是其他类型的街头戏剧,其中的"情感线索"都值得拎出来仔细论证。[②]

帕帕拉奇(Papacharissi,2016)认为,科技为我们提供了网络(连接的可能性),而真正连接我们的是"故事"。通过对两个案例的分析,帕帕拉奇探讨了数字时代对政治和网络公众的中介联系感受,并探讨它们对讲故事、情感和通过不同平台广播事件的中间性结构的影响。她提出"情感新闻"的概念来阐释当下新闻生态的变迁,推特上以标签"#"组织起来的文本其实构成了"情感新闻"这种众包式新闻叙事的方式,其中将新闻事实、观点、情绪等要素杂糅在一起,无法辨析,也不能单独将某一种要素抽离出来——"情感新闻故事"有自己的节奏,包括"即时性"的戏剧感(drama of instantaneity),(意见)精英的协同生产,以及那种团结一致(solidarity)的感觉和氛围(ambience)。面对政治危

---

① CLOUGH P T, HALLEY J. The affective turn: theorizing the social[M]. Durham, NC: Duke University Press,2007:204-207.

② GOULD D B. Moving politics: Emotion and ACT UP's fight against AIDS[M]. Chicago, IL: University of Chicago Press,2009:198-210.

机时,情感新闻故事有效地串联起“网络化的公众”。①

第三节 即刻与陪伴:智利总统米歇尔·巴舍莱的情感呈现策略

米歇尔·巴舍莱是一位政治家,在福布斯全球影响力女性排行榜(2018)上位列第85名。她毕业于智利大学医学专业,现年68岁,育有三子。米歇尔·巴舍莱自2004年至2008年担任智利总统,并于2014年至2018年再次担任该职。此外,米歇尔·巴舍莱于2018年8月被任命为联合国人权事务高级专员。福布斯给出的米歇尔·巴舍莱的上榜理由(节选并翻译)是:②

> 巴舍莱是智利第一位女性总统,定义了一个赋予妇女以政治权力的时代(an era of political empowerment for women)。
>
> 巴舍莱是智利政治家、人权倡导者,在世界各地发生重大人道主义危机的时候,她已在拥有193名成员的(联合国人权事务)组织中任职四年。自任命以来,巴舍莱一直谴责特朗普政府驱逐移民的政策、关注罗兴亚难民危机问题。
>
> 巴舍莱是一名酷刑幸存者,在智利的奥古斯托·皮诺切特(Augusto Pinochet)军事政变期间,她幸运地逃往澳大利亚。她认为自己的使命是“为无声者发声”(voice for the voiceless)。

我们选择米歇尔·巴舍莱作为案例分析的原因主要有三个方面:

---

① PAPACHARISSI Z, OLIVEIRA M D F. Affective news and networked publics: the rhythms of news storytelling on # Egypt[J]. Journal of communication, 2012,62(2):266-282.

② 福布斯2018年全球影响力女性排行榜[EB/OL].(2018-02-02)[2019-05-02].https://www.forbes.com/lists/power-women/#1a45c20a5a95.

第一，米歇尔·巴舍莱在媒体特别是平台型媒体的使用方面具有代表性。在竞选期间，她就是媒体报道的焦点，被诋毁、被抱怨、被争议、被吹捧。在两次履任智利总统期间，以及在联合国人权组织工作期间，她都是社交媒体的积极使用者。我们所关注的具有全球影响力的精英女性基本是互联网时代的“移民”，米歇尔·巴舍莱既经历了大众媒体时代，又在互联网信息环境中积极尝试，是“互联网移民”的精英女性典型代表。

第二，米歇尔·巴舍莱在平台型媒体上的“自我呈现”比较有特色。她同时使用多种语言(主要是英语、西班牙语)进行写作，运用的技术手段是典型的“工具库”行为方式，并且较为精准地把握了与“情感化公众”连接的方式，该方式对精英女性利用平台型媒体进行自我呈现具有借鉴意义。

第三，米歇尔·巴舍莱在全球特别是拉丁美洲的政治进程中具有重要的意义。作为第一位拉丁美洲的民选总统，她也是第一位完全靠自己的政治资本走上政治舞台的女性政客。巴舍莱积累政治资本、影响选民舆论的过程，与媒体密不可分。研究巴舍莱的媒体实践，其结论对广泛意义上的政治传播研究具有可推广性。

一、米歇尔·巴舍莱的媒介形象

(一)米歇尔·巴舍莱与传统媒体：“性别”纳入竞选策略

智利是拉丁美洲政治发展最为平稳的地区，但在全球范围内也是保守程度最高的地区之一。在2005年至2006年的民主竞选中，米歇尔·巴舍莱作为智利第一位女性总统候选人，“性别刻板印象”不可避免地成为新闻报道中的一种主要的叙事框架，米歇尔·巴舍莱被拿来与其他几位候选人进行比较。在选举中，巴舍莱的其他三位对手均为男性。最终，在2005年12月的投票结果中，巴舍莱以46%的支持率胜出，另外三位男性的支持率分别是皮亚纳(Piñera)25%、拉文(Lavín)23 %)和赫西(Hirsch)5%。但由于数据并未表现出绝对优势,在 2006 年 1 月 15 日举行的第二次选举中,需要在巴舍莱与皮亚纳之间二选一,最终巴舍莱以 53.3%的支持率胜出,且二人的选票男女比例构成都接近一比一。

瓦伦佐拉等学者通过对竞选报道进行分析发现,媒体对竞选活动报道采取"性别框架",强调候选人的个人特征,并且根据传统的性别刻板印象组织资料展开报道,四位候选人的报道情况如表 6-5 所示。①

表 6-5　米歇尔·巴舍莱精选报道中的个人特征及背景信息

	巴舍莱（新闻数量%）	皮亚纳（新闻数量%）	拉文（新闻数量%）	赫亚（新闻数量%）
性别	13	0**	0**	0**
专业	13	14	7**	0**
家庭/婚姻状况	8	8	5**	0**
相貌仪表	4	2*	2*	0**
国内事务	2	0**	0*	0**
经济状况	2	9**	1	0**
（有效样本量）	(349)	(349)	(267)	(267)

比如,一些报道围绕她的个人履历展开介绍。她最开始在公共卫生部门担任儿科医生,大约 54 周岁时被当时总统任命为卫生部长,之后又提任国防部长。2004 年在民意调查中,她位列前位,遂于 2005 年辞去当时的职务,参与总统竞选。除了简要介绍其从政经历,报道还花了很大的篇幅介绍其婚姻与家庭事务。例如,有的报道提到,巴舍莱是抚育三个孩子的离异母亲,也需要面对各类家庭事务。此外,媒体对巴舍莱的刻板印象呈现还包括对其相貌和衣着的细节描述。最终的研究结果显示,这些基于性别差异的报道,确实能够

① VALENZUELA S, CORREA T. Press coverage and public opinion on women candidates: the case of Chile's Michelle Bachelet[J]. International communication gazette, 2009,71(3):203-223.

影响公众对候选人的看法,即媒体发挥了"议程设置"的功能。但由于其引申出对领导魅力、诚实品质、执政能力等方面议题的考量,特别是对巴舍莱医学从业的专业背景的强调,最终导致性别差异和性别气质实际上提升了巴舍莱的公众形象。①

也就是说,在精英女性领导力的构建方面,大众媒体以符合公众认识框架的性别刻板印象为切入点,在报道中逐渐强化"领导力"框架,从而形成复杂的"女性领导力"呈现策略。托马斯等人对比分析了利比里亚民选女总统埃伦·约翰逊-瑟利夫(Ellen Johnson-Sirleaf)和智利第一位民选女总统米歇尔·巴舍莱后也有类似的发现:两位女性总统都将性别纳入其竞选策略,在没有家庭政治背景的情况下,这种性别战略起到了对抗性叙事的作用,通过强调专业能力、教育背景和政治经验,来证明她们也具有与政治领导力相关的传统"男性特征"。此外,她们都通过强调女性的独特能力和优势,在舆论中构建出一种"性别信仰",再将之与当前国家紧迫的政治议题联系起来,从而形成灵活多变的、更加复杂的、基于性别策略的媒介印象。②

那么,这种基于性别进而接入"男性领导力"的呈现模式,在以自我呈现为主导、更加可控的社交媒体形象呈现中是否得到了延续?又有怎样的微调和技术适配?

(二)米歇尔·巴舍莱公共主页的特征:以个性化叙述发布日常活动

在本书重点跟踪的66位精英女性中,米歇尔·巴舍莱在平台型媒体上的自我呈现的特征非常突出:更新具有时效性,技术手段具有多样性,主题具有

---

① VALENZUELA S, CORREA T. Press coverage and public opinion on women candidates: the case of Chile's Michelle Bachelet[J]. International communication gazette, 2009,71(3):203-223.

② THOMAS G, ADAMS M. Breaking the final glass ceiling: the influence of gender in the elections of Ellen Johnson-Sirleaf and Michelle Bachelet[J]. Journal of women, politics & policy, 2010,31(2):105-131.

连贯性，且拥有一批感情丰富并跨越各领域和阶层的跟随者，这些粉丝群体连接成为具有认同感的社群，界于“群”和“圈子”两种组织形态之间①，他们会因为情感号召、议题号召或即时性新闻事件随时聚集起来，又转瞬消失在匿名流动的网络中。

米歇尔·巴舍莱在具有延展性的“互联网技术平台”上的形象呈现是比较全面的，她同时开设了脸书主页和推特账号，两个账号都保持了较高的更新频率，她还有维基百科页面，并且在《卫报》、《纽约时报》、半岛电视台、福布斯等知名媒体平台网站上有自己专属的网页，汇总了媒体报道的链接并按时间顺序陈列。这些网页和平台之间形成连接性的信息网络，成为其在可延展网络平台上的“数字痕迹”，供信息寻找者查询和索引。

米歇尔·巴舍莱自 2008 年 2 月 15 日在脸书上创办自己的“公共主页”以来，就成为社交媒体的活跃用户。她基本保持着每一至两天更新一条状态的频率，发布自己执政、参与公共活动等最新消息。内容几乎都以“文本＋短视频”的方式呈现，文本简明说清事件本身，加上地理定位信息或“#”的方式对事件进行介绍，不附加感想和评价，但以“鼓动性倡导”作为情感的呼吁和号召（比如呼吁关注性别平等、卫生健康等议题）。视频多是二至五分钟长度的短视频。她也会转发现场人员的自拍，或者其他工作人员手机拍摄的“非专业化”视频。视频开头增加文字性说明，不添加字幕，也没有额外的配音配乐，画质比较“粗陋”，但都有完整的“谁在什么时间地点做了什么”的新闻故事基本要素呈现。

此外，米歇尔·巴舍莱的社交媒体账号还经常更换头像。仅在 2018 年一年，巴舍莱在脸书上的主页就更换了三次个人头像，这在精英女性的自我呈现中是比较少见的。巴舍莱现用的脸书头像以联合国旗帜作为虚化的背景，“流

① 仇筠茜.“群”与“圈子”：互联网公益行动组织机制的实证研究[J].全球传媒学刊，2015，2(3)：73-91.

露”出她的身份地位的变化,从智利的总统转而成为联合国人权组织的官员。更换头像可以被解读为一种女性化资本的体现,有研究证实,女性比男性更为频繁地装扮个人主页,更多呈现感性的情感信息。[①] 那么,掌握政治权力的巴舍莱是如何呈现情感信息,又是与情感公众进行互动的呢?

图 6-5 智利总统米歇尔·巴舍莱的头像

(左图为巴舍莱的脸书头像,右图为其推特头像。2018 年 9 月,巴舍莱更换脸书头像,统一采取右图,背景是虚化的联合国旗帜,该“符号”化呈现“流露”了其身份和地位)

二、即刻感:米歇尔·巴舍莱的“情感表演剧目”

帕帕拉奇(Papacharissi,2015)用“情感公众”来描述当下信息传播环境的政治影响,她定义的情感公众,并不聚焦在具体“情感分析”意义上的正面、负面、中性情感的分布状况的描述,而是采用文化研究的思路来分析其建构机制及政治意涵。情感公众热点事件及话题的讨论,是当下社会及新闻事件的“叙

① TOMA C L. Feeling better but doing worse: effects of Facebook self-presentation on implicit self-esteem and cognitive task performance[J]. Media psychology, 2013,16(2): 199-220.

述者”和记录者,在这些记录中,情感、态度和事实本身杂糅在一起,无法切割和单独辨识,因为这些“情感化叙事”共同组成了一种关于公共事件、公民话题的“氛围”(ambience),是公民“自造”的公民身份。[①] 情感公众在加入公共议题叙述的过程中,本身也在改变对公共议题的认知,形成了一个不断发展、漏洞百出、有情感凝聚力的叙事,对政治进程和政治环境有一定的影响力。为维持情感公众的“凝聚力”,自我呈现需要有连贯性。为满足情感公众随聚随散的组织特征及其对新信息的“即刻”期待心理,精英女性的自我呈现又需要具有即时性。智利总统巴舍莱通过“即时感”、情感表现、公众议题发声、女性气质呈现等多个方面,做出了较为成功的“平衡”。总的来看,她虽然并非刻意为之,但在实际效果上,其社交媒体页面表现出对黏合力与连接力的适度把握,进退得当,有很好的“网感”。

(一)以“即刻感”维系情感公众

互联网信息传播技术所提供的“自下而上”的传播路径与传统媒体报道“自上而下”的路径相互补足,培育了新的新闻消费模式,比如“即刻的新闻期待”。[②] 在阅听信息方面,人们对新闻“时间”的感知经历了“定时(24 小时周期)——即时(第一时间报道)——实时(对事实的同步报道)——全时(随时报道)”的变化,[③]人们对新闻信息的接受进入“观展/表演”范式,期待快速的更新与意外的发现,随时都在等待大新闻的出现。“即刻的新闻期待”导致信息接收缺乏历史纵深感,更加碎片化和去结构化。如果精英女性的自我呈现信息要迎合这种“意外受众”心理,须在“有趣”和“有意义”之间做出权衡。

巴舍莱个人呈现的“即刻感”首先表现在更新的频率。自 2008 年创建个

---

① PAPACHARISSI Z. Affective publics: sentiment, technology, and politics[M]. New York:Oxford University Press,2015:77-80.

② 陈力丹.网络时代新话题:即刻的新闻期待[J].新闻前哨,2011(1):19-20.

③ 彭兰. 中国网络新闻的六大发展[J].杭州师范学院学报 (社会科学版),2004(5):135-137.

人主页以来，其页面的更新速度保持在每天或每隔一天的频率，每一条信息都以“文字＋图片”或者“文字＋视频”的方式呈现，且视频居多。另外，巴舍莱的每一条自我呈现信息，都基本满足了“5W”新闻要素中的三到四个要素，并且采用“标签＃”和“地理定位”信息等社交媒体上常见的技术手段来呈现这些新闻要素，准确地传达了自己当日开展的活动。在“日理万机”的精英女性领袖中，巴舍莱是最为“勤快”的发布者。

巴舍莱个人呈现的“即刻感”还表现在“时间”上的自由调度，在“过去—现在—即将发生”间自由切换，维持与情感公众的“亲密感”。巴舍莱自我呈现的文本内容基本是对刚刚过去的“今天”发生事情的记录，还有“直播”类型的信息，甚至有一些文本信息是对“今晚”即将发生的事件的预告，比如颁布某法案、会见某政要的事先“剧透”。

例如，2018 年 8 月 24 日，巴舍莱发布了一条 2 分 47 秒的视频①，文字和视频均使用西班牙语，内容大意是：

“再过几个小时，我即将履任联合国人权事务高级专员。我要向你们(智利民众)告别之后，才可以离开。感谢你们的爱、微笑和自拍。我们的问候通过脸书和推特传递。我会把你们的爱都放在心中！给你们大大的拥抱！让我们保持联系！”②

这条帖子发布于当天 21 时 40 分，并立即获得了 879 次点赞。25 分钟之后，巴舍莱又修改了文本内容，增加了“❤”的表情符号，累计至 2019 年 1 月 5 日时，点赞数量已超过 10 万。

---

① 视频链接为：https://www.脸书.com/MichelleBachelet/videos/925695657632241/，访问时间：2019 年 1 月 5 日。

② 原文是：En pocas horas más partiré a cumplir mis nuevas responsabilidades como Alta Comisionada para los Derechos Humanos de las Naciones Unidas, pero no quería irme sin antes despedirme de ustedes. Agradezco todo su cariño, sus sonrisas y selfies cuando voy a la feria, y sus saludos a través defacebook y Twitter. ❤¡ Me los llevo en el corazón!

巴舍莱在自我呈现的过程中,通过直播、预告等方式,营造了“即刻感”的陪伴,与此同时,网络化文本(例如“大大的拥抱”)和视觉语言(视频本身拍摄环境很随意、拍摄手法也很粗糙),维持了情感公众在阅听其自我呈现内容时的“新鲜感”。在评论区,情感公众通过点击脸书系统默认给定的点赞、爱心、愤怒等表情符号表达情感共鸣,围绕给定的“有趣”事件展开讨论,分享对这一具体事件的感受、经历或祝福。

(二)快速回应热点议题,专业发声,情感鲜明

米歇尔·巴舍莱在社交媒体上的呈现塑造了一个“敢爱敢恨”的女性政客形象,她甚至是本书所有量化统计数据中唯一一位出现不文明用语、经常使用网络语言来表达情感的“精英女性”。对其 10 年来的所有呈现内容进行细读,能够清晰地感受到巴舍莱对于性别平等议题、公共健康议题的长期关注,其本身的从业经历和受教育背景,使她在这些议题上能够快速回应,通过对“即刻感”的叠加,形成对自我身份呈现的连贯性。

在 2016 年智利国家进出口商贸协会 Asexma 的年会会议上,公司按照惯例向嘉宾赠送特别的礼物,时任经济部部长的路易斯·塞佩提斯(Luis Céspedes)手持赠送的充气人形玩偶,略为尴尬地大笑,在台上的其他官员均为男性,照片的气氛以娱乐、玩笑为主。照片流出后,推特快速创建了标签#Âžmunecainflable(“充气娃娃”的西班牙语)热门话题,引起公众广泛关注和情绪表达“狂欢”。对此,米歇尔·巴舍莱并不感到“幽默”,她认为女性的身体不应该用在公共场合作为被取乐的对象。巴舍莱立即在推特账号上表达了对该事件的谴责,她本身传达的愤怒情绪也引发了公众以愤怒情绪作为回应:

> 争取尊重妇女的斗争一直是两国政府的一项基本原则。发生在 Asexma 晚宴上的事情是不能容忍的。

图 6-6 智利总统米歇尔·巴舍莱在女性议题上表达“愤怒”情绪

她的评论被转发了 1,200 多次，并得到了很多人的回应。在多位意见领袖的助推与传统媒体（并采访政治学学者）介入讨论的过程中①，Asexma 的负责人罗伯特·凡突兹（Roberto Fantuzzi）和经济官员塞佩提斯都分别在自己的推特账号上公开道歉。

在智利的文化传统和社会规范中，针对性别平等等议题的观念还普遍保守，女性堕胎是非法的，劳动力构成中女性比例仍相对较低，在这一背景下倡导“性别平等”“女性尊严”等议题，作为该国历史上第一位女性民选总统的巴舍莱既责无旁贷又困难重重，这个议题也因此成为巴舍莱在平台型媒体上自我形象呈现的重要标签之一。但她并不会用“#性别平等”这样抽象表达观点的词汇，而是紧扣热点事件本身，从一件一件具体的事情中，通过情感化的表述，引起公众注意并激起讨论，以“即刻”参与的方式在热点话题中表达主张。

为适配其在热点事件中“即刻”参与和情感表达，在语言风格上，米歇尔·巴舍莱也经常违反常规甚至突破传统文化中“女性化语言风格”的窠臼。罗宾·拉科夫（Robin Lakoff）指出，大多数女性的语言风格呈现羞怯、内向和低自信的特点，缺乏承诺或态度鲜明的观点，这是由女性附属的、次等的社会地

① The Guardian. Sex doll gift blows up into Twitter storm as Chile's president is not amused[EB/OL]. (2016-12-14) [2017-10-19]. https://www.theguardian.com/world/2016/dec/14/chile-sex-doll-gift-michelle-bachelet.

位决定的,女性的语言代表着总体的传统礼节,通常采用两种话语策略:一是委婉,二是间接。① 费舍曼认为男性具有话语控制权和支配地位。② 在推特空间,男女的语言风格仍然保持着各自传统的性别特征:女性语言温和,而男性语言强硬;女性喜欢用母性化、温顺化的语言,其语言风格是友好的、和善的,给人以慰藉。③ 而愤怒、戏谑、悲情等情绪化的表达不仅在网络上越来越常见,还成了平台化媒体条件下赚取流量的一种手段,甚至正在潜移默化地成为年轻人寻求认同、表达自我的"狂欢"方式。米歇尔·巴舍莱在涉及专业领域的公共议题时,经常采取突破常规的修辞手段,在公共议题的讨论中使用网络语言(偏离语法规则、甚至偏离文明用语),直抒胸臆,据理力争,"即刻+情感"这种契合网络文化生态的表述方式为传播效果提供了保障,也逐渐沉淀固化为一种维系情感公众的"展演剧目"。

三、陪伴感:媒介逻辑下情感呈现"流露"权威

在精英女性凝聚情感公众的"展演剧目"中,不仅包括热点事件和突发性议题中的较为激烈的情感表达,还需要有日常化的情感呈现。米歇尔·巴舍莱的日常情感呈现表现出以平易近人为特征的母亲、女性气质,她在日常的话题中挖掘值得传播的仪式化话题,并通过各种平台型媒体的"技术可供性"展现出来。具体而言,她的信息发布在视觉化传播、专业领域主题选择和标签化议题建构这三个方面最具有特色。在这些日常化议题的运营中,实现了"女性"(权利)资本与"领导"(政治权力)资本的相互转化。具体而言,通过各种技术手段打破日常的平庸与琐碎,创造出值得传播的内容,以"情感"作为包装,区别于传统媒体权威的、正式且专业的报道方式,是使情感公众具有"伴随感"

---

① LAKOFF R. Language and woman's place[J].Language in society,1973,2(1):45-79.

② FISHMAN J. The sociology of language[M]. Newbury House,1972:39.

③ RICENTO T. An introduction to language policy: theory and method[M]. New York: John Wiley & Sons,2009:128.

的维系方式。

(一)突破“权威感”,“流露”亲和力

第一种技术可供性的使用是视觉化的传播手段,包括图片和视频。传统的视觉语言将领导置于中间位置,采用正面拍摄、水平拍摄手法,以凸显领导力和权威感。但是巴舍莱突破了这些传统视觉语言的局限,以“草根的”、非专业的视频展现自己所从事的活动。虽然这一类型的视觉语言在总体中并非主流,但对这些“奇异值”的分析也能够初步识别出,这种视觉语言在隐含层面“流露”(而非主动“呈现”)出了亲和力,塑造了平易近人的领导人形象。图 6-7 中的两幅图片分别是米歇尔·巴舍莱参加两个活动时的场景。左图为米歇尔·巴舍莱与智利获奥斯卡最佳外语片奖的剧组座谈(2018 年 3 月 7 日),以不易被识别的“背影”出境。右图为米歇尔·巴舍莱以“俯拍”视角体现融入集体的“亲近感”(2018 年 8 月 2 日)。[①]

图 6-7 米歇尔·巴舍莱以非常规的视觉语言展现亲近感

(二)打造陪伴感:医学背景助力国家健康事业

正如托马斯等人研究发现的那样,米歇尔·巴舍莱将性别纳入其竞选策略,在没有家庭政治背景的情况下,这种性别策略起到了对抗性叙事的作用,

---

① BACHELET M. Twitter content[EB/OL].(2018-08-03)[2019-07-10].https://twitter.com/mbachelet/status/1025066253013135367.

通过强调专业能力、教育背景和政治经验，逐渐从“女性气质”的叙事向与“男性气质”及其天然相关的“领导力”相联系，从而证明自己也具有那些与政治领导力相关的传统男性特征。已有的研究发现，部分事业型女性并不认为自己具有男性气质，相反，她们会通过不同的方式定义自己的女性气质，不过对事业的追求在传统意义上被认为是男性气质的显著表现。[①] 在平台型媒体上，自我呈现的过程被复杂化。通过呼吁女性的独特能力和优势，在舆论中构建一种“性别信仰”，再将之与当前国家紧迫的政治议题联系起来，从而形成灵活多变的、更加复杂的、基于性别策略的媒介印象。[②]

在平台型媒体条件下，对于长期的、日常的事件，米歇尔·巴舍莱沿用了“性别信仰”这一策略。她本人有医学专业的教育背景，也有从医经验。因此，在她的执政理念和从政活动中，有大量与之相关的活动，比如药品监管、医学院的毕业典礼、儿童福利救济等。一旦涉及医学、医疗卫生健康等相关活动，米歇尔·巴舍莱就一定会穿着象征医生权威和社会地位的白大褂，而在其他的场合，巴舍莱并不会因为专业领域而改变自己的着装。不过，她在这类活动中并不是单独地强调“从医”的专业背景，而是找到一个“情感表达”的切入点——爱。爱儿童、爱智利民众，这种带有母性关怀的“爱”，可以被视作一种极具女性气质的呈现。例如，下图(左)是米歇尔·巴舍莱于 2016 年 7 月参加的一个医疗服务活动的现场。这一项公共医疗卫生服务是智利国家在 2015 年通过国家社会保障基金(FONASA)方案推出的。当日，米歇尔·巴舍莱现身旨在帮助儿童恢复听力的“耳蜗植入技术”的医疗现场，进行考察与访问。她发表在脸书上的关于此事的描述中，对自己的“兴奋”情绪直言不讳，并且在

---

① TANGRI S S. Determinants of occupational role innovation among college women[J]. Journal of social issues, 1972,28(2):177-199.

② THOMAS G, ADAMS M. Breaking the final glass ceiling: the influence of gender in the elections of Ellen Johnson-Sirleaf and Michelle Bachelet[J]. Journal of women, politics & policy, 2010,31(2):105-131.

文本信息中为这种“兴奋”情感提供了解读的语境:

> 对我来说,这是非常令人兴奋的。我首先是一名母亲,我也是一个儿科医生,同时也承担智利总统的职责。这个政府正在执行的(与教育相关的医疗健康)方案是一个很棒的决定。它将改变这些(听力障碍)儿童的生活,有助于他们的学习能力和个人能力的培养。

类似地,在她参加2017年11月6日某个医院增加床位的活动现场,她的自我形象建构同样以“情感”主导,用热情拥抱的方式展现女性气质,身着白大褂,以专业医学领域背景以及位居图片的中心位置等隐含的方式“流露”权威和领导力(如图6-8所示)。

图6-8 智利总统米歇尔·巴舍莱以情感为铺垫展现专业背景
(左图:巴舍莱2016年7月现身儿童听力医疗现场,情感为“兴奋”①)
(右图:巴舍莱2017年11月庆祝某公立医院增设床位,情感为“兴奋”)

米歇尔·巴舍莱在社交媒体上的自我呈现中,将性别气质作为符合绝大部分公众认知框架的引入点,这样,在初步接触这一形象的时候,并不挑战人们在社交媒体上获取信息的“舒适区”框架,反而是产生了友好、亲近、信任的

① 米歇尔·巴舍莱的脸书公共主页[EB/OL].(2016-07-11)[2019-05-01].https://www.facebook.com/MichelleBachelet/.

情感。在这种情感的积累过程中,同时也就自然而然地接受了隐藏的另一条领导力形象的叙事线索——专业的教育背景。巴舍莱的医学专业背景能够带来权威感,这种信服感被转接到民众对当前智利国家发展医药健康和公共卫生事业的期待上。这个复杂互构的过程,逐步推进了从性别资本向政治资本的转化。

在社交媒体上构建的包含"大爱"情感的陪伴感,并且和具有领导力象征意味的专业教育背景和从业经历联系起来,是精英女性自我呈现过程中可以被复制和参考的策略。

(三)以"标签主题#"打造关系矩阵

米歇尔·巴舍莱非常擅长使用"标签#"的技术可供性,除了上面提到的为智利对外商贸年会上的热点事件添加主题标签#,她也将"标签#"的技术可供性运用于日常活动的播报和展现,特别是在涉及女性领导力、社会性别平等等全球性议题时。比如图6-9的两幅截图中所展现的日常播报策略,左图为巴舍莱于2018年7月发布的"寻找智利最美教师(#NominatónGTPChile)"的活动,共获得1,218个"点赞"表情,276个"大爱"表情,和7个"愤怒"表情,此外,还有155条评论,433次分享,2.8万次播放量。如果点击这一以"#"创建的超链接,能够看到大量围绕在这一话题周边的文本、爱好者和其他公益组织,围绕这一兴趣点形成了一个可松散、可紧密的关系矩阵。右图是米歇尔·巴舍莱于2018年参加的"我们是公民(#somosciudadanos)"的活动照片,围绕在这一标签周围,还有大量的公共主页、意见领袖、知名记者和非政府组织。标签的方式给予米歇尔·巴舍莱在社交媒体平台上更多的连接力,这种"关系矩阵"同样是一种以技术助推女性化气质从而撬动社会资本的有效路径。不过,遗憾的是,米歇尔·巴舍莱的自我呈现手段也表现出很强的"路径依赖",基本上都集中于使用文本、图片、视频和标签这四种方式,几乎从不探索其他超链接形式,失去了多样化的"技术可供性"使用能够带来的更强传播力。

图 6-9 米歇尔·巴舍莱使用标签#符号建立关系矩阵

从上述分析我们可以进一步归纳发现，米歇尔·巴舍莱作为智利的第一位民选女性总统，很擅长与媒体打交道。不论是报纸、电视、网站等专业化媒体，还是推特和脸书等新兴的社会化媒体，她都能够较好地以“工具库”的运用方式，形成媒介与政治影响力之间的有效互补，在保证自我曝光度的同时，积极宣传自己的政治主张。一方面，她能够在自己的专业领域和热点议题上适当地表达较为强烈的愤怒情绪，符合互联网“情感公众”的传播生态和文化品性；另一方面，在日常事务的播报中，她仅仅围绕自己的专业背景(医学)和个人特征(女性领导人)，在议题选择上具有很强的连贯性，并且能够以符合大众认知的女性“感性化”和“关系建构”的性别特质作为导引，进一步深入男性化、专业化等直接指向“精英领导力”建构的核心问题上。通过恰当、适度地展露情感，激活网友参与，既实现了女性(权利)资本和政治(权力)资本灵活地相互转化，又履行了自己定位的“为无声者发声”的政治担当。

本章小结

平台化的传播生态究竟是一个系统性的转变，还是一个周期性的波动，仍有待观察和历史的检验。本章分析了情感表演和理性铺垫之间的张力，发现在面对情感化转向的受众时，精英女性可以同时运用情感共鸣和理性铺垫的方法，通过强调专业性相关信息做出理性铺垫，也可以在适当的场景下运用参与话题、提及他人等平台可供的技术，增加自我呈现的公共性和情感色彩。

同时，精英女性在平台化媒介生态中进行自我呈现的过程中，需要注意避免两个误区。一是“转移存量误区”，简单加法的转型路径本质上是转移存量，希望通过一些数字化载体的运作，将原有的读者转移到这些载体上 。由于“渠道失灵”，传统媒体普遍陷入影响力不大的困境。二是“大生态和小垂直偏颇误区”，不可过分强调自己专业领域的深耕细作，要同时顾及整个传媒文化生态的变迁。

在同时占有大生态和小垂直的过程中，有两个可取的策略。一个是“抓重点”的传播策略，比如希拉里在 2016 年总统竞选时，注重打造“美国历史上第一位女性领导人”的卖点，并且在跨平台的形象呈现中突出这一特征。但这种单一化“大生态”观念，在面对极化意见群体时可能会流失坚决反对的群体，在面对中间不确定大多数群体时又显得过于流俗。“大生态”平台间的传播策略难以在平台间快速迁徙的潜在受众群体中找到具有短时效黏着力的“痛点”，不利于转发量的形成。另一个可取的传播策略是“小深耕”，比如伊万卡・特朗普在跨平台传播中，通过话题标签（＃）、人际关系标签（@）等手段，实现了大生态中的“小垂直”。她将对“工作中的女性”“圣诞节日”等话题感兴趣的潜在受众加以整合，使之形成一个暂时性的聚集，根据特定群体特征来决定传播的内容、语调、风格、情感表达等，形成对垂直群体的深耕细作。此类临时、话题型的聚集过程也反过来进一步巩固了其作为传播“节点”的作用,巩固了其在跨平台、多平台媒介环境中的影响力。因此,在运用“大生态”平台策略时,不应在平台间直接搬运内容,而应该根据不同平台的技术可供性和对应受众的特征定制内容,与不同平台上的不同受众或产生理性响应、或产生感情共鸣。

结语:平台媒介可供性的“既/又”逻辑

第三章到第六章分别从性别化资本、名人政治、视觉文化和情感展演四个方面对精英女性的自我呈现进行了剖析,为数据整合和理论探讨奠定了基础。结语部分从以下三个方面对全书内容做出深入总结、梳理和展望:

第一,对数据做整体的处理,建立从自我呈现、技术可供性到传播效果的模型,重点考察“技术多样性”的调节作用。

第二,在效果模型的基础上,提出精英女性自我呈现的策略和建议,特别是如何增进传播的连接力和黏合力,阐明本书在实践层面的指导意义。

第三,在“技术、性别与社会”的视域下,分析和论证当下精英女性在“可延展”在平台型媒体条件下进行的政治传播,以此来理解性别、技术逻辑和权力场域之间的交叉性张力,即平台化技术可供性与精英女性的交叉互构机制,论证平台媒体的“既/又”逻辑,从而阐明本书在学理层面的贡献。

一、连接还是黏合?

尽管单纯的效果研究会降低本书所希望探寻的传播技术与社会性别之间的流动关系这一宏大主题,但是效果视角下的实证分析可以满足我们对精英女性社交媒体使用的有效性的好奇,也能对前述分析进行检验,还能够为今后的实践提供策略性的指导。所以在结语部分,我们首先以传播效果的“黏合力”和“连接力”作为因变量,考察女性化资本、竞争化资本与其协同变化的情况,分析平台型技术多样性对其关系的调节作用。

(一)不同呈现策略在连接力和黏合力上的回归分析

首先,我们从黏合力(bonding potential)和连接力(bridging potential)两个维度来考察精英女性的自我呈现在平台型媒体上的传播效果。两个概念的操作化在第二章第三节中有具体的介绍。总的来说,黏合力与女性化资本相关,指的是自我呈现的内容引起情感共鸣和进一步行动的潜力。在测量指标上,操作化为引起评论和点赞的强度。连接力更多与竞争化资本相关,指的是能够引起信息扩散的潜力。在测量指标上,从信息发布主体上看,连接力被操作化为提及他人的频次、使用话题符号的频次,从信息接收的角度看,连接力被操作化为单则内容被转发的数量。

表 7-1　精英女性自我呈现内容对传播数据的线性回归分析(N=404)

	黏合		连接
	点赞数量	评论数量	分享数量
常量	50,929.085***	1,495.635	1,402.45
调整后 R 方	0.339	0.08	0.06
性别化资本	0.357***	−0.096	−0.054*
竞争化资本	−0.345***	0.017*	−0.011*
残差项	3.519E	1.715E	4.89E

注:* p< .05,** p< .01,*** p< .001

以每则自我呈现内容为分析单位,评论数量最多为 114,461 条,最少为 0 条,均值产 1,365,中位数是 127,标准差为 6,548。考虑到评论数量的差异波动十分大,我们应该以中位数作为衡量和评估的主要参考指标。也就是说,当一条帖子的评论数量高于 127 条，就可以大致认为其影响力是超过平均水平的。

以每一则自我呈现内容为分析单位，分享数量最多为 36,386 人次，最少是 0 次，均值是 1,053.90，中位数是 116，标准差为 3,490.5，四分位数分别是 22、116 和 490。以每一则自我呈现内容为分析单位，点赞数量最多为 21 万人次，最少是 4 次，均值是 13,810.47，中位数是 1,600，标准差为 31,449.94，四分位数分别是 356、1,600 和 9,800。更进一步来看，我们分别对精英女性自我呈现内容中的女性化资本呈现、竞争化资本呈现与连接力和黏合力之间的关系进行线性回归分析，考察其中各种策略在传播效果上的表现。

线性回归模型分析的统计结果显示，只有点赞数量和分享数量能够被自我呈现的女性化资本和竞争化资本部分解释，而评论数量几乎不能被女性化资本和竞争化资本解释。统计结果显示，女性化资本和竞争化资本的呈现总共能够解释点赞数量 33.9％的变异，模型表达式为：

$$\text{点赞数}=50,929.085+0.357\times\text{女性化资本}-0.345\times\text{竞争化资本}+3.519E \qquad (\text{式 }1)$$

可见，精英女性在平台型媒体上的自我呈现内容的传播力与帖子内容中蕴含的女性化资本和竞争化资本有显著的相关关系。其中女性化资本的标准化回归系数是 0.357，领导力资本的标准化回归系数是－0.345，常量 B 取值为 50,929.085。在 95％的置信水平下，三个系数都是三星显著(sig.＝.000)。可以理解为，女性气质的呈现能够吸引到更多的点赞数量。换句话说，自我呈现内容中的女性化资本能够增进个人形象的黏合力。

在第二章的统计数据分析中我们曾经论证过，除了文化领域以外，精英女性自我呈现中的女性气质受到普遍的抑制(图 7-1)。大部分女性仅表现出轻度的女性气质，这种自我呈现中的行为惯性受到了挑战。统计数据明确告诉我们，如果以追求黏合力为目标，那么适度地展现性别化气质、真挚的情感、暖色系的服饰、与儿童和家人同框的场景等，有助于提升个人形象的黏合力，对增加精英女性在媒体平台上发布内容的点赞数量、重复访问的粉丝数量、情感表达的评论数量都有所助益。

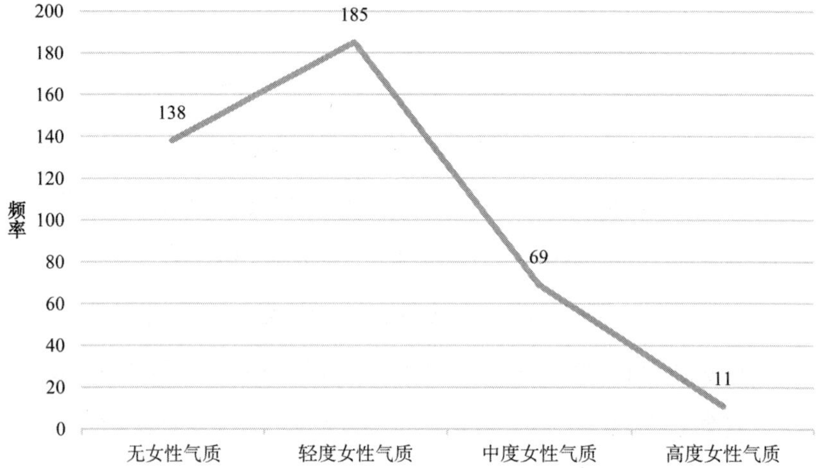

图 7-1　精英女性自我呈现中的女性气质强度分布状况(N=403)

黏合力也可以通过评论数量和评论中的正向情感强度来测量。统计数据显示，女性化资本和竞争化资本共同解释了评论数量仅仅 8% 的变异量，女性化资本的回归系数并不显著。

评论数=1,495.635 - 0.096×女性化资本+0.017，竞争化资本+1.715E

(式 2)

如果扩充样本量或者延长研究的时间范围，我们可以猜测，自我呈现内容中强调竞争化资本有可能激发起评论与讨论，而过分强调女性化资本则会压制评论与讨论。也就是说，精英女性自我呈现如果以增强黏合力和共情为主要目标，那么可以考虑更多地、主动地对领导力气质进行自我暴露，例如强调自己的专业成就、在视觉化图片呈现中居于中间位置、在视觉化视频呈现中增加时长和篇幅等，都是在初期可以采纳的方式。

在连接力方面,虽然显著性较弱,但也能为今后的研究探索提出一些初步的假设。分享数量与女性化资本和竞争化资本的呈现都是负相关的关系,二者只能共同解释分享数量6%的变异量,线性回归的模型表达如式3所示:

$$分享数=1,402.45-0.054\times 女性化资本-0.011\times 竞争化资本+4.89E \quad (式3)$$

统计结果显示,女性化资本和竞争化资本仅仅能够解释分享数量6%的变异量。这个统计结果本身无法得出结论,我们仅可以从回归系数中初步猜想,对女性化资本和竞争化资本的呈现均有可能减少分享数量。考虑到分享数量的中位数仅为116,找到其中真正的影响因素任重而道远。但本研究至少证明了自我呈现内容中的女性化资本和竞争化资本的呈现对分享数量的影响是微乎其微的。在纳入情感强度之后,分享数量的回归模型没有太大的改良,所以我们保留原始结果。

(二)技术多样性对传播效果的调节作用

技术多样性是对技术可供性的操作化测量,但二者在含义上有差异:技术可供性强调从技术本身作为主体的角度来分析其特征;技术多样性将技术作为被使用的工具来分析,其行动主体回到了在平台型媒体上采纳各种技术手段进行传播的精英女性。但如果不用"或者/还是"的二元对立视角来审视传播技术,转而采用"既/又"的逻辑来进行分析的话,那么可以认为技术的多样性采纳是技术本身可供性特征与精英女性媒介使用偏向特征交叉互动的结果。也就是说,技术多样性本身是一个路径变量,影响了自我呈现内容与最终平台数据表现之间的关系。

表 7-2 平台技术可供性使用的有效百分比(N=405)

	可供的平台技术	有效百分比(%)
迁移的平台技术	文本	88.1
	超链接	44.0
视觉的平台技术	图片	41.7
	视频	75.6
关系的平台技术	提及他人@	24.2
	提及话题#	3.7

此处需要补充说明的是,调节作用和交互作用的统计方法相同,但是根据理论假设,我们将技术多样性作为调节变量来处理。因为在交互效应中,两个变量的地位可以是对称的,也可以是非对称的,只要其中一个起到调节变量的作用,那么交互效应就存在。[①] 但是在调节效应中,技术多样性采纳作为调节变量是由理论所决定的,在模型中其位置不可以与内容中的女性化资本和竞争化资本进行互换。

检验调节作用最普遍的方法是多元调节回归分析(Moderated Multiple Regression, MMR),该方法对调节作用的解释力度优于分组验证。我们按照以下五个步骤检验平台技术的多样性是否以及(如果是)如何发挥调节作用。

第一,对技术多样性测量的 6 个指标进行信度与效度的检验,技术多样性的最小值(Min)是 1、最大值(Max)是 5,使用了所有可供技术的内容仅仅有一则,使用两种技术的内容有效百分比为 35.3%,使用了三种技术的内容有效百分比为 38.5%。

第二,因为预测变量和调节变量往往与二者乘积高度相关,为了减少回归方程中变量间的多重共线性(multicollinearity)问题,我们将自变量和调节变

① AIKEN L, STEPHEN G W, RAYMOND R R. Multiple regression: testing and interpreting interactions[M]. New York: Sage Publishing, 1991:121.

量进行“中心化”处理[①]，用这个变量中测量的每一个数据点减去均值，得到一个均值为零的数据样本，用 $\bar{T}$ 表示；我们也将黏合力进行标准化处理，用 B_1 表示。

第三，构造乘积项，将中心化处理后的自变量“竞争化资本”(L)和“女性化资本”(F)分别与调节变量 T 相乘，得到 $\bar{T}\times L$ 和 $\bar{T}\times F$，代入多元层级回归方程中去，乘积项显著，确认调节作用存在。

第四，乘积项和原来的自变量共同解释 16% 的变异量，可构造出多元调节回归分析方程如下：

$$B_1=-0.16+0.202F-2.79L+0.198\bar{T}\times F-0.146\bar{T}-L+E \qquad (式4)$$

第五，调节作用的分析和解释。本文采用标准差方法对调节作用进行解释，即找到调节变量的均值，将在均值左右各一个标准差的区域外各作为一组。组 1 中，$T_{low}<\bar{X}-\sigma$；组 2 中，$T_{high}<\bar{X}+\sigma$。然后在两组中分别回归。

一方面，分析技术多样性的调节作用可以发现，当技术多样性较低的时候，女性化资本的呈现对传播黏合力具有正面的影响；当技术多样性较高的时候，女性化资本的呈现对传播黏合力没有影响。简单来说，当技术多样性高于中位数水平之后，其对于传播效果黏合力的促进作用没有关系。

另一方面，技术多样性的调节作用同样适用于平台型媒体上精英女性的领导力气质呈现对黏合力的贡献。数据显示，当技术多样性较低时，精英女性的竞争化资本呈现对传播黏合力具有负面的影响；当技术多样性较高时，精英女性的竞争化资本呈现对传播黏合力没有影响。简单来说，当技术多样性高于中位数水平之后，其对于传播黏合力的促进作用也不明显。

将其中关系型的技术采纳与不同程度的女性气质列表(表 7-3)进行交叉分析可以看出，即便在理论建构中使用“提及他人 @”和“加入话题 #”都属于

---

① AIKEN L, STEPHEN G W, RAYMOND R R. Multiple regression: testing and interpreting interactions[M]. New York: Sage Publishing, 1991:11.

关系型的平台技术采纳,但是在实际运用中,两种符号所携带的性别气质也不一致。

表 7-3　技术可供性与性别气质强度的对应关系

	使用@提及他人		使用#加入话题		使用超链接	
	是	否	是	否	是	否
无女性气质	16.7%(1)	137	25.5%(25)	81	37.5%(66)	51
轻度女性气质	50%(3)	182	42.9%(42)	128	41.5%(73)	105
中度女性气质	16.7%(1)	68	25.5% (25)	42	16.5%(29)	39
高度女性气质	16.7%(1)	10	6.1% (6)	5	4.5%(8)	3
列合计	0.15%(6)	397	27.69%(98)	256	47.06%(176)	198
合计		403		354		374

“提及他人@”的使用情况与轻度女性气质相关,而“加入话题#”这种具有公共讨论色彩的、从而兼具性别气质和领导力气质的呈现手段也并不是“或者”的关系而是“既/又”的关系,在数据上难以被其中一种逻辑完全解释。

此外,我们对技术可供性的理解还应该着重考虑其调节作用。在四种以下的技术使用中,随着技术采纳数量的增加,性别气质的呈现有助于提升黏合力,增强精英女性在平台媒体上的忠诚度和美誉度。但技术采纳超过一定数量之后,性别气质的呈现对个人形象在平台上的黏合力没有明显的促进作用。

(三)连接与黏合的媒介逻辑

平台型媒体给精英女性的自我呈现带来新的可能性,也体现出社会性别、权力、技术和社会文化之间复杂和流动的关系。这种技术与社会性别之间相互建构的机制,不能够被“连接力或黏合力”“女性化资本或竞争化资本”“专业性或知名度”以及“情感表演或理性铺垫”的“或者/还是”的二分结构所限定,而应该采用破除二分结构的视角,更加辩证地、宏观地、历史地加以分析。

从效果来看,我们需要从媒介逻辑的视角去辩证地理解连接力与黏合力。

从数据上看,黏合力是能够吸引忠诚的粉丝和用户从而形成以情感为依托的社群或团体的潜质。与黏合力相关的技术可供性是“加入话题#”和“提及他人@”等,并且在中低度技术多样性的条件下,其对精英女性的黏合力有正向的促进作用。

传播效果的另一个指标是连接力,内容分析的统计数据显示,竞争化资本和女性化资本的呈现与分享数量都是负向相关的关系,但其统计结果只在90%的置信水平下显著,因此无须也不能做过多解读。

除了从数据的角度来看效果,对性别、技术与赛博空间文化的分析应该上升到技术哲学的角度去理解,并且将之还原到技术哲学理论的历史进程中去,还原到鲜活的政治生活场景中去,这也是本书的立意所在。因此在结语的第二部分,我们回到文献综述中所梳理的技术可供性、赛博空间、社会性别、名人政治之间相互勾连的理论脉络中,总结本研究的实践意义和理论贡献。

二、精英女性平台呈现的媒介实践启示

(一)精英女性的媒介再现

“内容为王”在任何媒介技术进展的条件下都不过时,尤其对精英同时又是女性的传播主体而言就更是如此。精英女性的自我呈现不应单纯地追求某一项数据指标(例如点赞数量或者粉丝数量),而应该综合考量个人形象的长期构建、与职业规划的适配、与媒介化政治风格的契合以及作为公众人物的责任感。具体来说,精英女性自我呈现的内容要素包括:

1.个体特质

对精英领导力的建构而言,其个体特质是主要因素,包括个体已有的地位与名声、专业知识水平、社会化媒体传播能力、参与社会化媒体活动的频率与

深度、社交能力。①

对精英女性个体来说,她已有的地位与名声是其在互联网中引起他人注意的基础。那些在诸如微博等社交媒体平台上成为精英女性的个体,主要还是在现实社会中已经有了影响力的名人或专业人士。现实生活中的身份、地位等个人资本,仍是网络话语权力形成的重要基础。不过福布斯全球影响力女性排行榜中最有影响力的女性在社交媒体平台上的影响力迁移仍然有较大的差异,本来在文化及媒体领域的精英女性对媒体的理解和运用都更为熟悉,而在经济领域和政治领域中,除少数频繁接受大众媒体采访报道的女性,还有很多精英女性需要通过平台媒体来积累(而不是迁移)其影响力和传播力,她们更需要从自身特质特别是专业素养入手,挖掘自己的特征和建构自己的形象。

2.内容议题

精英女性在社交媒体上发布的内容主题可以从女性化资本、竞争化资本和第三性别议题三种思路入手。第一种思路是女性化资本的呈现,不同领域的精英女性在脸书上呈现出来的女性化资本有显著的差异,其所属领域和技术可供性之间还会产生交互影响,图片、文本和视频类型在不同领域内对女性化资本呈现的影响程度不同。第二种思路是竞争化资本的呈现,政治领域的精英女性在两条路径上的水平都更高,既不压抑女性化资本,又注重强调竞争化资本,在被平台型媒体中介化后的信息生态中表现出更强的沟通意识和更为成熟的沟通技巧。第三种思路是参与“第三性别议题”的公共讨论和倡导。值得注意的是,平台型媒体和传统大众媒体的传播逻辑不相通,而深谙其中传播规律的传播者能够更好地调用各种技术可供性的潜力。从自我形象整饰方面来看,第三性别议题的内容呈现在连接力(转发和分享)及黏合力(点赞和评论)方面表现不俗。各行业的精英女性对自身女性化资本和竞争化资本的呈

① 彭兰.社会化媒体:理论与实践解析[M].北京:中国人民大学出版社,2005:114.

现具有高度的流动性，精英女性在选择自我呈现策略时应该采用“既/又”的框架来看待其中的流动性和多样性，积极尝试探索更多的可能性。

3.内容形态

精英女性在社交媒体平台中的文字和视觉文本的输出应当适配平台文化，打造领导力形象。对于精英女性来说，新媒体承担着形塑或维护其形象的作用。形象塑造对于精英女性提升领导力来说，具有特别重要的意义。因为形象信号给人的视觉刺激最为强烈，给人留下的影响也最为深刻。

领导者的成功并不完全取决于像智力、知识这样的特质要素，而是其所塑造出来的形象往往具有极其强大的震撼力和感召力。领导形象可分为个人形象和组织形象两个层面。个人形象是通过一系列行为和言词所表现出的一种风尚和人格，领导者的个人形象往往是领导者获取民众支持的重要力量。由于领导者必须拥有鼓舞者、支持者和追随者，所以，良好的领导形象就是领导者能够有效鼓动和获得民众支持的坚实基础。

领导者塑造良好的形象主要是通过两种渠道：一是言词，二是行为。言词就是领导者首先要学会“说话”，能明确地、正确地阐明立场。领导者的言辞一般来说应该符合两条标准：一是情感丰富，二是富有激励和鼓动作用。言辞也是展示领导者形象的感染力的重要途径。美国心理学家哈特曼结合竞选演说进行实验研究，比较情感与理智在选举时对选民们行为态度的影响，实验结果表明，情感的号召力比理智的号召力要大。行为通过态势语言或身体语言表现，即信息发送者通过仪表、姿态、神情、动作把信息输送到信息接收者的视觉器官，再通过信息接收者的视觉神经作用于大脑，从而引起积极反应，实现信息发送者的目的。身体语言或态势语言包括以下几种：手势语、目光语、身势语、面部语、服饰语等。[①] 在大众传媒时代，报纸、广播电视是塑造女性形象的

① 刘建军.领导学原理：科学与艺术[M].上海：复旦大学出版社，2001：141.

重要载体,而在平台媒体条件下,社交媒体等新媒体的自我呈现重塑着女性形象,需要从行为、身体角度去加以运营和考量。

(二)精英女性在平台型媒体上的关系再现

除了在基础特征、三大议题和形象适配这些内容方面着手之外,平台型媒体上个人形象的呈现还可以从关系和技术的角度来考量,这两个方面与大众媒体时代精英女性的自我呈现有较大区别。

关系特征是新时代条件下领导力的重要特征。所谓领导特质是指领导者自身所具有的某些品格和特征,领导力研究十分关注领导特质,该领域研究在20世纪初到40年代末主要采用心理学的方法,关注年龄、体格、健康、智力、学位、洞察力、创造力、情感控制、声望、合作、变通性等要素。随着70年代行为主义科学的崛起,实验研究除了关注自然特征和社会背景之外,还十分关注关系特性和社会特性等。[①] 在平台型媒体的自我呈现中,精英女性对自身关系的呈现主要从三个方面着手。

第一,按照媒体平台文化来优化关系圈结构。脸书和推特网等新媒体上的关系圈,主要是由两方面因素决定的,即关注谁和被谁关注,这两方面决定了关系圈的大小。关注对象具有双重作用:一是信息源,二是帮助自己发展社会关系的力量。从信息源方面来看,关注对象的质量,直接决定了获得信息的广度、深度与准确度等。因此,在选择关注对象时,精英女性应该根据自己的需要精心选择。虽然有些对象在直接生成公共信息方面的贡献有限,但他们是传播中的关键节点,有时可以通过他们来发展自己的关系网络,或者借助他们推动某一特定信息的传播,所以选择性地关注与自己领域相关的一些领袖是必要的。此外,还需要关注本机构或本系统内的具有代表性的个人、官方机构、行业内其他机构、相关管理部门等。当然,也并非关注人数越多,关系圈子

---

① 刘建军.领导学原理:科学与艺术[M].上海:复旦大学出版社,2001:111.

就越大、社交圈质量就越高。

第二,巧用关系维护类信息。从信息来源看,精英女性发布的信息包括两大类:一是原创性信息,二是转载、转发他人的信息。这背后体现了其信息筛选、判断能力,以及内容的呈现和传播能力。精英女性的领导力能够多大程度提升,既与其自身形象塑造和关系建设相关,又与每一次信息发布的策略选择相关。发布什么样的话题、如何利用新媒体叙事等,都是在信息关系维护中需要考虑的问题。

第三,通过在线互动经营关系。精英女性的粉丝数量决定了信息覆盖的广度以及再扩散的动力。除了少数名人,线上关系都需要通过经营和维护才可以保留活力。评论、转发等互动方式是扩大关系圈的重要手段,特别是使用“话题#”的方式进入公共传播的链条中,这既是运营关系的手段,又是公众人物责任担当的体现。

(三)平台媒体的技术可供性

从技术进而到媒介逻辑的角度来塑造可沟通的精英形象,是自我呈现的又一思路。具体来说,包括账号、标签及算法、迁移的可供技术、视觉的可供技术和关系的可供技术等要素,其最终目的都是实现个人形象的激活,增强公众对精英领导力的信任感。

社交媒体账号有很多信息需要设置,要充分利用这些细节,来激活自己形象,传达自我形象定位。例如,ID号和头像是精英女性最基础的标识信息。绝大多数情况下,用自己的名字和机构已有的图片与标志作为ID名和头像,是一种有效的做法,因为这样做较易实现品牌的辨识,也可以让社交媒体与机构或者自己的官方网站、博客等其他平台连通。

脸书和推特网等页面的背景图像,也是彰显个性、塑造形象的重要手段。个人的脸书和推特最好自行设计背景图,而不是采用平台的自带的背景图。背景图可以采用个人所要凸显该领域领导力的图片,如演讲、颁奖、竞选等。

背景图应简洁,避免繁复的图案干扰。背景图最好经常更换,让追随者常有新鲜感以及感觉到经营者的用心。

脸书和推特网等通常具有"标签"功能。标签不仅是标识身份、定位的手段,也是扩大关系圈的方式,因为系统常根据标签来进行用户间的相互推荐。因此,精英女性要针对自己的目标用户认真选择标签,标签数量与可搜索性和平台能见度密切相关。

另外,可以根据不同时期、不同场域的特殊需要,有的放矢地选择平台媒介技术。需要注意的是,如果技术使用的种类过多,技术对内容在平台上的数据表现是没有增益的。而且,各个领域对关系的、迁移的和视觉的可供技术的理解也不尽相同。例如,娱乐文化和传媒领域对视觉化的可供技术有更多的包容和采纳,可运用到不同程度的女性化资本呈现中去,而经济领域则相对较弱。

所以,综合考量平台技术的各个类别与所属场域规则的适配,善用和巧用可供技术,才能在专业内容呈现、公共议题发声、长久关系运营的基础上,达成个人形象的激活。

总的来说,想要在平台数据表现上取得成绩,跨平台的自我呈现需要打破传统的大众媒体思维定式,制定整合的形象管理方案,区分地、有针对性地对每一个平台生态和平台文化进行形象定位的适配。如果人力财力支持,甚至应该对每一种具体的平台技术可供性进行数据驱动的论证和调整。换句话说,经济、政治和文化娱乐领域的精英女性在进行平台形象管理时,应该由熟悉媒体运作逻辑的专业人员来制定更加灵活的(ambidextrous)呈现方案。当然,我们也应该意识到,过多的管理和过分强调技巧,有可能会失去了平台媒体本身的魅力,缺失了个人化色彩的账号形象有可能反而会对黏合力与连接力产生负向的影响。采用"既/又"的媒介逻辑来制定方案,就要能够根据个体的专业背景和文化资本,在身体与精神、专业性与知名度、性别化资本和领导力资本、情感召唤和理性铺垫之间做好权衡,根据语境量体裁衣。

三、理解传播技术与社会性别的“既/又”逻辑

在“技术、性别与社会”的视域下,我们可以通过分析和论证当下精英政治传播生态中“可延展特征”在平台型媒体条件下进行的政治传播,来理解性别、技术逻辑和权力场域之间的交叉性张力,即本章标题所陈述的平台技术的可供性与精英女性的交叉互构机制,从而阐明本书在理论层面的贡献。

(一)媒介变迁视角下的性别、视觉与政治生态

纵观人类历史变迁的视角繁多,人们惯性地从英雄人物、战争灾难、经济和文化的角度去切入,而本书关心的是媒介化社会的角度,特别注重分析传播媒介技术,特别是在平台化媒介技术的条件下,社会性别的呈现、精英政治和名人政治的生态以及视觉化展演文化之间的勾陈关联,论证和阐释了其中复杂与流动的互动机制。

这种流动关系首先体现在精英女性对自身呈现的策略方面,就算是从大众媒体迁移到了平台化媒体的环境之中,精英女性在进行自我呈现时仍然面临着诸多模棱两可、似是而非的犹疑抉择。她们需要处理女性化资本和竞争化资本之间的角力,需要在售卖性感还是隐藏身体之间小心翼翼,她们需要权衡诉求情感公众的共鸣又担心情感表露会强化性别气质从而削弱竞争化资本,她们还需要面对在连接力和黏合力这一对平台传播效果指标之间的权衡取舍。可以看到,在性别、传播技术、政治生态的相互纠缠下,赛博空间扩张中的“她”力量得到了释放的同时仍然受到场域、性别刻板印象、名人政治、具身性等诸多要素的制约,大部分要素仍然延续了大众传播媒体时代的特征。

不过,我们也在“不变”中发现了变化,这些变化主要就在于媒介变迁给性别呈现带来了更多样的选择,比如对视觉呈现的强化、对情感要素的召唤、对专业性的体现以及对将性别平等议题作为一种外化于传统二元对立模式的可

能性探索。

这些不变中的些许变化对“传播技术与社会性别”批判脉络的理论意义在于,它以一种更加平和与实证的态度来看待这个问题,为第三阶段的相互建构论既在实证数据上有所验证,又在当下新兴的平台媒体条件下做出了新的补充完善,也就是本文蕴含在各章节写作中所说的“既/又”媒介逻辑。在文献综述中,我们梳理了女性主义研究者对性别和科技关系的批判历程。该历程分为三个发展阶段。一是20世纪70年代的技术悲观主义,认为科技本身带有浓重的父权色彩,会压抑和阻碍女性的解放和发展,造成了女性的从属地位。二是20世纪90年代以哈拉维为代表的技术乐观主义,对科技解放女性、促进更平等的性别关系的潜力大唱赞歌。上述两个阶段中的极端学者们都不同程度地走入了性别本质论和技术决定论的误区。三是20世纪末以来,受到建构主义和后现代主义思潮的影响,学者们开始以一种更加平和的态度看待性别与技术的关系,既看到技术所受到的现存社会关系包括性别关系的影响,又看到技术对于强化和改善性别关系的作用,以及技术产品的使用者对技术的能动解读。通过对2015年至2019年间世界范围内百余位精英女性在脸书上自我呈现内容及其所采纳的传播技术的细致分析,我们发现,传播技术与社会性别之间的相互建构关系需要被置于具体语境中来解读和分析,在平台型媒体上,这种相互建构的关系可以用“既/又”框架来加以总结概括,从而进一步解读传播技术和性别及其政治意涵。

(二)“既/又”框架下传播技术与社会性别的相互建构

传播技术的变迁对“平台型媒体”这一传播技术的理解,应该上升到技术哲学的角度去理解,并且将之还原到技术哲学理论的历史进程中去,还原到鲜活的政治生活场景中去。“既/又”媒介逻辑框架致力于对21世纪以来的传播技术与社会性别相互建构的论点进行补充。总的来说,本书所提出的“既/又”媒介逻辑框架可以从五个方面来理解(表7-4):

第一,精英女性在社交媒体上的议题呈现是传播技术与社会性别的相互建构,“专业信息+公共议题”的呈现可以超越女性化资本和竞争化资本之间的二元张力,带来更多的议题想象空间。

第二,精英女性在社交媒体上的视觉呈现是身体政治与不同场域的文化惯习的相互建构。在社交媒体中,精英女性得以摆脱大众媒体时代被凝视、被塑造的附属地位,以更加自信、主动的姿态建构自己的公共形象。与此同时,不同领域的性别权力结构和文化惯习也影响着女性的自我呈现,从政治到经济再到文化构成了一个“男性气质”渐弱、“女性气质”渐强的性别光谱。

第三,在由平台型媒体中介的传播生态中,精英女性与受众的沟通可以既诉诸感性又诉诸理性。新兴传播技术带来了情感公众和情感政治,精英女性在平台型媒体上的自我呈现可以通过即刻感营造、热点议题快速回应、视觉表现流露权威等方式来诉诸政治生态的情感转向,同时也可以通过专业领域培养公众信任感、理性分析的日常化叙事等路径来把握。

第四,精英女性在平台型媒体上的自我呈现力求兼顾专业性和知名度,挑战了传统媒体时代刻板印象化的“名人政治”,更多地体现为一种去性别、去个性的标准化,在个性、家庭等私人领域和专业、职业等公共领域间做出平衡。

第五,平台型媒体所提供的黏合力与连接力是精英女性在平台上进行自我呈现进而与公众展开拟社会互动的两种沟通策略。黏合力与连接力的展现,不仅取决于精英女性的行业场域、个人的专业背景、所处的政治文化环境等因素,更需要重视在平台型媒体技术所提供的技术条件下,不同的媒介技术在关系、迁移和视觉层面对黏合力与连接力的促进各不相同,因此,精英女性领导力也要被理解为一种运用各种传播技术进行跨平台沟通的能力。

表 7-4 平台传播技术与社会性别建构的"既/又"逻辑框架

	"或者"框架		"既/又"框架
议题呈现	女性化资本	竞争化资本	性别平等等公共议题
视觉呈现	售卖性感	隐藏身体	领域区分的性别光谱
受众路径	情感表演	理性铺垫	即刻感、陪伴、权威流露
呈现诉求	专业性	知名度	公私领域的有机整合
平台表现	黏合力	连接力	多元技术、跨平台沟通

总的来说,理解平台型媒体的传播逻辑,就要承认传播技术的自主性。"技术自主性"指的是模糊人与技术之间的主被动边界的特性,用温纳(Winner,2014)的话来讲,"技术的发展让人与机器之间的边界变得模糊,人类的主体是从属于客体的,人类的认知是一种在物理真实上的交互界面(interface)"①。

(三)不足与今后研究方向

平台型媒体的快速迭代以及相应组织管理和文化生态的日新月异,使得本研究从设计到实施有很多缺憾,在此列出三点不足之处,供后续研究者参考和完善。

第一,对平台技术的把握不够全面。由于认知和数据获取手段的局限,未能够将"推荐算法"这一基础的平台技术纳入研究设计中,也没能够在案例分析中补充新出现的社交机器人这一传播主体。

第二,在研究对象的选择过程中,过多地考虑了研究设计的内部效度,而对外部效度的考虑不足,特别是没能够将"小组"和公共主页等并非精英女性自主呈现的重要内容纳入内容编码中。例如,大法官金斯伯格与美国最高法院的另外三位女性法官一起,位列 2018 年福布斯影响力女性排行榜的第 19

① WINNER L. Autonomous technology: technics-out-of-control as a theme in political thought[M]. Boston:MIT Press,1978:37.

位。金斯伯格在脸书上显然是一位“网红”人物——以“Justice Ruth Bader Ginsburg”作为关键词进行搜索，用户可以获得关于她的海量信息，包括帖子、视频、图片等。其中，大量视频的播放量都在10万以上。由于这位80岁高龄的大法官经常练习“平板支撑”(plank)健身，以至于在她生日的当天，网友们还发起了做“平板支撑”为她庆祝生日的“联结性行动”。这种以标签“#”的方式组织起来的线下行动，经由社交网络平台的串联，形成了线上和线下相促进的活动，形成了以金斯伯格为话题的、具有传染力的传播内容，在算法平台上创造了高曝光度和话题热度。不过，大法官金斯伯格的个人页面的信息却非常朴实且单薄，她的页面背景是法院司法礼仪中的符号——法槌的图片，页面中只有两条配有个人半身照片的帖子，内容主要是庆祝新年等时间性节日。可见，在以推荐算法和海量搜索为技术可供性特征的平台型媒体环境中，金斯伯格作为“精英女性”和“政治名人”的交叉的个体形象，并非是自己主动进行“自我呈现”的结果，而是“被呈现”的结果。

平台型媒体已经成为精英女性自我呈现的主要载体，但针对这类现象的研究方法却滞后且缺乏体系，可重复性因此受到影响。建构一套具有信度的研究方法是目前在算法平台上进一步推进内容分析研究的当务之急。美国最高法院的大法官金斯伯格在社交平台上的媒介形象不在本书的研究范围之内，但其(及其所代表的普遍现象)形成的海量围观、线下活动转化的延伸力，值得未来同样关注“平台型媒体”及其技术可供性的同仁学者深入研究。

第三，未对技术与身体的关系进行深入探讨。第一部以“技术哲学”为书名的著作出版于1877年，作者是新黑格尔主义者厄恩斯特·卡普(Ernst Kapp)。在他之后，被誉为当代技术哲学教父的唐·伊德用“身体一”和“身体二”讨论具身性问题，区分在场和不在场的交流。之后安德鲁·芬伯格(Andrew Feenberg)挑战了伊德的划分，并提出“从属的身体”和“延展的身体”来打破将中介化交流和面对面交流又分开来的二分视角。雷拓(Lettow)的分析更进一步完善了芬伯格的论证,他指出,技术哲学应该在一种更广阔的意义上言说身体与技术的关系,这种关系不应该局限于技术物对身体的影响,而且也要重视对身体技术(body technique)和身体政治(body politics)的研究。① 在本研究中,仅从具体的层面考虑了转发、评论、点赞、超链接、“话题标签”、“提及他人”等技术与精英女性自我呈现中构造自我形象的社会性别、专业背景、生活品位、政治权利之间的勾连。当前,我们正处于算法和平台媒体介入普遍生活的初始阶段,后续研究需要在技术哲学的理论关照下对新兴的传播技术及其社会政治意涵做出解读。

① LETTOW S. Somatechnologies: rethinking the body in the philosophy of technology[J]. Techné: research in philosophy and technology, 2011, 15(2): 110-117.

附 录

附录一 精英女性在脸书上的自我呈现(主页)编码表

类目	编号	变量	值
人口基本信息	01	种族族裔	1.白人或欧洲裔 2.黑人或非裔 3.印第安人和阿拉斯加土著人 4.亚裔美国人 5.夏威夷和其他太平洋岛国人 6.拉丁裔 7.其他
	02	出生年份	连续型
	03	子女数量	连续型
	04	教育背景(最高学历)	1.硕士以上 2.本科 3.本科以下
	05	所属领域	1.政治 2.经济 3.文化

续表

类目	编号	变量	值
社交媒体头像	06	内容	1.自拍 2.非自拍的单独一个人 3.和他人一起 4.其他人 5.其他静物或风景
	07	景别	1.特写(胸部以上) 2.近景(腰部以上) 3.中景(腿部以上) 4.全景
	08	发型	1.长发-散发 2.长发-束发 3.肩膀以上的短发 4.无法确定
	09	配饰数量	包括眼镜、耳环、鼻环或身体其他部位的体环、戒指、项链、手表、手套、手环、手镯、手链或脚链、丝巾或围巾、胸章或胸针、领带或领结、皮带或腰带、腰链、发饰等 累加计数(按类别),并注明
	10	眼神接触	1.不看相机;2.看相机;3.无法辨识
主页背景设计	11	图片内容	1.本人自己 2.和他人一起 3.其他人 4.其他静物或风景

续表

类目	编号	变量	值
账号文字信息	12	账号名称	1.本人真名 2.采用性别特征冠名的 Ms./Miss./Mrs. 3.采用不具有性别特征冠名的 Ph.D.等 4.采用代表身份特征冠名的 congress/president 等 5.其他
	13	账号自我介绍	1.客观正式的职业、专业信息描述(类似 CV,简短描述) 2.非正式的(简历信息包含在内,但文本不太正式,也包含大量私人信息,如个人性格、爱好等) 3.家庭角色 4.职业、专业期望 5.幽默滑稽(完全没有认真对待,打趣的、有错误的信息) 6.其他
	14	包含个人主页链接	1.无 2.有
	15	是否为真名	1.否 2.是
	16	账号类型	1.公共主页 2.个人主页 3.其他
	17	用户属性	1.认证用户 2.普通用户
	18	关注数	连续型
	19	点赞数	连续型
	20	粉丝数	连续型

附录二　精英女性在脸书上的自我呈现(帖子)编码表

类目	编号	变量	值
基本信息	01	发布时间	(年月日,填写格式 yymmdd,如180521)
	02	发布时间	(24 时制,取小时的位数,如 17:30,记录为 17)
文字	03	内容格式	1.仅文字 2.文字+图片 3.文字+视频 4.仅图片 5.仅视频 6.文字+图片+视频 7.图片+视频
	04	内容形式	1.本人原创 2.转发(不配评论) 3.转发(同时发表评论)
	05	领域分类	1.公共领域—普遍社会事件 2.公共领域—专业或职务相关 3.私人领域—日常生活/家庭/个人等
	06	内容类型	1.事件 2.情感 3.态度
	07	情感分析 1—情感分类	1.快乐(愉悦的、高兴的、幸福的) 2.悲伤(难过的、气馁的、沮丧的) 3.愤怒(生气的、愠怒的、暴怒的) 4.恐惧(担心的、害怕的、惊惧的) 5.鄙视(厌恶的、讽刺的) 6.无感情(中性情感)
	08	情感分析 2—是否使用粗话或脏话,例如 f*,damn 等	1.否 2.是
	09	情感分析 3—是否使用表情符号,例如 LOL、:D 等,每个记 1 分,未使用记 0 分	1.0 分 2.1—3 分(包含 1 分和 3 分) 3.大于 3 分(不包含 3 分)
	10	情感分析 4—是否多次使用同一个标点符号,例如:!!!	1.否 2.是

续表

类目	编号	变量	值
文字	11	情感分析 5—是否使用拟声词,例如 WOW,blabla 等	1.否 2.是
	12	是否有超链接	1.无 2.有
	13	提及他人	1.亲属及血缘关系亲人(包括配偶、子女和其他亲人) 2.本专业领域的人 3.非本专业领域的人 4.其他人
	14	是否@他人	1.用@ 2.没有用@ 3.未提及他人
	15	提及他人方式	1.正式提及(加称谓如 Prof./Ms.等,用全名) 2.非正式提及(用昵称或表情等,没有用全名)
	16	是否使用话题符号#	1.无 2.有
	17	话题#内容	1.公共领域—普遍社会事件 2.公共领域—专业或职务相关 3.私人领域—日常生活/家庭/个人等
图片	18	类型	1.人物照片 2.风景或静物照片 3.创作的图片(如图画等) 4.没有图片
	19	人物	1.本人自己 2.和他人一起 3.其他人
	20	内容	1.特写(胸部以上) 2.近景(腰部以上) 3.中景(腿部以上) 4.全景

续表

类目	编号	变量	值
图片	21	场景	1.工作 2.生活/家庭 3.工作以外的公共领域 4.其他
	22	身体裸露程度	1.无裸露 2.一般裸露(仅露出手臂、小腿) 3.性感化裸露(露出大部分肩膀、乳沟、胸部或大腿) 4.完全裸露
	23	衣着类型	1.正装/半正式职业装(西装外套、西装裙) 2.休闲装/运动装(T 恤、运动服、polo 衫、牛仔服饰、沙滩裤等) 3.时髦着装或品牌时装(具有时尚设计感的服装,常有大胆、独特的剪裁与色彩等) 4.性感着装(泳衣、泳裤、内衣等) 5.无法辨识 6.其他(无法归于上述分类)
	24	服装主要色系	1.中性色系(黑、灰、白) 2.暖色系(红、橙、黄) 3.冷色系(青、蓝、紫)
	25	发型	1.短发 2.长发-束发 3.长发-散发
	26	配饰数量	包括眼镜、耳环、鼻环或身体其他部位的体环、戒指、项链、手表、手套、手环、手镯、手链或脚链、丝巾或围巾、胸章或胸针、领带或领结、皮带或腰带、腰链、发饰等 累加计数(按类别),并注明
	27	是否有宠物	1.无 2.有

续表

类目	编号	变量	值
图片	28	本人在照片中所处位置	1.居中 2.两侧 1/3 处 3.其他
	29	照片垂直角度	1.仰拍 2.俯拍 3.平视
	30	照片水平角度	1.正面 2.侧面(包括侧前、后) 3.背面
	31	人物类别	1.只有小孩 2.只有成人 3.成人和小孩 4.其他
	32	人物性别	1.女性个体 2.两位及以上女性群体 3.男性个体 4.两位及以上男性群体 5.男性和女性同时出现
	33	女性气质 1—照片中精英女性用手指或手触摸、抚摸物体的轮廓	1.否 2.是
	34	女性气质 2—照片中精英女性以某种形式使自己身体比别人更低,如出现弯腰、低头等	1.否 2.是
视频	35	人物类别	1.本人自己 2.和他人一起 3.其他人
	36	长度	1.30 秒及以内 2.30 秒—60 秒 3.1 分钟—5 分钟(含) 4.5 分钟—10 分钟(含) 5.10 分钟以上

续表

类目	编号	变量	值
视频	37	来源	1.专业媒体 2.网友或粉丝 3.自己拍摄 4.其他
	38	身体裸露程度	1.无裸露(包括正常的露出头、手、脚) 2.一般裸露(仅露出手臂、小腿) 3.性感化裸露(露出大部分肩膀、乳沟、胸部或大腿) 4.完全裸露
	39	衣着类型	1.正装/半正式职业装(西装外套、西装裙) 2.休闲装/运动装(T恤、运动服、polo衫、牛仔服饰、沙滩裤等) 3.时髦着装或品牌时装(具有时尚设计感的服装,常有大胆、独特的剪裁与色彩等) 4.性感着装(泳衣、泳裤、内衣等) 5.无法辨识 6.其他(无法归于上述分类)
	40	服装主要色系	1.中性色系(黑、灰、白) 2.暖色系(红、橙、黄) 3.冷色系(青、蓝、紫)
	41	发型	1.短发 2.长发-束发 3.长发-散发
	42	配饰数量	包括眼镜、耳环、鼻环或身体其他部位的体环、戒指、项链、手表、手套、手环、手镯、手链或脚链、丝巾或围巾、胸章或胸针、领带或领结、皮带或腰带、腰链、发饰等 累加计数(按类别),并注明

附录三 编码细则(编码说明)

一、一般注意事项

(1)在进行编码前,请仔细阅读本编码说明。在编码过程中,请认真细心地阅读资料内容,遵循编码说明的规定及各项类目并进行记录。

(2)如在阅读资料遇到困难时,务必向研究者咨询,以明晰含义,避免产生误差。

(3)针对选定的福布斯全球影响力女性排行榜中的66位精英女性在脸书平台型媒体上的自我呈现内容进行分析,分析对象包括脸书首页、帖子与用户评论三部分。

(4)正式编码时,精英女性脸书首页的编码由一名本科生负责;精英女性脸书帖子的编码由三位本科生负责;两部分编码员各自独立进行编码工作。

(5)编码时,如遇到对编码类目、选项有疑问的地方,应随时记录。

(6)若在辨别各选项时遇到困难,应参考该编码单位在本研究中的叙述作为判断,或在网络上查找相关信息进行判断。

二、特别注意事项

(一)精英女性脸书首页信息

1.人口基本信息

(1)姓名:填入人物姓名。

(2)排名:汇报人物的福布斯全球权势女性排名。填入精英女性在2015年、2016年、2017年、2018年福布斯全球权势女性排行榜中的排名,如7/0/0/0。

(3)主页链接:填入精英女性的脸书主页链接。

(4)国籍与地区:说明人物所属的国籍与地区。可根据人物的脸书简介信息或该人物已知的国籍判断,或是通过查找互联网上相关人物信息进行判断,区分为:

①中国(含港澳台)：中国大陆及香港、澳门与台湾地区。

②欧美：主要指欧洲全境、北美、巴西、阿根廷、土耳其和以色列等国家和地区。

③日本。

④韩国。

⑤东南亚地区：包括越南、老挝、柬埔寨、缅甸、泰国、马来西亚、新加坡、印度尼西亚、菲律宾、文莱和东帝汶等国家和地区。

⑥纽澳地区：包括新西兰、澳大利亚。

⑦南亚地区：包括印度、巴基斯坦、斯里兰卡、尼泊尔、不丹和马尔代夫等国家和地区。

⑧其他地区或双重国籍：包括无法辨识、难以决定者，或是来自其他国家区域的人物和具有双重国籍的人物。

(5)种族：汇报人物的种族情况。可根据人物已知的种族判断，或通过查找互联网上相关人物信息判断，或是通过其外表(包括：肤色、发色或服装等)来进行辅助判断，区分为：

①白人或欧洲裔。

②黑人或非裔。

③印第安人和阿拉斯加土著人。

④亚裔美国人。

⑤夏威夷和其他太平洋岛国人。

⑥拉丁裔。

⑦其他。

(6)出生年份及年龄：说明人物的年龄情况。可根据人物的脸书简介信息和互联网上人物资料信息进行填写。

(7)子女数量：说明人物的子女数量情况。可根据人物的脸书简介信息和互联网上人物资料信息进行填写,若遇无法获取人物子女数量的情况,则对该人物子女数量进行不填写操作。

(8)教育背景(最高学历):反映人物的最高学历情况。可根据人物的脸书简介信息和互联网上人物资料信息进行填写。

①硕士以上。

②本科。

③本科以下。

(9)所属领域:汇报人物在福布斯全球影响力女性排行榜上所属的职业/专业领域。根据福布斯全球权势女性排行榜上的内容进行填写。

①政治。

②经济。

③文化。

2.社交媒体头像

(1)内容:说明社交媒体头像呈现的内容。

①自拍:由用户自己拍摄。

②非自拍的单独一个人:呈现为用户本人,但非自己拍摄,该选项区别于自拍。

③和他人一起:头像呈现既包括用户本人,也包括其他人。

④其他人:呈现为不包括用户本人的其他人。

⑤其他静物或风景。

(2)景别:说明社交媒体头像呈现的景别情况。

①特写(胸部以上):呈现人物胸部以上的身体范围。

②近景(腰部以上):呈现人物腰部以上的身体范围。

③中景(腿部以上):呈现人物腿部以上的身体范围。

④全景:呈现人物全身范围。

(3)发型:说明人物社交媒体头像呈现的发型情况。

①长发-散发。

②长发-束发。

③肩膀以上的短发。

④无法确定。

(4)配饰数量:说明人物穿戴的配饰情况。仔细观察人物头像中身体或服装上有无佩戴任何配件或装饰,包括眼镜、耳环、鼻环或身体其他部位的体环、戒指、项链、手表、手套、手环、手镯、手链或脚链、丝巾或围巾、胸章或胸针、领带或领结、皮带或腰带、腰链、发饰等。以累加计数的方式填写,并注明配饰类别。

(5)眼神接触:汇报人物眼神接触的情况。根据眼神与镜头的关系填写人物的眼神接触情况:

①不看相机:目光指向镜头之外,不注视镜头。

②看相机:眼神注视着镜头。

③无法辨识:包括无法判断及无法归于上述分类的其他情况。

3.脸书首页背景设计

图片内容:说明人物脸书账号首页背景图片的内容情况。

①本人自己。

②和他人一起。

③其他人。

④其他静物或风景。

4.账号文字信息

(1)账号名称:汇总人物脸书账号的命名情况。

①本人真名:以人物真实姓名进行账号命名。

②采用性别特征冠名的 Ms./Miss./Mrs.。

③采用不具有性别特征冠名的 Ph.D.等。

④采用代表身份特征冠名的 congress/president 等。

⑤其他。

(2)账号自我介绍:说明人物在脸书账号上的个人简介情况。

①客观正式的职业、专业信息描述(类似 CV,简短描述)。

②非正式的(简历信息包含在内,但文本不太正式,也包含大量私人信息,如个人性格、爱好等)。

③家庭角色。

④职业、专业期望:表现为对自己职业/专业的展望与期待。

⑤幽默滑稽(完全没有认真对待,打趣的、有错误的信息)。

⑥其他。

5.其他信息

(1)包含个人主页链接:说明人物脸书首页的个人主页链接情况。

①无。

②有。

(2)是否为真名:说明人物脸书账号是否为真实姓名的情况。

①否。

②是。

(3)账号类型:说明人物脸书账号的类型情况。

①公共主页。

②个人主页。

③其他。

(4)用户属性:汇总人物脸书账号的用户属性情况。

①认证用户。

②普通用户。

(5)粉丝数:记录人物脸书账号的粉丝数。

(6)点赞数:记录人物脸书账号的点赞数。

(二)精英女性脸书发布的帖子信息

1.帖子基本信息

(1)发布者名字:记录脸书发布者的名字。

(2)帖子链接:记录脸书发布者发布的帖子链接。

(3)发布时间(年月日):记录脸书发布者发布帖子的时间,填写格式为yymmdd,如180521。

(4)发布时间(24时制):记录脸书发布者发布帖子的时间,取小时的位数,如17:30,记录为17。

2.文字信息

(1)内容格式:汇总人物发布的脸书文字帖子的内容格式情况。

①仅文字。

②文字+图片。

③文字+视频。

④仅图片。

⑤仅视频。

⑥文字+图片+视频。

⑦图片+视频。

(2)内容形式:汇总人物发布的脸书文字帖子的内容形式情况。

①本人原创。

②转发(不配评论)。

③转发(同时发表评论)。

(3)领域分类:记录人物发布的脸书文字帖子中所呈现的内容领域情况。

①公共领域—普遍社会事件。

②公共领域—专业或职务相关。

③私人领域—日常生活/家庭/个人等。

(4)内容类型:记录人物发布的脸书文字帖子中所呈现的内容类型。

①事件。

②情感:主要体现为个人内在的情感。

③态度:主要表现为对外在环境、公共事务发表的评论。

(5)情感分析 1—情感分类:汇总人物发布的脸书文字帖子中所表现的情感类别情况。

①快乐:包括愉悦的、高兴的、幸福的等情感。

②悲伤:包括难过的、气馁的、沮丧的等情感。

③愤怒:包括生气的、愠怒的、暴怒的等情感。

④恐惧:包括担心的、害怕的、惊惧的等情感。

⑤鄙视:包括厌恶的、讽刺的等情感。

⑥无感情:表现为中性情感,若帖子中话语未表现出明显的正负向情感,也将其归类到中性情感中。

(6)情感分析 2—是否使用粗话或脏话:汇总人物发布的脸书文字帖子中是否使用粗话或脏话的情况,例如 f * , damn 等。

①否。

②是。

(7)情感分析 3—是否使用表情符号:汇总人物发布的脸书文字帖子中是否使用表情符号的情况,此处的表情符号包括 emoji、苹果自带表情及微信表情等类别,例如 LOL、:D 等。每个表情符号记 1 分,未使用记 0 分。

①0 分。

②1—3 分(包含 1 分和 3 分)。

③大于 3 分(不包含 3 分)。

(8)情感分析 4—是否多次使用同一个标点符号:记录人物发布的脸书文字帖子中是否多次使用同一个标点符号的情况。注意:同类标点符号使用三次及以上方可记录,例如“,,,”、“!!!”,但“……”不算。

①否。

②是。

(9)情感分析 5—是否使用拟声词:记录人物发布的脸书文字帖子中是否使用拟声词的情况,例如 WOW,blabla 等。

①否。

②是。

(10)是否含有超链接:记录人物发布的脸书文字帖子中是否含有超链接的情况。

①无。

②有。

(11)提及他人:记录人物发布的脸书文字帖子中提及他人类别的情况。

①亲属及血缘关系亲人(包括配偶、子女和其他亲人)。

②本专业领域的人。

③非本专业领域的人。

④其他人:无法归于上述分类的人物类别,并加以记录。

(12)是否使用“@”提及他人:记录人物发布的脸书文字帖子中提及他人是否使用“@”的情况,该选项以帖子中有无“@”为准。

①用@。

②没有用@。

③未提及他人。

(13)提及他人的方式:记录人物发布的脸书文字帖子中提及他人方式的情况。

①正式提及:表现为用全名提及,如加称谓 Prof./Ms.等。

②非正式提及:表现为没有用全名提及,如用昵称或表情等。

(14)是否使用话题符号“#”:汇总人物发布的脸书文字帖子中使用话题符号“#”的情况。

①无。

②有。

(15)话题#内容:汇总人物发布的脸书文字帖子中使用话题符号#的内容类别情况。

①公共领域—普遍社会事件。

②公共领域—专业或职务相关。

③私人领域—日常生活/家庭/个人等。

3.图片信息

(1)图片类型:汇总人物发布的脸书图片帖子中的图片类型情况。

①人物照片。

②风景或静物照片。

③创作的图片(如图画等)。

④没有图片。

(2)图片人物:汇总人物发布的脸书图片帖子中的人物情况。

①本人自己。

②和他人一起。

③其他人。

(3)照片景别:汇总人物发布的脸书图片帖子中的人物出现的身体范围情况。该选项仅在图片呈现为用户本人自己或和他人一起时,方可进行编码。

①特写:呈现身体范围为胸部以上。

②近景:呈现身体范围为腰部以上。

③中景:呈现身体范围为腿部以上。

④全景:呈现身体范围为全身。

(4)照片场景:汇总人物发布的脸书图片帖子中的用户自身出现的场景情况。该选项要求场景应为真实拍摄的场景。

①工作。

②生活/家庭。

③工作以外的公共领域。

④其他。

(5)身体裸露程度:记录人物发布的脸书图片帖子中的用户自身的裸露程度情况。该选项仅在图片呈现为用户本人自己或和他人一起时,方可进行编码。

①无裸露:包括正常的露出头、手、脚等。

②一般裸露:仅露出手臂、小腿等。

③性感化裸露:露出大部分肩膀、乳沟、胸部或大腿等。

④完全裸露:人物完全一丝不挂,或仅用东西遮蔽重要部位。

(6)衣着类型:汇总人物发布的脸书图片帖子中的服装穿着风格情况。可根据人物的服装及配饰来进行判断。该选项仅在图片呈现为用户本人自己或和他人一起时,方可进行编码。

①正装/半正式职业装:人物穿着正式的西装外套、西装裙等。

②休闲装/运动装:人物穿着款式较为轻松休闲的服装,如 T 恤、运动服、polo 衫、牛仔服饰、沙滩裤等。

③时髦着装或品牌时装:人物穿着具有时尚设计感的服装,常有大胆、独特的剪裁与色彩等。

④性感着装:人物穿着泳衣、泳裤、内衣等。

⑤无法辨识:当人物出现脸部特写,或其他无法判断人物服装风格的

情况。

⑥其他:无法归于上述分类的情况,并加以记录。

(7)服装主要色系:汇总人物发布的脸书图片帖子中的穿着服装的色系情况。可根据人物的服装和配饰等进行判断。该选项仅在图片呈现为用户本人自己或和他人一起时,方可进行编码。在编码过程中,如出现中性色系,首选中性色系,如出现除中性色系外的其他色系,则选择其他色系。

①中性色系:包括黑、灰、白等颜色。

②暖色系:包括红、橙、黄等颜色。

③冷色系:包括青、蓝、紫等颜色。

(8)发型:汇总人物发布的脸书图片帖子中的用户自身发型情况。该选项仅在图片呈现为用户本人自己或和他人一起时,方可进行编码。

①肩膀以上的短发。

②长发-束发。

③长发-散发。

(9)配饰数量:记录人物发布的脸书图片帖子中穿戴的配饰情况。仔细观察人物头像中身体或服装上有无佩戴任何配件或装饰,包括眼镜、耳环、鼻环或身体其他部位的体环、戒指、项链、手表、手套、手环、手镯、手链或脚链、丝巾或围巾、胸章或胸针、领带或领结、皮带或腰带、腰链、发饰等。按类别以累加计数的方式填写,并注明配饰类别。该选项仅在图片呈现为用户本人自己或和他人一起时,方可进行编码。

(10)是否有宠物:记录人物发布的脸书图片帖子中出现宠物的情况。该选项仅在图片呈现有人类时,方可进行编码。

①无。

②有。

(11)本人在照片中所处位置:汇总人物发布的脸书图片帖子中人物自身

在照片中所处位置的情况。该选项仅在图片呈现为用户本人自己或和他人一起时,方可进行编码。

①居中:人物居于图片中的核心位置。

②两侧 1/3 处:人物在核心位置两侧,作为图片中的主要人物之一出现。

③其他:人物处于背景中或作为不突出的个体出现,或是无法归于上述分类的情况,并加以记录。

(12)照片垂直角度:汇总人物发布的脸书图片帖子中人物的垂直拍摄角度情况。可根据镜头与人物的关系,或照片中人物的眼神方向来判断拍摄角度。该选项仅在图片呈现为用户本人自己或和他人一起时,方可进行编码。

①仰拍:相机由下往上拍摄,照片中人物眼睛常向下注视。

②俯拍:相机由上往下拍摄,照片中人物眼睛常向上注视。

③平视:相机平行拍摄,照片中人物眼睛常直视前方。

(13)照片水平角度:汇总人物发布的脸书图片帖子中人物的水平拍摄角度情况。可根据人物身体呈现方式进行判断。该选项仅在图片呈现为用户本人自己或和他人一起时,方可进行编码。

①正面。

②侧面:包括侧前方和侧后方。

③背面:人物完全以身体背面出现。

(14)照片人物类别:汇总人物发布的脸书图片帖子中的人物类别情况。该选项仅在图片呈现有人类时,方可进行编码。

①只有小孩。

②只有成人。

③成人和小孩同时出现。

④其他:无法归于上述分类,并加以记录。

(15)照片中人物性别:汇总人物发布的脸书图片帖子中的人物性别情况。

该选项仅在图片呈现为用户本人和他人一起时,方可进行编码。编码过程中,应除开用户自身再进行计算。

①女性个体。

②两位及以上女性群体。

③男性个体。

④两位及以上男性群体。

⑤男性和女性同时出现。

(16)女性气质1—温柔的触摸:汇总人物发布的脸书图片帖子中出现用手指或手触摸、抚摸物体轮廓的情况。该选项仅在图片呈现为用户本人自己或和他人一起时,方可进行编码。

①否。

②是。

(17)女性气质2—次属地位仪式化:汇总人物发布的脸书图片帖子中出现该人物以某种形式使自己身体比别人更低,如出现弯腰、低头等情况。该选项仅在图片呈现为用户本人和他人一起时,方可进行编码。

①否。

②是。

4.视频信息

(1)视频人物类别:汇总人物发布的脸书视频帖子中出现的人物类别情况。

①本人自己。

②和他人一起。

③其他人。

(2)视频长度:记录人物发布的脸书视频帖子中视频的时间长度。

①30秒及以内。

②30—60 秒(含)。

③1—5 分钟(含)。

④5—10 分钟(含)。

⑤10 分钟以上。

(3)视频来源:汇总人物发布的脸书视频帖子中视频来源情况。

①专业媒体。

②网友或粉丝。

③自己拍摄。

④其他。

(4)身体裸露程度:汇总人物发布的脸书视频帖子中的人物自身的裸露程度情况。该选项仅在视频呈现为用户本人自己或与他人一起时,方可进行编码。

①无裸露:包括正常的露出头、手、脚等。

②一般裸露:仅露出手臂、小腿等。

③性感化裸露:露出大部分肩膀、乳沟、胸部或大腿等。

④完全裸露:人物完全一丝不挂,或仅用东西遮蔽重要部位。

(5)衣着类型:汇总人物发布的脸书视频帖子中的服装穿着风格情况。可根据人物的服装及配饰来进行判断。该选项仅在视频呈现为用户本人自己或与他人一起时,方可进行编码。

①正装/半正式职业装:人物穿着正式的西装外套、西装裙等。

②休闲装/运动装:人物穿着款式较为轻松休闲的服装,如 T 恤、运动服、polo 衫、牛仔服饰、沙滩裤等。

③时髦着装或品牌时装:人物穿着具有时尚设计感的服装,常有大胆、独特的剪裁与色彩等。

④性感着装:人物穿着泳衣、泳裤、内衣等。

⑤无法辨识：当人物出现脸部特写，或其他无法判断人物服装风格的情况。

⑥其他：无法归于上述分类的情况，并加以记录。

(6)服装主要色系：汇总人物发布的脸书视频帖子中的穿着服装的色系情况。可根据人物的服装和配饰等进行判断。该选项仅在视频呈现为用户本人自己或与他人一起时，方可进行编码。在编码过程中，如出现中性色系，首选中性色系，如出现除中性色系外的其他色系，则选择其他色系。

①中性色系：包括黑、灰、白等颜色。

②暖色系：包括红、橙、黄等颜色。

③冷色系：包括青、蓝、紫等颜色。

(7)发型：汇总人物发布的脸书视频帖子中的人物自身发型情况。该选项仅在视频呈现为用户本人自己或与他人一起时，方可进行编码。

①肩膀以上的短发。

②长发-束发。

③长发-散发。

(8)配饰数量：记录人物发布的脸书视频帖子中穿戴的配饰情况。仔细观察人物头像中身体或服装上有无佩戴任何配件或装饰，包括眼镜、耳环、鼻环或身体其他部位的体环、戒指、项链、手表、手套、手环、手镯、手链或脚链、丝巾或围巾、胸章或胸针、领带或领结、皮带或腰带、腰链、发饰等。按类别以累加计数的方式填写，并注明配饰类别。该选项仅在视频呈现为用户本人自己或和他人一起时，方可进行编码。

附录四 精英女性及其脸书主页列表

领域	姓名	2015/2016/2017/2018年福布斯全球影响力女性排名	脸书主页链接
政治	Aung San Suu Kyi	0/26/33/0	www.facebook.com/aungsansuukyi
政治	Beata MariaSzydlo	0/0/31/0	www.facebook.com/BeataSzydlo/
政治	Carrie Lam	0/0/0/32	www.facebook.com/carrielam.hksar
政治	Cristina Fernández de Kirchner	16/0/0/0	www.facebook.com/CFKArgentina
政治	Dalia Grybauskaite	0/72/68/73	www.facebook.com/D.Grybauskaite
政治	Dilma Rousseff	7/0/0/0	www.facebook.com/DilmaRousseff
政治	Ellen Johnson-Sirleaf	96/83/0/0	www.facebook.com/presidentellenjohnsonsirleaf
政治	Erna Solberg	0/0/46/35	www.facebook.com/ernasolberg
政治	Ewa Kopacz	40/0/0/0	www.facebook.com/KopaczEwa
政治	Federica Mogherini	36/19/17/67	www.facebook.com/f.mogherini
政治	Helen Clark	23/22/0/0	www.facebook.com/helenclarknz
政治	Hillary Clinton	2/2/65/0	www.facebook.com/hillaryclinton
政治	Irina Bokova	0/89/0/0	www.facebook.com/Irinabokovaa
政治	Ivanka Trump	0/0/19/24	www.facebook.com/IvankaTrump
政治	Jacinda Ardern	0/0/38/29	www.facebook.com/jacindaardern
政治	Kersti Kaljulaid	0/0/78/76	www.facebook.com/KerstiKaljulaid/
政治	Kolinda Grabar-Kitarovic	0/46/39/47	www.facebook.com/KolindaGrabarKitarovic
政治	Loretta Lynch	34/33/0/0	www.facebook.com/LorettaLynches
政治	Michelle Bachelet	27/18/16/0	www.facebook.com/MichelleBachelet
政治	Michelle Obama	10/13/0/0	www.facebook.com/michelleobama
政治	Nancy Pelosi	38/0/0/0	www.facebook.com/pelosiforcongress

续表

领域	姓名	2015/2016/2017/2018 年福布斯全球影响力女性排名	脸书主页链接
政治	Nicola Sturgeon	0/50/42/45	www. facebook. com/NicolaSturgeon-SNP/
政治	Nikki Haley	0/0/43/0	www.facebook.com/NikkiHaley
政治	Park Geun-hye	11/12/0/0	www.facebook.com/ghpark.korea
政治	Sahle-Work Zewde	0/0/0/97	www. facebook. com/President-Sahle-WorkZewde-493180201159858
政治	Samantha Power	49/41/0/0	www.facebook.com/AmbassadorPower
政治	Sara Blakely	91/90/0/0	www.facebook.com/sarablakely
政治	Theresa May	0/0/2/2	www.facebook.com/TheresaMayOfficial
政治	Tsai Ing-wen	0/17/15/40	www.facebook.com/tsaiingwen
经济	Adena Friedman	39/31/20/16	www.facebook.com/AdenaTFriedman
经济	Angela Ahrendts	25/15/13/13	www. facebook. com/Angela-Ahrendts-141628833104924
经济	Beth Comstock	55/45/0/0	www.facebook.com/ElizabethComstock
经济	Christine Lagarde	6/6/8/3	www.facebook.com/christinelagarde
经济	Elizabeth Holmes	72/0/0/0	www. facebook. com/Unofficial-Elizabeth-Holmes-1687227941512595
经济	Fabiola Gianotti	83/84/81/83	www.facebook.com/FabiolaGianotti
经济	Folorunsho Alakija	87/80/0/0	www.facebook.com/alakijaofficial
经济	Gillian Tans	0/0/0/43	www.facebook.com/gilliantans
经济	Indra Nooyi	15/14/11/0	www.facebook.com/IndraNooyi
经济	Isabel dos Santos	0/0/75/0	www.facebook.com/oficialmente.me
经济	Janet Yellen	4/3/0/0	www.facebook.com/JanetYellenBlog
经济	Jennifer Morgan	0/0/0/55	https://www. facebook. com/jennifer-morganb/

续表

领域	姓名	2015/2016/2017/2018 年福布斯全球影响力女性排名	脸书主页链接
经济	Kiran Mazumdar-Shaw	85/77/71/60	www.facebook.com/KiranShaw1/
经济	Laurene Powell Jobs	44/49/14/22	www.facebook.com/Laurenpowell
经济	Marissa Mayer	22/55/0/0	www. facebook. com/Marissa-Mayer-10150128001530316
经济	Meg Whitman	14/9/12/0	www.facebook.com/megwhitman
经济	Melinda Gates	3/4/3/6	www.facebook.com/melindagates
经济	Ngozi Okonjo-Iweala	48/0/0/0	www. facebook. com/NgoziOkonjoIweala/
经济	Sheryl Sandberg	8/7/4/11	www.facebook.com/sheryl
经济	SriMulyani Indrawati	31/37/0/78	www.facebook.com/smindrawati
经济	Stacey Snider	0/0/47/0	www.facebook.com/All4EastMSchools
文化	Angelina Jolie	54/0/0/0	www.facebook.com/angelinajoliebr
文化	Anna Wintour	28/28/27/48	www.facebook.com/AnnaWintour
文化	Arianna Huffington	61/70/79/77	www.facebook.com/AriannaHuffington
文化	Beyoncé Knowles	21/0/50/50	www.facebook.com/beyonce
文化	Ellen DeGeneres	50/0/0/0	www.facebook.com/ellentv
文化	Greta VanSusteren	99/94/0/0	www.facebook.com/greta
文化	J.K. Rowling	0/0/88/0	www.facebook.com/JKRowling
文化	Oprah Winfrey	12/21/21/20	www.facebook.com/oprahwinfrey
文化	Priyanka Chopra	0/0/97/94	www.facebook.com/priyankachopra
文化	Serena Williams	0/0/0/79	www.facebook.com/SerenaWilliams
文化	Shakira Mebarak	81/0/0/0	www.facebook.com/shakira

续表

领域	姓名	2015/2016/2017/2018 年福布斯全球影响力女一/性排名	脸书主页链接
文化	Shonda Rhimes	0/0/0/74	www.facebook.com/ShondaRhimes
文化	Sofía Vergara	57/0/0/0	www. facebook. com/OfficialSofiaVergara/
文化	Taylor Swift	64/0/85/68	www.facebook.com/TaylorSwift
文化	Zanny Minton Beddoes	0/78/72/70	www. facebook. com/zanny. mintonbeddoes

图书在版编目(CIP)数据

既/又:精英女性网络平台呈现的媒介逻辑/仇筠茜,黄雅兰著. --北京:中国传媒大学出版社,2022.1
ISBN 978-7-5657-2867-9

Ⅰ. ①既… Ⅱ. ①仇… ②… Ⅲ.传播媒介-影响-女性-社会生活-研究-中国 Ⅳ. ①D442.7

中国版本图书馆 CIP 数据核字(2020)第 256918 号

既/又:精英女性网络平台呈现的媒介逻辑
JI/YOU:JINGYING NÜXING WANGLUO PINGTAI CHENGXIAN DE MEIJIE LUOJI

著　　者　仇筠茜　黄雅兰
策划编辑　李水仙
责任编辑　姜颖昳
封扉设计　大鹏设计
责任印制　李志鹏

出版发行　中国传媒大学 出版社
社　　址　北京市朝阳区定福庄东街 1 号　　邮　　编　100024
电　　话　86-10-65450528　65450532　　传　　真　65779405
网　　址　http://cucp.cuc.edu.cn
经　　销　全国新华书店

印　　刷　唐山玺诚印务有限公司
开　　本　710mm×1000mm　1/16
印　　张　18.25
字　　数　258 千字
版　　次　2022 年 1 月第 1 版
印　　次　2022 年 1 月第 1 次印刷

书　　号　ISBN 978-7-5657-2867-9/D・2867　　定　　价　79.00 元

本社法律顾问:北京李伟斌律师事务所　郭建平